KB157299

글쓰기와
WRITING & PRESENTATION
프레젠테이션

머 리 말

시대는 하루가 다르게 변하고 있다. 홍수처럼 밀어닥치는 각종 정보에 현대인의 머리는 감당하기 어렵다. 그 많은 것에서 어느 것을 취하고 어느 것을 버릴까 하는 그 생각조차도 하기 힘들 때가 있다. 적어도 내 삶의 길에서, 내 진로의 길에서 꼭 필요하다는 것만 택하여 배우고 안다 해도 우리는 시간을 잘 활용해야 감당할 수 있다. 그만큼 현대는 지식 팽창의 시대이다.

본서는 2006년도에 출간한 [말과 글]을 재점검하여 보완할 것은 보완하고 버릴 것은 버리고, 추가할 부분은 추가하여 새로운 모습과 체제로 학습자에게 다가간다. 아예 표제도 [글쓰기와 프레젠테이션]으로 바꾸었다.

현대는 나와 너를 극복하는 자기표현의 시대로 프레젠테이션은 이제 보편화 되어 있다. 피상적인 자기 PR의 시대를 지나 내면적인 자기 자신뿐만 아니라 자기와 관련을 갖는 대상까지도 표현할 줄 알아야 한다. 그렇게 나타난 것이 프레젠테이션이다. 프레젠테이션은 도구만을 얘기하는 것이 아니다. 표현의 능력까지도 포함된다. 프레젠테이션을 훌륭하게 하기 위해서는 그 기초와 기본이 글쓰기이다. 그리고 대화와 화술이다. 아무리 좋은 도구와 내용을 가지고 있더라도 그것을 표현할 줄 아는 기본적인 능력은 대화와 화술에 있다. 그래서 대화와 화술을 익혀야 한다. 그리고 표현에 앞서 프로젝트를 초안하고 보고서를 작성하는 기술은 글쓰기가 기초이다.

프로젝트를 어떻게 구성하고 보고서를 어떻게 작성하느냐는 글쓰기의 기술이다. 그래서 말(대화와 화술)과 글(글쓰기), 프레젠테이션(발표)은 삼각의 상관관계에 있다. 자기가 가진 실력과 소양 위에 이 세 가지를 더 한다면 그는 어디에서나 성공할 수 있다. 이를 위한 길이 본서이다. 현대사회는 Soft Power의 시대이다. 차근차근 잘 배우고 익혀 각자의 길에서 성공하기 바란다.

2014년 1월 20일
지은이

CONTENTS

v

CONTENTS

글쓰기와 프레젠테이션

부 록

글쓰기와 프레젠테이션

글쓰기

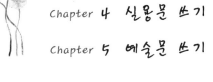

Chapter 1

글쓰기, 그 깊이와 높이

글쓰기, 일반적으로 말하기 보다는 어렵다고 생각하는 것이 글쓰기이다. 과연 말하는 것이 더 쉬운 것일까? 아니다. 글 쓰는 것 보다 말하는 것이 더 어렵다는 것은 학생들에게 자기소개 하나를 시켜 봐도 바로 알 수 있다. 학생들은 간단한 자기소개를 하는데도 쪽지에 적어 와서 보면서 하는 것이 대부분이다. 물론 몇 가지 제시문은 있다. 출신학교, 장래희망, 취미, 특기사항 등등. 쪽지에라도 적어가지고 안 온 학생들은 자기가 하고자 하는 말의 순서를 잊어버리거나 놓치는 경우가 있다. 그러니 말하는 것이 글을 쓰는 것 보다 어렵다는 증거이기도 하다. 물론 잘하는 학생도 있다.

일반적으로 말하기가 쉽다고 생각하는 것은 그야말로 일반적으로 하는 일상적인 말하기를 연상하기 때문이다. 여러 사람 앞에서 발표를 한다든지, 축사를 한다든지 간단한 건배사를 하는데 있어서도 무슨 말을 어떻게 할까 하고 미리 생각에 두지 않으면 당황하게 된다. 그래서 글로 한 번 써 보기도 하고 아예 글을 써 갖고 와서 하는 것을 종종 보게 된다. 그만큼 말하기에 익숙해 있지 않기 때문이다. 물론 자주 하여 그러한 분야에서 익숙해 있는 사람에게는 문제가 안 되어, 글보다 말하기가 쉬운 경우도 있을 것이다. 글은 폐기하지 않는 이상 언제나 남고, 말은 녹음을 하지 않는 이상 일회성으로 끝나기 때문에 부담이 적을 수도 있다.

하지만 글은 고치고 고칠 수 있지만, 말은 한 번 한 이상 고칠 수 없기 때문에 결국은 더 어려운 것이다. 한 번 엎질러진 물을 담을 수 없는 것과 같은 것이다. 그래

4

서 말로써 말이 많고 말로 인한 논쟁이 끊어지지 않고 이어지면서 역사는 흐르고 있는 것이다.

그런가 하면 말보다 글의 힘이 강하다. '칼보다 펜이 강하다'고 하지 않는가. 사고의 '깊이와 넓이'를 잴 수 없듯이 글쓰기의 '깊이와 그 높이' 또한 잴 수 있는 것이 아니다. 각자의 길에서 자신이 하기 나름이고 자신의 노력에 의한 자기 몫이다.

현대는 평생교육의 시대이다. 끊임없이 자신을 계발하고 자아를 실현해 가는 과정에서 자기를 돌아보고 기록에 남기다 보면 글쓰기는 자연적으로 가까워지고 익숙해진다. 인생 선배들의 모습을 거울삼아 인생후배로서의 자세를 바르게 하고 오늘을 알차게 계획하고 실현해가는 우리 모두가 되기를 바란다.

1 현대는 평생교육의 시대

2014년 1월 14일자 중앙일보 '현장속으로, 공부가 즐거워요, 노년에 부는 열공바람' 이라는 헤드라인(headline)에 '84세에 전공 5개, 92세의 일본문학도, 캠퍼스 누비는 '꽃할배·꽃할매' 2만 명'이라는 '신386'세대에 대한 이야기가 신문 한 면을 가득 채웠다. 이렇듯 현대는 평균 수명이 늘면서 이는 자연스러운 추세로 받아들여지고 있다. 뭣보다 꾸준한 지적인 활동은 건강에도 큰 도움이 된다는 연구 결과가 한 몫을 더해 주고 있는 것 같다.

21세기에 들면서 현재는 자기 발전을 위한 기존의 평생교육시대를 업그레이드 하면서 자기 건강을 위한, 제2인생으로의 자기 계발과 자아실현, 자기만족을 위한 평생교육시대로 접어든 것으로 보인다.

어느 경우든 현대는 평생교육의 시대임에는 틀림없다. 정규학교교육이 전부가 아니다. 끊임없이 쏟아져 나오는 새로운 지식의 홍수 시대에 알 것도 배울 것도 너무 많다. 하지만 그 많은 것을 다 알고 배울 수는 없다. 그러나 할 수 있는 능력과 범위 안에서 꾸준히 배우고 익히고 알아 간다. 옛날에는 '한 우물을 파라'했지만 지금은 아니다. 적어도 2-3가지의 전문분야를 익혀야 제대로의 글쓰기도 가능하고, 그런대로 생활을 누릴 수 있다. 그만큼 현대는 복잡하고 다양하다.

'배운다는 것'은 귀하고 아름다운 것이다. 배우면서 오는 어떠한 어려움도 그 아

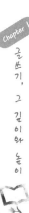

름다움에 묻힌다. 배움에서 오는 '앎'이 하나하나 차곡차곡 내 머리에 질서 정연하게 쌓아져서 필요 적절하게 밖으로 내보내질 때의 자신감과 가슴 뿌듯함이 있기에 배움은 귀한 것이다. 모르는 것이 많은 사람을 가리켜 '머리가 비었다'란 말을 한다. 그만큼 아는 것이 없다는 뜻이다. 반면에 아는 것이 많은 사람을 가리켜 '머리가 꼭 찼다'란 말을 한다. 배운다는 것은, 또 안다는 것은 좋은 일이다. 배우고자 하는 욕망이 있다는 것은 자신을 업그레이드하며 삶에 생기를 부여하기도 한다.

60, 70년대까지만 해도 우리나라는 경제 여건이 어려웠다. 80년대 중·후반부터 IMF 이전까지 우리 경제는 몰라보게 호황을 누렸다. 90년대 이후에 태어난 여러분들은 그 어려운 시절을 알지 못한다. 百聞而不如一見(백문이불여일견-백번 들어도 한 번 보는 것만 못하다)이라고 아무리 외쳐보았자 직접 겪고 눈으로 보고자란 사람들과는 다르다. 배우고 싶어도 배우지 못한 어려운 시기의 어머니, 아버지, 할머니 할아버지들이다. 그래서 졸업이 눈물바다가 되기도 했다. 배움을 떠나는 아쉬운 마음이, 제때에 배우지 못한 서러움이, 늦게나마 배울 수 있게 된 고마움이 함께 어우러져서 눈물이 쏟아지기도 했다.

배운다는 것은 좋은 것이다. 싫은 사람에게는 지겹지만 알고자하는 사람에게는 새로운 지식이 하나하나 나의 머릿속으로 새겨진다는 것이 얼마나 기쁜 일인지 모른다. 먹지 않아도 포만감에 뿌듯한 것이 머리에 담겨지는 앎의 낱알이다.

얼마 전에 KBS·1 에서 하는 '우리말 겨루기'에 초등학교만 졸업한 출전자가 있었다. 그 많은 실력자를 뒤로 하고 당당히 그는 우승하였다. 그의 직업은 '구두닦이'이다. 비가 오는 날은 온 종일 공부하는 날이라 했다. 틈틈이 우리말 실력을 쌓아 '우리말 겨루기'에서 우승자가 된 것이다. 그는 한문 실력도 대단한 것으로 안다. 이제 영어에 도전해 보겠다고 했다. 하고자 하는 마음만 있으면 공부는 평생도록 할 수 있는 것이다. '아는 것이 힘'이다. '모르는 것이 약이다'란 옛 속담은 '우물 안 개구리' 시절에나 통했다. 현대는 모르면 죄이다. 지난 시절 우리나라의 IMF는 대통령의 국제 감각과 경제에 대한 무지에서 온 것이다.

현대는 평생교육의 시대이다. 알고도 잘못한 것은 고칠 수 있는 여유가 있지만 모르고 잘 못한 것은 모르기 때문에 고칠 줄도 모른다. 그래서 모르는 죄가 실은 제일 크다. 하여 현대는 끊임없이 배우고 깨우치고 알아야 한다. 그리고 그것을 직접 글로도 옮겨보아야 한다. 글쓰기는 멀리 있는 것이 아니다. 어려운 것도 아니다. 마음에 새겨진 생각들을 친구에게 말하듯이 글로 옮겨보는 것이다.

발전하는 인생으로의 도전

현재 모 대학 사학과에서 강의하는 P박사는 2000년 회사원으로 은퇴하기 전까지만 해도 초등 4년이 학력의 전부였다. 은퇴 후 배움에 대한 열정이 남아 2000년 말 검정고시학원에 등록하고, 중졸검정고시(2001년 8월)와 고졸 검정고시(2002년 4월)에 내리 합격했다. 2002년 서울지역최고령 수능응시생으로 화제가 되기도 했다. 이어 대학교, 대학원 석사과정 박사과정, 박사학위 논문까지 마치었다. 그리고 2년 전부터 꿈에 그리던 대학 강단에 섰다. 후배들에게 귀감이 되고 있는 선배의 모습으로 열정적으로 강의를 하고 있다. 대단한 도전이고 집념이다.

이렇게 발전하는 인생은 끊임없는 도전이고 노력이다. 현재의 자기의 위치에서 하나씩 자신을 업그레이드 하고 끊임없이 도전하는 자에게 그래도 길은 열리고, 끈기 있게 끝까지 노력하는 사람에게 성공은 쥐어진다. 끊임없는 노력과 도전이 자신을 업그레이드 하는 길이고 바라는 바를 향해서 하나씩 올라가는 길이다. 노력과 도전 없이는 아무 것도 이룰 수 없다.

미국 상원의원부의장인 신호범 의원은 18세의 한국 고아로서 무학력으로 미국에 입양해 갔다. 그가 도전이 없었다면 어찌 오늘의 그 자리가 있었겠으며 인내로써 어려움을 극복하지 않았다면 어찌 미국의 인종차별에서 정계에 진출하여 성공하였겠는가? 그는 자기 유권자를 얻기 위해 집집마다 방문하여 그들을 설득시키는 작업에서부터 그의 정계의 문은 열려졌다. 그가 살아가면서 느낀 것은 '한국에서는 인간 차별을 당했고, 미국에서는 인종차별을 당했다'고 한다. 곧 한국에서는 '재력과 혈통과 학력의 벽이 인간 차별'을 불러왔고, 미국에서는 '유색인종에 대한 인종의 벽이 사람을 차별하더라.'는 것이다. 그는 극복과 도전, 도전과 극복을 넘고 넘어 오늘의 자리를 굳힌 것이다. 그의 삶은 대단한 도전이고 극복이고 인내이고 노력이고, 한국인의 끈기이다. 이러한 그의 인생 역정을 그는 글로 표현하여 세상에 내어 놓았다. 그리고 그 자서전은 베스트셀러가 되었고, 그는 고국을 방문하여 각 대학과, 방송국에도 출연하여 그의 인생역정은 많은 이들에게 용기와 희망을 심어주었다.

『기적은 당신 안에 있습니다』의 저자 이승복(미국명 로버트 리)의 삶 또한 놀라운 도전 끝에 '슈퍼맨 닥터리'가 되었다.

그는 체조올림픽 국가대표상비군으로 선발되어 훈련 중 부상으로 사지마비 장애자가 되었다. 그러나 좌절하지 않고 불굴의 의지로 인간의 한계를 온몸으로 극복하여 존스홉킨스 병원의 수석 전공의가 되었다. 그 외도 도전과 극복으로 성공을 일궈낸 사람들은 많이 있다.

도전과 극복의 소용돌이 속에서는 개인이나 기업이나 끊임없이 발전해 가는 것을 볼 수 있다. 그러기에 도전하는 삶은 자신을 업그레이드하는 인생의 아름다운 모습이다. 자기가 지향하고 목표하는 바를 향해 끊임없이 노력하고 발전하는 자에게 그래도 길은 열리고, 끈기 있게 도전하는 자에게 성공은 쥐어진다. 이러한 도전과 성공도 글이 없었다면, 글로 나타내어 세상에 알려지지 않았다면 그 누가 알았겠으며 그 많은 이들에게 도전과 희망과 꿈을 주었겠는가. 그래서 글쓰기는 자기발전의 길이고 자아실현의 적극적인 방편인 동시에 인류 발전의 기틀이기도 하다.

③ 사람은 자연의 일부

자연 속에서 우리는 자신을 돌아보며 많은 것을 느끼고 배운다. 자연은 심성을 순화시키고 감성을 풍부하게 하여 삶을 윤택하게 하는 寶庫(보고)이다. 그런가하면 자연은 글쓰기 소재를 가득 담고 있는 풍성한 보고이기도 하다.

가을 날 곱게 물든 단풍을 바라보다가 "아! 어쩜 저렇게도 아름다울까?" 자신도 모르게 탄성을 울릴 때가 있다. 그리고 시인이라면 시 한 수를 읊을 수도 있다.

자연은 사철 아름다운 경관을 제공해 준다. 봄이면 노란 개나리와 분홍빛 진달래가 푸른 새잎들과 어울려 아름다움을 더해주고, 오월이면 아카시아 향기가 온 들녘에 풍기며 벌·나비를 불러 모은다. 여름이면 짙푸른 숲 속에서 들려오는 온갖 풀벌레 소리와 새들의 노래로 자연의 합창을 감상하게 하고, 가을이면 빨간 단풍잎과 샛노란 은행잎의 향연이 달밤의 귀뚜라미 울음소리와 함께 마음을 적셔주기도 한다.

가을이면 드높은 파란 하늘을 이고 찬란하게 빛나는 샛노란 단풍잎을 보며 유년의 나를 부르기도 한다. 은행잎은 하늘하늘 손짓을 하며 노란 나비가 되어 사뿐히 땅에 눕는다. 떨어진 은행잎도 아름답다. 한 편의 시가 떠오르는 장면이기도 하다.

우리는 자연 속에서 많을 것을 깨닫고, 많은 것을 배운다. 가을 날 황금벌판을 바라보면서 머리 숙인 벼이삭에서 성숙한 겸손을 배우고, 묵묵히 주인을 따르며 일하는 황소의 우직함에서 순직함을 배우고, 계절의 순환에서 인생의 4계를 배운다. 그리고 주기적인 파도의 숨소리에서 우주의 신비를 깨닫게 되고, 산맥을 보고 산을 보며, 바다를 보고 땅을 보며 인간인 우리가 〈소우주〉라는 것을 깨닫게 된다.

지구상에 산재되어 있는 206개의 산맥은 우리의 뼈의 숫자와 같고, 오대양 6대주는 우리의 오장 육부와 같고, 70%를 차지하는 바다와 30%에 이르는 땅은 우리 몸의 수분과 살의 비율이고......그래서 우리의 육체는 지구의 속성을 닮았고, 우리의 영은 창조주의 속성을 닮아 영혼은 불멸하되 육체는 결국은 흙으로 돌아간다. 그래서 흙으로 돌아갈 육체도 좋은 흙과 화합을 해야 하고 우리의 영은 불멸함으로 유한한 이 세상에서의 삶보다 실은 더 중요한 것이다. 그래서 영원불멸한 이 영의 안식처를 위하여 바르게 준비를 해야 하는 것이다. 사람마다 각자가 믿는 대상이 있다. 하나님, 부처님, 조상신.......등등. 그리고 그 대상을 향하여 정성을 다해 섬긴다.

자연과의 친숙한 생활은 도시 산업 사회에서 오는 현대인의 메마른 갈증을 씻어주고 감성을 풍성하게 한다. 우주 만물을 창조한 창조주에 대한 경외감도 느끼고, 인간이 자연의 일부라는 오묘하고 신비한 자연의 질서에서 자연을 아끼고 사랑하는 마음, 더불어 사는 삶, 더불어 사는 사회를 배운다. 그리고 그러한 감성을 글로 옮기어 본다. 그것이 수필이 되기도 하고 시가 되기도 한다.

 4

로고스와의 대화

로고스(그리스어: λόγος, logos)의 원래 뜻은 말, 이야기, 어구이다. 파토스(pathos)와 대립되는 개념으로, 본래는 고전 그리스어로 '말하다'를 뜻하는 동사 'legein'의 명사형이며 '말한 것'을 뜻한다. 여기서 '로고스'는 많은 종류의 파생적 의의를 낳아 고대철학에서 중요한 구실을 하게 되었다. '말', '글', '이야기', '연설'이란 의미에서 수사학(修辭學:rhêtorikê)이 발생했고, 사물의 '설명', '이유', '근거'를 뜻하는 데서 논증과학(論證科學:epistêmê, scientia)과 철학(哲學:philosophia, sapientia)을 탄생시켰다.

로고스는 판단을 인도하는 기준으로서 스토아 철학에서는 이법(理法)이란 뜻으로 쓰이기도 했다. 헤라클레이토스는 만물은 로고스에 의해서 지배되고 이것을 인식하는 것 안에 지혜가 있다고 했다. 이를 때의 로고스는 신학에서 말하는 로고스를 대신할 수 있다.

또한, 로고스는 말을 하고 사물의 존재의 '무엇인가'를 파악하는 인간의 '분별' '이성'을 뜻한다. 그래서 인간은 '로고스를 가진 동물(이성적 동물)'이라고 정의하였다. 플로티노스(Plotinos)는 근원이 되는 '일자(一者)'는 로고스를 초월한다고 하였다. 이때의 로고스는 창조주(God)를 의미하기도 한다.

이렇게 로고스의 의미는 깊다. 현대는 일반적으로 로고스logos라 하면 신학에서는 말씀으로 해석되고, 철학에서는 이를 이성으로 받아들이고, 문학에서는 양심의 소리 또는 내면의 소리로 이해하고 있다.

여기서 로고스와의 대화는 어느 의미로든 관계없다. 종교적인 의미로 하든, 철학적인 의미로 하든, 문학적인 의미로 보든 각자의 몫으로 돌린다.

내 자신과의 대화 내 내면의 양심에 귀를 고요히 기울어 보자. 심연으로 심연으로…… 그리고 내가 믿는 믿음의 대상에게 다가간다. 가장 순수한 내 자신을 바라볼 수 있다. 자신과의 대화, 사색의 시간을 가진다는 것은 우리의 삶에 윤활유 같은 역할을 한다. 자신을 돌아볼 수 있는 시간이기도 하다. 특히 바쁘게 살아가는 현대인에게는 내면의 쉼터가 필요하다.

차 한 잔의 향기를 음미하며 조용히 흘러나오는 음악을 감상하며 상상의 날개를 펼치고 자신과의 대화에 빠지는 것도 좋다. 그리고 그것을 글로 옮기면 한 편의 시가 되고, 한 편의 수필이 되기도 한다. 사색을 통한 자신과의 대화는 바로 자신을 업그레이드하는 통로가 된다. 곧 마음을 정화시켜 주고, 자신을 뒤돌아보며 오늘을 반성하고 내일을 설계하여 보다 나은 삶, 보람된 삶을 누리게 한다. 그리고 하고자 하는 일을 정리하고 마무리시켜주는 단계에서 오늘 하루를 감사하며 감사의 글을 옮겨본다. 그래서 글쓰기는 자기 정화의 과정이기도 하다.

5 지혜와 지식 그리고 양식(良識)

솔로몬는 지혜를 구하기 위해 하나님께 일천 번 제사를 드렸다고 성경은 말한다. (열상 3:4)

"솔로몬의 지혜라 그는 기브온 산당에서 하나님께 일천 번제를 드렸
습니다 꿈에 하나님이 나타나사
'내가 네게 무엇을 줄고 너는 구하라 내가 주리라'
솔로몬은 부귀도 영화도 구하지 않고 오직 이 백성을 잘 다스릴 수 있
는 지식과 지혜를 구했다"

하나님은 그 마음을 귀히 여기사 지식과 지혜 위에 부귀와 영화도 덤으로 주셨다.

솔로몬이 그 백성을 잘 다스릴 수 있는 지혜를 하나님께 구하였듯이 우리들도 일
천번제를 올리는 솔로몬의 그 정성과 끈기로 목표를 향해 나아가면 꼭 하고자하는
바를 성취하리라고 믿는다. 오늘의 정치 지도자들도 올바른 판단의 지혜를 솔로몬
처럼 구하였으면 하는 마음이다. 당리당략을 버리고 진정으로 이 백성을 위하여 정
치를 펼치면 솔로몬에게 내려진 그 부귀와 영광이 그 개인에게 뿐 아니라 이 나라
에도 임할 줄 믿는다.

소수의 반대가 있더라도 대의에 어긋나지 않고 적합하다면 밀고 나갈 것은 밀고
나가야된다. 그것이 진정 국민을 위한 길이라면 말이다. 그리고 국민의 생활을 업
그레이드하는 길이라면 말이다. 우리나라 국책 사업에 따른 반대여론은 1968년 경
부고속도로 사업에서도 극렬하게 나타난다. 그 때는 주로 야당의 반대였다. '고속
도로가 무슨 필요가 있느냐, 고속도로는 절대로 해서는 안 된다. 차 있는 사람만 팔
도유람하고 다닐 것 아닌가. 쓸데없는 돈 낭비. 쌀도 모자라는데 웬 고속도로냐'
라며 당시 야당지도자 김대중은 공사현장에 드러눕기까지 했다. 그러나 그 당시 박
정희 대통령은 미래에 대한 선견지명[1]과 강력한 추진력이 있었기에 오늘을 사는
우리는 누리며 산다.

DJ시절 신문에서 본 기사이다. DJ왈 '이쪽 말을 들으면 이것이 옳은 것도 같고(새
만큼 방조제 사업)저쪽 말을 들으면 저것이 옳은 것도 같고 그래서 사업의 가부를 결정
못한다' 했다. 그 기사를 읽고 지도자가 지혜롭게 판단하지 못하는 것이 답답했다.
지혜란 '옳고 그름을 판단할 수 있는 능력'이다. 그 지혜가 지도자에게는 꼭 필요하
다. 새만큼 방조제 사업은 전라북도 군산시와 고군산군도, 부안군을 연결하는 방조

---

1) "절대로 16차선을 해야 하지만… 김대중이, 김영삼이가 너무 반대하니 할 수 없다. 경부고속도로를 완성하면 우리나
라는 중진국이 될 수 있다. 8차선으로 하자."
"내가 야당 반대 때문에 양보하지만, 미래에는 반드시 도로가 부족할 것이다. 그러니 왕복 4차선으로 하더라도 반드시
경부 고속도로 양옆으로 50m는 남겨 두라. 건물 신축을 금지하라. 미래엔 더 확장해야 할 것이다."

제로, 길이 33.9km이다. 새만금간척사업의 1단계 사업으로 건설된 방조제는 환경
단체의 반대에 접해 '하다' '말다'를 거듭하여 1991년 11월 16일 착공한 후 19년의
공사기간을 거쳐 2010년 4월 27일 완공했다. 결국은 마무리를 했는데 지도자들의
우유부단으로 사업비는 기하급수로 올랐다.

또 한 사건도 그렇다. 경부고속철도 천성산(원효터널) 관통 구간 공사 착공 금지 가
처분 소송(도롱뇽 소송) 등으로 공사를 '하다' '말다'를 거듭하다 5년여 만에 결국은 터
널 구간을 완성했다. 이 또한 총공사비는 처음 예산보다 기하급수로 올랐다.

지혜는 누구나 갖고자한다. 지식은 배움으로써 쌓아갈 수 있지만 지혜는 지식과
는 다르다. 내가 갖고자 원한다고 지식을 취하듯 그렇게 얻어지는 것도 아니다. 오
히려 지식을 앞세우다가 지혜롭지 못한 행동을 할 때가 있다. 교양도 마찬가지이
다. 지식인이라고 모두가 교양인이 아닌 것과 같다.

지혜는 교양을 갖추어가듯 꾸준히 얻어지는 良識(양식)이다. 지혜의 사전적인 뜻
은 '옳고 그름을 판단하는 능력'이다. 그러한 지혜는 경험과 교양과 지식과 영감이
함께 어우러진 良識(양식)에서 온다. 옛 어른들의 지혜는 생활의 지혜로 인생경험에
서 오는 것이 많다. 그런가 하면 아이들의 지혜는 보석처럼 반짝이는 순수한 이성
의 소리이기도 하다.

꾸준히 노력하는 자에게 꿈은 이루어질 것이며, 이루고자 하는 그 모든 것들도,
지혜롭게 꾸준히 얻기를 사모하고 노력하면 얻어질 것이다. 마음에만 담아둔다면
마음과 생각은 바람과 같고 구름과 같아서 한 곳에 멈추어 있지 않고 지나쳐 가거
나 방향을 바꾸거나 사라질 수 있으니 기록해 두어야 한다. 그러한 과정에서 글쓰
기는 지속되고 자연적으로 발전하게 된다.

글쓰기의 자세

1 한글의 우수성에 대한 자부심

주시경은 자국어의 발전은 국가의 흥망성쇠와 직결된다고 했다. 그래서 그는 한글 전용과 국어 순화운동과 국어 연구로 한평생을 살다갔다. 그는 국어학자로서 현대 국어문법의 기초를 다진 사람이기도 하다. 그가 몸 바쳐 그렇게 사랑한 한글에 내포된 의미를 알아보자.

1) 음운학과 철학적 의미

한글 닿소리 기본 다섯 자는 오행(五行)과 오상(五常), 방위(方位)와 관련을 갖고 맥을 잇고 있다. 사대문의 이름도 방위가 갖는 오상의 의미에서 붙여진 것이다.[2]

다음 표를 가만히 살펴보자. 각 항목간의 관련성과 의미를 알 수 있을 것이다.

---

2) 닿소리 기본 5자인 아(牙), 치(齒), 설(舌), 후(喉), 순(脣)음 곧 ㄱ, ㅅ, ㄷ, ㅇ, ㅂ은 방위(方位)로는 동(東), 서(西) 남(南), 북(北), 중(中)이고, 오상(五常)으로는 인(仁), 의(義), 예(禮), 지(智), 신(信)이며, 오행(五行)으로는 목(木), 금(金), 화(火), 수(水), 토(土)이다. 아(牙)음인, ㄱ은 방위는 동(東)이고 오상으로는 인(仁)이고 오행으로는 목(木)이다. 그래서 동대문을 흥인문(興仁門)이라고 하고, 남대문을 숭례문(崇禮門), 서대문을 돈의문(敦義門)이라 한다.

오음(五音)	아(牙)	치(齒)	설(舌)	후(喉)	순(脣)
자음 기본 5자	ㄱ	ㅅ	ㄷ	ㅇ	ㅂ
방위(方位)	동	서	남	북	중
오상(五常)	인(仁)	의(義)	예(禮)	지(智)	신(信)
오행(五行)	목(木)	금(金)	화(火)	수(水)	토(土)
4대문 이름	흥인문(興仁門)	돈의문(敦義門)	숭례문(崇禮門)		

훈민정음의 이론적 배경은 중국음운학과 송학(주자학)이론이다. 이 둘은 고려 중기에 도입되어 훈민정음 창제시에는 학자들 간에 크게 보급되어 관심이 높았다. 특히 세종대왕 때는 宋代(송대)의 모든 학자들의 설을 집대성한 『성리대전(性理大典)』이 우리나라에 전래되었다. 이를 통하여 왕을 비롯한 학자들은 중국음운학과 송학이론을 함께 섭취하기도 했다. 그래서 중국음운학의 지식을 바탕으로 당시의 최고 철학이었던 宋学(송학)이론으로써 훈민정음은 창제되었다. 그래서 한글은 음운학과 철학적 의미가 내포되어 있다.

훈민정음의 제자 및 그 결합의 철학적 배경은 성리학적 이론인 三極之義(삼극지의)와 二氣之妙(이기지묘)에 바탕을 두고 있다. 三極(삼극)은 天(천)·地(지)·人(인) 三才(삼재)를 말하고, 二氣(이기)는 陰陽(음양)을 말한다. 이 삼재와 이기는 우주일체의 四象(사상)을 主宰(주재)하는 기본이념이다. 그래서 이 삼재와 陰陽(음양)을 떠나서는 우주일체의 사상(四象)이란 존재할 수 없다. 그렇기 때문에 사람의 聲音(성음)도 그것이 개념을 表象(표상)하는 그릇이므로 근본적으로 삼재와 음양의 원리에서 벗어날 수 없는 것이며, 말소리의 체계는 삼재 음양의 체계와 일치해야 한다는 것이 당시의 언어관이었다. 따라서 훈민정음은 그 음의 분류에 있어서나 制字(제자)원리에 있어서 그 철학적 이론은 모두 이러한 언어관에 입각하고 있다.

성리학에 따르면 모든 사상은 음양, 오행, 방위의 수가 있으므로 음의 분류도 오행의 수에 맞추어 위 표와 같이 분류하였다. 자음은 발음기관의 형상을 본떴고 모음은 천·지·인 삼재에 따랐다.

2) 구조의 과학성

한글의 구조는 과학적이다. 그래서 그 원리만 알면 쉽게 익힐 수 있다. 누구나 익혀 자기의 의사를 글로 쉽게 표현할 수 있다. 중국한자의 어려움은 지금도 중국인들을 문맹에서 벗어나지 못하게 한다. 간체자를 만들어 써보지만 이것도 중국인들을 혼란케 하는 또 하나의 부작용이 있다. 간체자(簡体字)를 배운 세대는 번체자(繁体字)를 모르기 때문에 다시 또 번체자를 익혀야 고문(古文)을 읽을 수 있다. 그러니 二重(이중)으로 노력을 해야 한다. 그런가 하면 대만은 그대로 번체자를 사용하고 있기 때문에 중국본토에서 쓰는 간체자는 또 다른 번거로움도 뒤따른다.

이에 비한다면 한글은 초성, 중성, 종성으로 이루어지는 과학적인 글자로서, 원리만 이해하면 쉽게 배우고 바로 적용할 수 있는 우수한 글자이다. 우리글은 초성 + 중성, 초성 + 중성 + 종성으로 이루어져서 그 원리만 알면 단시간 안에 쉽게 배울 수 있다.

3) 표현의 다양성

한글은 유사 의미에 대한 다양한 표현이 가능하다. 곧 붉다-불그레 하다, 불그스름하다, 빨갛다,…… 파랗다-. 퍼렇다, 파르스름하다, 푸르스름하다, 푸르다…… 등.

4) 표기의 무한성

한글은 담지 못하는 말이나 글자가 없다. 또 기존 글자로써 신어나 조어를 얼마든지 만들어 표현할 수가 있다.

이렇게 배우기 쉽고, 한 가지 의미에 대한 다양한 표현이 가능하고, 모든 말을 다 담을 수 있는 언어 기호가 한글이라는 자부심을 갖고 글쓰기를 하고, 글쓰기 지도에 임하여야 한다.

 한글에 대한 올바른 이해

1) 자음과 모음의 조화

한글은 닿소리(자음)와 홀소리(모음)의 조화로 이루어진다. 닿소리 14자와 홀소리 10자로서 모든 표현이 가능하다. 닿소리(자음) 14자의 표기와 읽기를 바로 알자.

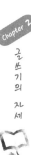

필자가 초등학교에 다닐 때는 학교에 입학하면 닿소리와 홀소리부터 먼저 배웠는데 요즈음은 거의 대부분의 아이들이 한글을 깨우쳐서 오기 때문인지 한글 짜임의 기초인 닿소리와 홀소리를 가르치지 않는 것으로 보인다. 실제로 아이들도 글자는 다 알지만 닿소리와 홀소리를 잘 모른다. 심지어 대학생들조차 닿소리의 읽기와 차례를 모르는 학생들이 다수 있다.

다음을 보고 잘 기억해 두기 바란다.

> ㄱ(기역), ㄴ(니은), ㄷ(디귿), ㄹ (리을), ㅁ(미음), ㅂ(비읍), ㅅ(시옷), ㅇ(이응), ㅈ(지읏), ㅊ(치읓), ㅋ(키읔), ㅌ (티읕), ㅍ(피읖), ㅎ(히읗), ㄲ(쌍기역), ㄸ(쌍디귿), ㅃ(쌍비읍), ㅆ(쌍시옷).– (19자)

🖋 기역과 디귿과 시옷만 읽는 방법이 다르고 다른 것은 똑 같은 방법으로 쓰고 읽히는 것을 알 수 있다.

> 홀소리(모음) 21자의 표기와 읽기
> ㅏ(아), ㅑ(야), ㅓ(어), ㅕ(여), ㅗ(오), ㅛ(요), ㅜ(우), ㅠ(유), ㅡ(으), ㅣ(이)
> ㅐ(애), ㅒ(얘), ㅔ(에), ㅖ(예), ㅚ(외), ㅙ(왜), ㅘ(와), ㅟ(위), ㅝ(워), ㅞ(웨), ㅢ(의).

🖋 홀소리는 〈ㅇ〉을 뺀 것이고 읽기는 홀소리 앞에 〈ㅇ〉을 붙여서 읽는 것과 똑같다. 기본 단모음 10 자에 이중 모음 11자이다 그래서 모음은 모두 21자이다.

2) 문법과 맞춤법의 이해

문법은 중·고등학교 때 기본적으로 배운다. 여기서는 틀리기 쉬운 글자만 지적하고 넘어간다. 틀리기 쉬운 글자를 다음에 열거하니 따로 익혀 두기 바란다.

❶ ㅐ / ㅔ → 잘난체하다, 선채로, 찌개, 금새(금세는 병용함)

❷ ㅚ / ㅙ / ㅞ → (돼는 되+어) 그러므로 되어는 맞고 돼어는 아니다. 웬일인지. 왠지, 軌道(궤도), 掛図(괘도) 등도 익혀 두어야 한다.

❸ 이 /히→깨끗이. 따뜻이, 일일이, 틈틈이, '히'로 발음되는 것은 '히'로 쓴다.

❹ 안('아니'의 준말) / 않(아니하'의 준말)

❺ 더(과거) / 든(선택) → 춥더라, 하던데, 먹든 말든, 배든지 사과든지.

글쓰기와 프레젠테이션

❻ 사이시옷 → 나뭇가지, 시냇물

❼ 모음조화 → 100% 적용되는 것은 아니다. (아름다워, 반가워)

❽ 띄어쓰기 →

첫째 단어와 단어, 부사나 관형사(안 와, 잘 가 등)는 띄운다.

둘째 동사나 형용사의 어간과 어미는 붙인다(갈지라도, 좋은데도, 고울뿐더러).

셋째 조사는 붙인다. (처음부터, 꽃처럼, 그뿐, 나만큼, 웃고만)

넷째 의존명사와 단위를 나타내는 명사는 앞 말과 띄어 쓴다(아는 것, 할 수 있는, 먹을 만큼, 아는 이, 뜻한 바, 한 개, 다섯 채, 여섯 켤레 등)

✎ 부록에 있는 한글 맞춤법 통일안을 참고하기 바란다.

다섯째, 한글에 대한 긍지를 가진다.

이상에서 보였듯이 한글의 우수성을 깨닫고, 긍지를 가지고, 바로 알고, 바로 쓴다. 한글의 우수성은 언어학적으로도 세계적으로 인정받고 있다.

첫째 글을 익히기가 쉽다. 그 요령만 알면 하루아침에 배울 수 있는 글자이다.

둘째 과학적이다. 초성 중성 종성으로서 모든 낱말을 다 기록할 수 있다.

> ⭐보기 자음 + 모음 = 가자, 과, 보리… 자음 + 모음 + 자음 = 쌀, 학급, 실력…

셋째 다양한 표현이 가능하다. 어떠한 말이나 비슷한 말도 다 담을 수 있다.

문제 1 주시경에 대해서 좀 더 알아보자.

Chapter 2 글쓰기의 자세

Chapter 2

글쓰기의 자세

Chapter 3

글쓰기의 기초

 1

언어와 문장 – 그 공통점과 차이점

언어(말)와 문장(글)은 사고(자기의 생각, 뜻)를 남에게 전하는 수단이다. 언어(말)는 음성을 통하여 행해지는 전달 수단이고 문장은 언어 기호를 통하여 행해지는 전달 수단으로 약간의 형식을 취한다. 언어보다 문장을 어렵다고 생각하는 이유는 언어는 자유스럽고 문장은 형식이나 요령을 요구하기 때문이다.

약간의 형식이나 글 쓰는 요령을 익히고 보면 문장으로 표현하는 것이 어려운 것은 아니다. 사실은 말하기보다 더 쉬운 것이다. 그 예로서 사람들이 여러 사람 앞에서 연설을 한다거나 자기 의견을 발표할 때도 원고를 보고 읽거나 말하는 것을 볼 수 있다. 이로 미루어 볼 때 쓰기보다 말하는 것이 어렵다는 것을 알 수 있다.

글쓰기는 유명한 문학가가 되기 위함이 아니고, 일상생활에서 필요를 느낄 때 거리낌 없이 필을 듦으로써 자연스럽게 표현하고자 하는데 목적을 두고 써야 한다. 곧 생활을 윤택하게 하고자 하는데 목적을 두어야 한다. 그렇게 하다 보면 쓰는 것에 익숙해지고 문장력도 생기고 표현력도, 묘사력도 발전하여 전문가도 되고 문학가도 된다.

글은 인간이 이룩한 가장 귀한 보화이다. 글을 통해 나를 나타내고 남을 안다. 글

글쓰기와 프레젠테이션

18

도 우리가 늘 말하는 것과 같다고 생각할 때 글쓰기는 쉬워진다. 글쓰기의 기초는 일기 쓰기이다. 그래서 초등학교 1학년은 그림일기에서부터 시작한다. 주제가 가장 잘 나타나는 것이 그림일기이다.

문제 2 하루의 일과 중 한 가지를 택하여 친구에게 얘기하듯 자신을 돌아보며 써보자.

2 말과 생각, 그리고 사고(思考)

말(언어)은 의사소통의 기본 매체이며 사고(생각)의 바탕을 이루는 요소이다. 사고는 형체 없는 생각의 덩어리이다. 곧 사고는 성운(星雲)과 같은 것이다. 이 말은 밤하늘에 반짝이는 별이 새벽의 서광(曙光)과 함께 사라져가고, 파란 하늘에 떠 있는 탐스런 솜털구름도 바람과 함께 떠나버리는 것과 같이 생각의 덩어리인 사고는 시간이 지나면서 머릿속에서 깡그리 없어질 수도 있다는 것이다.

밤하늘의 별이 다시 뜨고 구름이 다시 그 자리에 새겨지듯이 그 생각이 다시 떠오를 수도 있지만 떠나버린 구름이 그 구름이 아니듯이 똑같은 생각이 아니 올 수도 있는 것이다. 그러므로 언어로 표현함으로써 우리의 사고는 분명해진다.

더구나 복잡하고 추상적인 사고는 인간만이 할 수 있다. 왜냐하면 인간만이 언어를 가졌기 때문이다. 그러므로 인간은 만물의 영장으로서 인간을 Homo loquence(언어적 인간)이라 한다. 하지만 인간이 발산하는 사고의 능력은 개인마다 다르다. 그것은 개인이 가진 知(지) 情(정) 意(의)의 가치에 따라 좌우된다. 곧 개인의 지식수준과 문화적 혜택과 정서적 차이에 따라 다르게 나타난다.

3 언어 능력과 어휘력

언어능력과 어휘력은 서로 비례한다. 실제로 언어 능력이란 모국어의 語彙力(어휘력)을 기준으로 한다. 그러므로 언어능력이란 곧 풍부한 모국어의 어휘를 활용하고 운용하여 적지 적소에 자연스럽게 표현을 할 수 있는 능력을 일컫는다. 우리가 말을 구사할 때나 글쓰기를 할 때는 풍부한 어휘력을 요구한다. 때에 따라서는 외래어도 모국어를 대신해서 말하기도 한다. 그것은 적절한 우리말을 못 찾을 경우에 한해야 한다. 그런데 일반적으로 우리가 언어의 능력에 대해서 말할 때 외국어 능력이나 외래어를 포함시킬 때가 있다. 이것은 잘못된 생각이다. 피치 못하여 쓰긴 쓰지만 그것으로 인해서 언어 능력을 평가해서는 안 된다. 언어 능력이나 어휘력은 어디까지나 모국어를 중심으로 잣대를 삼아야 한다.

학생들과 함께 '말했다' 대신 쓸 수 있는 類似語(유사어, 비슷한 말)를 찾아보았다. 무려 20개가 넘게 나왔다. 이렇게 우리말 어휘는 풍부하다. 비슷한 말을 찾으면서 어휘력을 향상시킬 수 있다.

 그는 그렇게 '말하다'. 에서 '말하다' 대신 쓸 수 있는 類似語(유사어)를 찾아보자.
말하다, 설명하다, 서술하다, 진술하다, 시사(示唆)하다, 천명하다, 설파하다, 나타내다, 명시하다, 진언하다, 언술하다, 선언하다*, 선포하다*, …

 4 문장 구성의 기본

몇 개의 단어를 문법에 맞추어 연결하여 하나의 의미를 표현하는 하나의 단위를 문장이라고 한다. 이러한 문장이 모여서 토막글이 되고, 토막글이 모여서 긴 글이 된다.

1) 토막글과 긴 글

토막글(단락)이 모여서 긴 글이 된다. 아래 〈예문1〉은 토막글 5개로 이루어진 긴 글이다. 곧 5개의 단락으로 이루어진 장문(長文)이다. 이렇게 글은 몇 개의 토막글이 모여서 긴 글이 된다.

예문 1 : 독서의 보람

① 나는 요즈음 책이 우리에게 주는 참된 가치에 대하여 내 나름대로 깨닫게 되었다. 독서의 가치나 보람에 대해서는 많은 이들이 언급해 왔지만 나 자신이 깨닫지 못했을 때는 그것을 실감하지 못하였다. 그런데 최근에 독서에 취미가 붙어 틈만 있으면 책을 읽다 보니 독서가 우리에게 주는 의미를 실감하게 되었다. 우리는 독서를 통하여 새로운 세계를 발견하고, 알고자 하는 욕망을 채울 수 있고, 우리의 안목을 넓혀 준다. 독서는 우리로 하여금 정신적인 성장을 가져다준다.   –독서를 통한 정신적인 성장(주제)

② 나는 책을 통해서 늘 새로운 세계를 발견한다. 책의 저자들은 그가 살고, 느끼고, 생각한 바를 보여준다. 고전을 읽으면 선인들이 살았던 세상을 보게 되고, 외국 책에서는 그 나라의 모습과 생활 풍습까지도 엿볼 수 있다. 특히 문학 작품에서는 작가가 그리는 미지의 세계가 상상의 날개를 펼치게도 한다. 이렇게 책을 읽음으로써 우리는 나 자신이 경험할 수 없는 새로운 세계로 흥미진진하게 마음의 여행을 할 수 있다.   –독서를 통하여 새로운 세계를 발견한다.

③ 책은 알고자 하는 욕구를 채워 준다. 나는 어렸을 때부터 호기심이 많은 편이다. 그래서 알고자 하는 욕구도 그만큼 컸다고 생각한다. 그럴 때마다 나는 백과사전을 뒤지거나 관련 책을 찾곤 한다. 책은 누구보다도 친절하고 자상한 선생이다. 나의 알고자 하는 욕구를 채워주는 것은 바로 책이다.   –알고자 하는 욕구를 채워준다.

④ 책이 나에게 가져다주는 또 한 가지 선물은 세상을 보는 안목을 넓혀 준다는 것이다. 어떤 문제에 부딪쳤을 때 그 해결책을 찾는데도 책에서 얻어진 지식이 활용되는 경우가 많다. 책을 읽으면서 여러 사람들의 인생 경험을 통해서 나를 돌아보고, 내 인생 길의 거울로 삼는 것도 많다. 이렇듯 책은 우리에게 세상을 바라보는 안목을 넓혀 준다.   –안목을 넓혀 준다.

⑤ 이상에서 보았듯이 우리는 독서를 통해서 늘 새로운 세계를 발견하고, 알고자 하는 욕망을 채울 수 있다. 뿐만 아니라 세상을 보는 안목도 넓어진다. 그러므로 독서는 정신적인 성장을 가져다주어 우리의 삶을 풍요롭게 한다.   –독서는 우리의 삶을 풍요롭게 한다.

 문제 4   위의 〈예문1〉을 토막 글로 분석하고, 다시 긴 글로 조합해 보자.

2) 문장의 일반적인 구성

(1) 단락의 기본적인 구성 요소

대개의 경우 글 전체의 주제는 소주제로 나뉘어 체계적으로 전개된다. 이 소주제는 글 전체의 주제를 받쳐주는 기둥 또는 골격의 구실을 한다. 일반적으로 글은 단

락으로 나누어지고 단락은 소주제를 중심으로 이루어진다.

이를 〈예문1〉을 중심으로 분석하여 조직화해 보면 다음과 같다.

- 1단락 : 도입 문장(특수 단락), 주제 명시
- 2 · 3 · 4 단락 : 일반 단락. 소주제를 풀이하거나 입증하여 전개하고 구체화했다. 곧 골격에 살을 붙인 것이다.
- 5단락 : 마무리 문장 (특수단락) 일반 단락에서의 소주제를 조합하여 주제를 밝혔다.

(2) 단락의 소주제문과 받침문장 (종속문장 또는 보조문장)

소주제는 토막글의 주제로서, 전체 글을 뒷받침하는 가장 핵심적인 요소이며 받침 문장은 소주제의 내용을 구체적으로 풀이하고 합리화 또는 실례를 들면서 알기 쉽게 풀이한다.

5 글을 쓰는 절차

1) 소재 찾기

글쓰기를 함에 있어서 먼저 다가오는 문제는 무엇에 대하여 쓸 것인가?이다. 그리고 왜 내가 이것을 쓰고자 하는가? 이다. 이것이 분명해야만 주제가 뚜렷하게 드러난다.

다음과 같은 방법으로 글쓰기의 소재를 찾아본다.

첫째, 선행자의 모범적인 글을 많이 읽는다. 이러한 간접경험을 통하여 지식이 쌓이면서 어느 시점에서 그와 유사한 경험이 나에게 다가오면 거기서 나의 글이 솟아난다.

둘째, 자연을 아끼고 사랑한다. 자연을 관조의 대상으로 하여 감정이입을 통하여 자연을 인격화하고 생명을 부여한다. 들풀, 들꽃, 나무, 하늘의 별, 달, 어둠 속에서, 자연을 감상하며 그 미적 감정을 언어로 기호화함으로서 자연의 미를 예술의 미로 승화시킨다.

셋째, 인생에 대하여, 사회에 대하여 사색하고 고민하고 배우고 익힌다. 이 과정을 통하여 자연스레 글쓰기의 소재가 나타난다.

넷째, 자신과의 대화, 로고스와의 대화를 통하여 소재가 나타난다. 내면 깊숙이 자리 잡은 순수한 자아와의 대화를 통하여 그 속에서 울려 퍼지는 생명의 소리를 글로 표현하는 것이다.

다섯째, 내가 접하는 사물에 대하여 애정을 갖고 관찰한다. 아무리 사소한 대상이라도 내가 관심을 갖고 관찰하면 그 대상은 의미를 갖고 나에게 다가온다. 그 대상에 나의 인격을 이입시킴으로써 표면적인 내용보다 숨겨진 그 이면의 진실성을 표출해 낼 수 있다.

여섯째, 모범적인 글을 읽고 습작을 해본다. 모방하는 습작의 시기에서부터 시작하여 나만의 독창적인 창작이 이루어지도록 노력한다.

 위에 제시한 여러 유형에서 글의 소재를 찾아 글을 써보자.

2) 주제 정하기

- 주제 : 휴일을 건강하게
- 주제문 : 현대인은 휴일을 건강을 위한 날로 보낸다.

3) 제목 붙이기

제목은 글의 얼굴이다. 독자의 마음을 끌어당길 수 있는 것으로서 호기심을 유발할 수 있는 것으로 정한다.

✎ 현대인의 휴일 개념

4) 줄거리 만들기

- **소재** : 현대인이 휴일을 보내는 방법과 목적에 관해서
- **주제** : 휴일을 건강을 위한 날로
- **주제문** : 현대인은 휴일을 건강을 위한 날로 보낸다.
- **제목** : 현대인의 휴일 개념

(1) 주제와 관련된 재료를 선택 : 휴식, 놀이 운동, 등산 기타

(2) 선택된 재료를 순리적으로 배열 : 구체화, 합리화, 예시 방식의 전개로.

5) 글쓰기의 실제

위에서 정하여진 소재와 주제를 염두에 두고 아래 순서에 따라 자기가 쓰고 싶은 글감을 찾아서 정리해보자.

(1) 着想(착상)

무엇에 대해서 쓸 것인가? 글감을 찾아야 한다. 곧 소재를 찾아야 한다. 글감 소재는 여러 가지가 있다. 위에서 살폈듯이 우리 주위에 널려 있는 그 모든 것이 글감이 된다. 자연 현상, 인생살이, 인생철학. 사회의 상황, 그 시대 철학, 나의 이웃, 내 주위의 이야기... 헤아릴 수 없이 많다.

이 중에서 무엇에 대하여 가장 관심이 있고 내가 자신 있게 표현할 수 있는가를 곰곰이 생각하여 머리에 그려본다. 뚜렷하게 이야기가 전개되도록 한다. 그것이 착상이다.

(2) 構想(구상)

착상이 되었으면 메모를 하면서 그 순서를 정한다. 설계사가 건축 설계도를 그리듯 차례를 생각하며 각 단원마다 들어가야 할 제재를 정한다.

(3) 敍述(서술)

구상이 되었으면 누구나 알 수 있도록 쉽게 서술해 간다. 추상적인 표현은 피하고 구체적으로 솔직하게 표현한다.

(4) 推敲(퇴고)

일단 다 서술을 끝냈으면 찬찬히 읽으면서 고칠 것은 고치고, 버릴 것은 버리고, 더할 것은 덧붙인다. 퇴고를 하지 않아도 되는 것도 있지만 그래도 읽고 또 읽으면서 글을 다듬는다.

6) 퇴고(推敲)

글을 지을 때 자구(字句)를 다듬어 고치는 일이다.

(1) 퇴고의 유래

당나라의 시인 賈島(가도)가 말 위에서 다음과 같은 시를 지었는데 마지막 싯구 〈僧敲*月下門(승고월하문)〉에서 推(추, 퇴)로 할까 敲(고)로 할까 골똘히 궁리하다가 한유의 행차를 방해했다. 당시의 대문장가였던 韓愈(한유)는 그 연유를 물었다. 賈島(가도)의 애기를 듣고, 韓愈(한유)는 敲(고)가 좋다고 했다. 그 후 글을 고치는 것을 퇴고라 했다.

> 李凝(이응)의 幽居(유거)에 題(제)함
> 閒居隣並少(한거인병소) -. 한가하게 사노라니 사귄 이웃 드물고
> 草徑入荒園(초경입황원) -. 풀밭사이 오솔길은 황원으로 뻗었네
> 鳥宿池邊樹(조숙지변수) -. 저녁새는 연못가의 보금자리 찾는데
> 僧敲*月下門(승고월하문) -. 스님은 달빛 아래 절간문을 두드린다*.

(2) 퇴고의 원칙

㉠ 附加(부가)의 원칙 -. 첨가 보충하면서 표현을 상세하게 표현한다.
㉡ 削除(삭제)의 원칙 -. 불필요한 것, 지나친 표현, 조잡하고 과장된 것은 삭제한다.

ⓒ 構成(구성)의 원칙 –. 글의 순서는 바른가? 글의 효과를 높이기 위해 순서를 바꿀 것은? 등등을 살핀다.

(3) 전체적 검토

ⓐ 주제는 잘 나타났는가?

ⓑ 반대 해석이나 오해될 부분은 없는가?

ⓒ 제목이 주제와 조화를 이루는가?

(4) 부분적 검토

ⓐ 論点(논점)이나 단락 등 글의 주된 부분이 유기적으로 통일되어 있는가?

ⓑ 각 부분은 그 중요도에 따라 적당한 비율로 구성되어 있는가?

ⓒ 각 부분의 비율은 논리적으로 명료한가?

(5) 각 문절의 검토

각각의 문절은 내용을 정확하게 나타내고 있는가?

(6) 용어의 검토

ⓐ 용어는 적절하게 사용 되었는가

ⓑ 독자가 이해하기 힘든 용어는 없는가?

ⓒ 내용을 정확하고 효과적으로 전하고 있는가?

(7) 표기법 검토.

誤字(오자), 脫字(탈자), 맞춤법, 문장부호 등이 알맞게 쓰였는지 살핀다.

(8) 최종적 문장 검토

낭독하면서 객관적 자기 평가를 한다. 그 평가의 기준은 일반적으로 다음과 같이 한다.

ⓐ 평이하고 객관적인가?

ⓛ 가치 있고 독창성이 있는 신선한 주제인가?

ⓒ 주제에 대한 통일은 되었는가?

ⓔ 구체적이고 강력한 소재인가?

ⓜ 논리적이고 효과적인 구성인가?

ⓗ 문단과 문단 상호간에 긴밀성은 있는가?

ⓢ 내용이 정확하고 표현이 풍부한 문장인가?

ⓞ 정확하고 구체적이며 명료한 용어를 사용하였는가?

ⓩ 문법적 표기, 문장부호, 서식은 알맞은가? 등등이다.

퇴고는 어떠한 형태의 글에서나 적용되고 필요하다.

 문제 6   문장 부호에 대하여 알아보자.

 문제 7   현대인의 휴일 개념에 대해 논하시오

예문 1 : 휴일의 의미

지금은 방학이다. 교사에게 있어 큰 위로 중의 하나는 방학이 있다는 것이다. 1년 365일 중 100여일을 복잡한 일상에서 벗어날 수 있다는 것은 참으로 매력적인 사실이 아닐 수 없다. 내 주변의 사람들도 유독 이 기간이 되면 부러움에 찬 시선을 보내기 일쑤다. 사람들에게 있어 휴일은 그만큼 일상과는 구별되는 특별한 의미를 지니고 있으며 그 시간을 보내는 방법 또한 과거와는 다른 다양한 양상을 보이고 있다.

나는 옛 어른들로부터 휴일이란 단어를 들어본 적이 없다. 이것은 과거 농업 중심의 사회구조 속에서 휴일이란 특별한 의미를 갖지 못했다는 것을 의미할 수도 있다. 아마도 당시의 생활은 일상과 휴일이 구별되어야할 뚜렷한 이유나 필요가 없을 만큼 이유가 있었는지도 모르겠다. 굳이 설. 추석 등 명절이나 동제(洞祭)가 있는 시기를 택하여 휴일이라 명명(命名)하더라도 그 시간을 보내는 방법이나 목적이 오늘날과는 차이가 있다. 즉 과거의 조상들은 휴식의 시간을 개인보다는 집단을 위해 활용했다고 할 수 있다.

그러나 오늘날 현대인에게 있어 휴일은 과거와는 다른 특별한 의미를 갖는다.

현대 사회는 복잡하고 다양해졌으며 집단보다는 개인이 중심이 되는 사회로 변화되고 있다. 대부분의 사람들이 항상 시간에 쫓기고 일상에 얽매어 정신적으로나 육체적으로 허약한 삶을 살아가고 있다. 이들에게 있어 휴일은 육체적 정신적으로 허약해진 건강을 회복하는 충전의 의미를 갖는다. 개인에 따라 그 양상은 다르지만 현대인들이 추구하는 휴일의 의미는 동일하다.

수면 부족에 시달린 사람처럼 하루 종일 잠으로 휴일을 마감하는 사람이 있다. 그는 피로를 풀기 원하는 자연스러운 몸의 요구를 따르고 있는 것이다. 그는 그렇게 함으로써 새로운 날의 에너지를 공급 받는 것이다. 반면에 지적인 욕구에 목마른 사람의 경우, 꼼짝하지 않고 책을 읽거나 문화관을 찾거나 영화를 보며 휴일을 보낼 것이다. 이는 그대로 정신적 빈곤에서 벗어나 풍요로운 자신을 되찾을 수 있기 때문이며, 교회나 절에서 휴일을 보내는 사람 또한 영적인 에너지를 충전시켜 보다 바람직한 개인으로 성장하고자 한다. 물론 주말이면 교통난을 겪으면서도 놀이동산을 찾거나 여행을 떠나는 사람도 예외는 아니다. 그들 역시 일상과는 변별되는 홀가분한 분위기 속에서 소원했던 가족과 건강한 교감을 나누기를 원하고 자신을 성찰하고자 한다. 이들 모두 모양새는 다르지만 공통적으로 건강한 자신을 회복하기 위해 노력하고 있음을 알 수 있다.

우리들은 육체적으로나 정신적으로 점점 각박해져가는 현대를 살아가고 있다. 이러한 우리들에게 휴일은 의식하든 못하든 간에 어느 영역에서건 부족한 건강을 회복시킬 수 있는 방향으로 사용되어지고 있으며, 때문에 현대에 있어서 휴일이 지니는 의미의 중요성은 더욱 강조되고 있다.

급변하는 산업화의 시대를 살아가는 현대인에게는 휴일이란 생계를 위한 노동의 시간에 대한 보상의 시간이며 그 동안의 피로를 풀고 더 나은 내일을 준비하는데 필요한 시간의 의미를 갖는다. 정신적 스트레스나 육체적인 노동으로 쌓인 피로가 그대로 우리 현대인의 수명을 단축시키고 각종 질병의 요인이 된다는 것은 이미 통계자료나 연구 결과에 의해 밝혀진 사실이고 보면, 노동을 통해 점점 더 삶의 질이 높아질수록 풍요로운 내일을 위한 충분한 여가와 휴식을 취하는 방법이나 목적에 대한 의식의 전환이 급속도로 이루어지고 있는 것으로 보여 진다. 이는 노동의 목적이 단순한 생계를 위한 것이 아니라 충분한 여가와 풍요로운 문화생활을 즐기기 위한 것으로 사고의 폭이 확장되면서 그 변화의 물결은 건강을 잃으면 그 모든 것도 잃어버리기에 휴일을 건강을 위한 준비의 날로 보내고자 한다.

하루 8시간의 일과 8시간의 휴식, 그리고 8시간의 수면이 참으로 건강한 하루를 만든다는 말이 있다. 수면과 휴식이 8시간씩이라면 경제 전쟁의 치열한 시대를 바쁘게 살아야하는 현대의 시간 개념으로는 불합리하다고 여겨지기도 하지만 한참 일할 나이의 40대가 과로로 쓰러지는 이들이 증가하는 것을 보면 충분한 휴식은 내일을 위해 반드시 필요한 시간이다.

놀이시설, 운동의 공간과 방법의 다양화, 레저산업의 번성, 체질과 체력에 적합한 운동 종목과 방법을 권장해 주는 병원의 등장, 아침의 신선한 공기를 호흡하기 위한 조깅 가족들의 모습에서도 우리는 건강한 내일을 준비하는 현대인의 모습을 보게 된다.

주말이면 쏟아져 나와 길게 꼬리를 물고 이어지는 고속도로 위의 차량들, 명승지와 명산을 찾아 나서는 넘쳐나는 사람들, 이 모두가 물질적 풍요를 위한 그 동안의 노동으로부터의 해방이며, 더 힘찬 내일을 위한 자기 발견의 시간을 갖고자 하는 이들의 아름답고 건강한 모습들인 것이다. 비록 돌아오는 길이 떠날 때 보다는 육체적으로 몇 배나 힘들지라도 그들은 떠나고 오르면서 새롭게 시작할 에너지를 하나 가득 그들의 가슴 속 깊은 곳에 재충전하고 돌아가는 시간으로 만들 것이다. 닻을 내리고 정박한 배가 쉬이 망가져도, 거센 파도와 싸우며 고기잡이를 위해 넓은 바다로 나아가고 있는 아침의 어선과 어부의 모습이 아름답듯이-. 정보의 홍수시대를 헤쳐 나가기 위해 독서를 통한 간접 경험의 기회를 가지거나 그 동안의 얽매어 지냈던 직장 일로 못했던 취미활동을 하면서 정신적 여유를 누릴 것이다.

이제 현대인들은 과거 세기의 가장 기본적인 욕구인 굶주림으로부터의 해방과 생존을 위한 노동으로부터 향상된 삶의 질로서의 보상을 위해 노동하게 되었다. 보상 받은 삶을 풍요와 여유를 지니고 살아가기 위한 현대인의 노력은 점점 더 가속화될 것이고 그에 따른 욕구도 더욱 커질 것이다. 이미 실시하고 있는 나라들도 있지만, 우리나라에서도 이제 주 5일 근무제가 휴일에 대한 인식의 변화가 달라졌음을 확인할 수 있다. 건강한 휴식과 휴일을 지냄으로써 얻게 될 견실한 열매를 위해 현대인은 오늘을 살고 내일을 꿈꾼다.

┃ 자료 ┃ ....

현대의 인간상황과 극복의 길

● 현대의 인간상황

    시장 志向(지향)형의 인간으로 추락.

    ① **사용가치보다 교환가치를 중시**-.사용가치는 교환가치의 필수 조건이나 충분
      조건은 못됨.

    ② **외관의 매력화(魅力化)**-.상품의 디자인이나 화려한 광고 선전이 소비자를 끌
      듯이 현대인은 유행에도 민감하고 내적 충실보다 외관의 매력화에 주력함

    ③ **개성을 무시하는 인간 평등의 관념**-.획일화, 규격화, 표준화 되어감

    ④ **전인격적 접촉의 결여**-. 대중 속의 고독, 피상적인 사귐, 마음을 열지 않음

    ⑤ **개성의 공허화(空虛化)**-.자아상실, 양파형의 인간이 되어 감 → 주체성이 없
      이 역할만 수행

● 극복의 길

    ① 생산적인 인간 ② 현실을 객관적으로 파악 ③ 양심과 이성의 합리적 권위를 택
    함 ④ 삶을 하늘이 준 귀중한 기회로 생각하고 최선을 다함 ⑤나의 존재와 타인의
    존재를 귀하게 봄

Chapter 4

실용문 쓰기

1 일기 쓰기

1) 일기문의 성격 및 특징

일기는 생활의 기록이다. 하루하루가 모여서 일생을 이룬다. 그것은 독자를 의식 않는 개인적인 글이다. 하지만 문학적인 일기는 일종의 수필이다. 진실한 자기 고백 문학이다. 그러므로 이러한 수필은 自照문학이라는 특징을 가진다. 그리고 독자를 의식한다.

일기는 하루의 생활을 통해 접촉하는 환경과 가족, 친구, 사물에 대한 관심을 일기로 기록한다. 또 그들의 성품과 소망 및 사색과 반성을 통하여 하루의 생활을 마무리하는 기록이다. 평범한 하루도 생애의 한 토막이므로 평범 그 자체를 일기의 주제로 삼으면 된다. 어제의 역사와 오늘, 그리고 미래에 대한 의미가 크듯, 개인의 역사인 일기도 나의 미래를 위해 큰 의미를 가진다.

2) 일기를 쓰는 보람과 의미 기타

(1) 일기를 쓰는 보람

기록으로 남기지 않으면 우리의 하루하루는 그대로 과거 속으로 묻혀버린다. 하지만 기록으로 남겨진다면 그것은 한 개인의 역사가 되는 것이다. 그러므로 나의 역사인 일기를 통하여 나를 재발견하고 나의 존재를 인식한다. 그것은 나를 핵으로 하여 우주를 의식하고, 하루하루의 생활을 통하여 나를 돌이켜 보며, 나의 역사는 일기를 통해 기록으로 남는다.

이러한 일기 쓰기는 오늘을 반성하고, 내일을 충실히 살아갈 각오와 마음가짐을 가지며, 보다 성숙된 인격과 보다 나은 삶을 지향하게 되어 인격이 수양된다. 뿐만 아니라 일기쓰기는 사고력과 판단력, 비판력, 관찰력을 증진시킨다. 자기반성을 통하여 인격이 도야되고 사고를 통하여 지적 발달을 이루고 판단과 관찰을 통하여 학습효과도 강화된다.

(2) 일기를 쓰는 의미

❶ 하루의 생활에서 생각하고, 느끼고, 관찰한 사실을 잘 표현하기 위해 힘쓴다.
❷ 생활의 옳고 그름을 따져본다. 더 좋은 방법을 생각하게 된다.
❸ 일기 쓸거리를 의도적이라도 찾고 살피게 된다.
❹ 글 쓰는 솜씨가 늘어난다.
　　→ 문장력 증진
❺ 더 잘 표현하고자 애쓴다.
❻ 표현 방식에 주의를 기울이게 된다.
　　→ 자연스럽게 문장력 표현력 향상됨 → 보람과 기쁨

3) 쓰는 요령 및 유의 사항

(1) 쓰는 요령

❶ 꾸미는 일이 없도록 한다. 사실 그대로 진실한 표현을 한다.

❷ 형식에 구애됨이 없이 자유스럽게 표현한다.

❸ 사고력, 문장력을 위한 노력을 하도록 한다.

❹ 가급적 매일, 시간을 정해서 쓰도록 한다.

(2) 유의사항

❶ 자신에게 관심 있고 영향을 주는 내용을 다룬다.

❷ '나'는 이라는 단어는 안 쓴다.

❸ 하나의 이야기를 중심으로 쓴다.

❹ 추상적인 일기를 삼간다.

4) 일기의 문장과 형식

(1) 일기의 문장

❶ 원칙적으로 비공개적인 개인의 글이므로 격식을 안 갖추어도 무방하다.

❷ 생활일기 같은 포괄적인 일기는 장르를 초월하여 자유롭게 쓸 수 있다.
　– 편지, 시, 기행문, 수필, 비평, 감상문 등, 독백체든 수필체든 무관하다.

❸ 자신의 입장에서 바라본 표현이므로 주어가 생략된 문장을 쓸 경우가 많다.
　이는 한국어의 특징이기도 하다.

❹ 일기는 개성적인 모든 글의 모체가 된다.

(2) 일기의 형식

❶ 일자(년, 월, 일) : 절후에 대한 정확한 인식을 가진다.

❷ 날씨 : 일기는 그 날 생활과 일정한 관계를 가진다. 일기로 인하여 외출을 못할 경우가 있다. 또 그 날의 기분을 좌우하기도 한다. 그러므로 날씨를 명기하는 것이 바람직하다.

❸ 사건 : 총괄적 개요만 적는 경우와 중요한 대목만 적는 경우가 있다.

❹ 감상 : 감상은 거품(포말)과 같다. 기록하지 않으면 사라진다. 모아두면 새롭고 날카로운 인생 비평이 될 수 있고, 사리에 대한 깊은 통찰을 갖게 된다. 그러

므로 감상 일기는 감성을 풍부하게 하고 비판력과 사고력을 증진시킨다.

❺ 독후감 : 그 날의 분위기와 함께 읽은 책에 대한 감상을 쓴다.

5) 일기의 종류와 예문

(1) 일기의 종류

❶ 생활, 학습 일기(조사, 보고, 연구, 독서 등),

❷ 특수 일기(육아, 가계, 학업, 작업 등)

(2) 〈예문〉

어느 훈련병의 일기

○월 ○일

아침 8시 10분 도착, 머리를 박박 깎고, 8시 40분쯤 입소. 연병장을 오리걸음으로 가다. 추운 마당에서 3구대 16번으로 명을 받고 짐을 정리하다. 옷·신발·모자를 받아쓰니 군인 아제와 비슷하다.

아무 생각 없이 첫날밤을 맞아 불침번을 서니 별 생각이 다 난다.

보고 싶은 얼굴들,

두고 온 나의 민간생활이여!

똑! 똑!

암구호.

누구냐?

용무는?

－ 근무 중 이상 무 －

○월 ○일

'아침에 일찍 일어났다'고 생각했는데 내가 제일 늦게 깨어 내무반장에게 한 대 툭!

청소, 세면, 날씨가 춥다.

조교가 출근하자마자, "일어나! 앉아! 취침! 기상! 관물대 발 얹고 엎드려! 뻗쳐! 등 무려 십 수 번, 약 20분간 기압을 주어 빵 먹을 팔 힘을 거의 빼놓았다.

오전, 실내에서 강의 교육, 춥지는 않은데 졸려서 ... 지루한 시간... 언제 점심 먹지?

......

점심 먹고 난 후 제식 훈련, 설명하는 시간은 야외에서 하는데도 여전히 지루하다. 현역 교관과 방위조교, 지휘봉과 총 들고 정말 수고한다.

제식 교육이 끝난 후 사단 교육연대 부관 참모(대위)가 와서 인사관리 청탁에 관해 사기 당하지 말라고 교육했다. 좁은 공간에 213명이 앉으니 다리가 저리다.

'아! 교육 빨리 안 끝나나? 아! 정말 미치겠다. 다리는 계속 저려오고...'

저녁 식사 후, 몇 가지 교육을 받은 후 취침 준비에 들어갔는데 몇 가지 실수가 우리들에 의해 이루어져 내무반장 머리가 돌아버렸다.

야! 집 생각만 난다. 언제 갈 수 있을꼬?

친구가 갔을 때는 훈련 기간이 금방 갔는데, 내가 오게 되니까 왜 이리 시간이 안갈까?

이제 이틀이 지났는데 아! 어떻게…….

○월 ○일

아! 드디어 모든 육체적 훈련은 다 끝났다. 앞으로는 정신 교육과 측정만이 남았을 뿐이다. 기쁘다. 하지만 허전하다. 이 몇 주 간의 훈련, 이 훈련 기간은 나에게 많은 변혁을 안겨 주었고, 또한 수많은 상처와 고통을 남겨 주었다. 그러나 이 훈련을 통하여 나는 너무나 많은 것을 배웠고 느꼈다.

사람에게 자유로운 생활의 소중함과 친구의 중요성을 깨닫게 하였다. 그리고 가정의 귀중함과 가족의 따뜻함을 그립게 했다. 이제 집으로 돌아가면 나는 새사람이 되어 모든 사람들에게 더 잘 대해주어야겠다.

 최근의 일 중 남기고 싶은 것 하나를 일기 형식으로 써보자.

2 편지글 쓰기 - 서간문

1) 서간문의 내용

❶ 특정한 상대를 향해 쓰는 用談(용담)적인 문장 즉 수신자의 記名(기명)이 붙는 글이다.

❷ 발신자와 수신자의 인간적인 관계가 직접적으로 나타난다. 두 사람의 관계에 따라 문체와 용어가 달라진다.

❷ 명기된 상대자에게 보내는 것이기 때문에 친분, 親疎(친소)관계, 성별, 등에 배려가 요구되고, 상대에 대한 올바른 이해가 갖추어져야 한다. 편지 쓰기가 어려운 까닭도 여기에 있다.

❹ 상대에게 어떤 용무를 전달하는 실용적인 문장이다. 그러므로 간결하고 명백한 문장이어야 한다.

❺ 글을 쉽게 써야 한다. 왜냐하면 전달이 목적이기 때문에 말하듯 써야 한다. 즉 마음으로 상대를 방문해서 그와 면담하듯 써야 한다. 뜻과 함께 감정을 전해야 한다. 그러므로 어조와 음성까지 함께 갖춘 말이어야 한다.

2) 서간문의 구성

❶ 호칭 및 서두
❷ 시후 (계절, 기후등), 전문 (인사)
❸ 문안
❹ 자기안부
❺ 용무, 기사, 본문 (사연)
❻ 축원, 마무리 인사
❼ 연 월 일, 서명 결말

　　　✏ 첨가, 追伸(추신)

폭풍이며 물난리가 지나간 것이 어제인 듯싶은 데, 벌써 말복이 지나고 처서가 지나가더니 이제 제법 아침저녁은 쌀쌀하구나.

아들아, 참 오래된 것 같다. 그 동안도 잘 있었니?

늘 궁금하지만, 편지 보내는 것도 거리를 두고, 항상 기도로 대신하고 있다. '그래도 현역으로 간다는 것은 국가가 인정하는 (몸도 마음도)건장한 대한민국 청년'이라는 증거잖니. 그것이 가장 귀한 자산이지. 누구나 가는 군대 생활인데 …잘 있겠지'하며 스스로를 위로한다.

아들아, 네가 처한 환경을 긍정적으로 받아들이고, 아름다운 미래를 꿈꾸며 성실하게 하루하루를 지내라.

이곳은 모두가 잘 있다. 엄마는 이곳에 내려와 신앙생활을 제대로 하면서부터 많이 건강해졌다. 그래서 감사하는 마음으로 내게 주어진 달란트에서 열심히 하고자 한다. 그리고 기쁜 마음으로 한다.

아들아, 네가 바라고, 원하는 것을, 간절한 마음으로 그것을 향해 지속적으로 열심히 하면 모든 것을 이룰 수 있다는 것을 믿어라. 끝까지 하는 사람이 승리한다. 이것은 엄마의 인생 경험이고 철학이기도 하다.

아들아, 씩씩하고 늠름한 대한의 아들로서, 지금, 너의 위치에서 최선을 다 하여라. 건강 조심하고 잘 있기를 하나님께 기도한다. 그리고 음성 한 번 들려다오.

예문 2

부모님께~

휴가를 마치고 복귀한지 어느덧 한 달이 되어 갑니다. 그 동안 별고 없으시겠지요? 저는 지금 일직 근무를 서고 있습니다. 중대에서 주로 병장급에서 돌아가며 서는 근무입니다. 부대 순찰, 초병 인솔 등등의 일을 맡으면서 하루 동안 간부를 돕는 일입니다. 낮에는 그럭저럭 인원 관리 및 여러 가지 작업 때문에 다소 바쁘지만 밤에는 어느 정도 한가하기 때문에 이렇게 편지를 쓰고 있습니다.

이제 전역할 때까지 약 100일 정도 밖에 안 남았습니다. 전에 편지에 썼던 내용 생각나세요? '부대 뒷산을 보며, 저 산에 꽃이 피고, 낙엽지고, 눈이 내리고.. 어쩌고 ...' 하던 사설 말입니다. 이제 그 산에 무성한 나뭇잎들이 모두 떨어지면 집에 갑니다. 요즘 이곳은 아침저녁으로 싸늘한 바람이 부는 데, 군 생활이 얼마 남지 않았다는 것을 피부로 느끼게 해 줍니다.

지난 휴가 때는 제 일로 인해서 부모님께 섭섭하게 해드린 것 참으로 죄송스럽게 생각하고 있습니다. 여기 와서 어떤 책을 보니 이런 내용이 있었습니다. '이등병 때에는 〈참을 忍〉, 일병과 상병 때에는 〈어질 仁〉, 그리고 병장 때에는 〈사람 人〉자를 배우고 나간다고 말입니다. 그런데 저는 아직 이 세 가지를 어느 것 하나 제대로 배우지 못하고 있는 것 같습니다.

저는 지금까지, 그리고 군대에 와서도 앞으로 내가 무엇을 할 것인가, 어떤 길을 가야할 것인가, 하고 고민을 많이 했었습니다. 하지만 전혀 답이 안나왔습니다. 정말 앞으로의 목표를 정하기가 너무 어려웠습니다. 그런데 갑자기 이런 생각이 들었습니다. 제가 지금까지, '앞으로 해야 할 일, 과거에 했던 일에 지나치게 집착한 나머지, 정작 현재의 나 자신에게 너무 소홀하지 않았나 하는 것 말입니다.

사실 앞으로 제게 다가올 미래는 바로 지금 이 순간에 달려있는데 말입니다. 아마도 이 때문에 과거에 대해 후회하고, 현실과 부조리 된 미래에 괴로워했었나 봅니다. 이제는 현재의 제 자신에게 보다 충실해지려고 노력중입니다. 그리고 보다 인격적으로 성숙해지려고 노력하고 있습니다. 그렇게 변화된 모습으로 다시 부모님을 뵐 수 있도록 기도해 주십시오.

제대 후에는 지금까지 너무나 빈약했던 사회적 경험을 채우기 위해 여러 가지 경험도 쌓고 싶습니다. 부모님께서 제게 정신적으로 힘과 격려를 주시기 부탁드립니다.

아무쪼록 두 분 다 건강과 평안이 가득한 삶 누리시기를 바라며 이만 줄입니다.

아들 올림

 문제 9 부모님이나 친구에게 편지를 써보자

③ 기행문

기행문은 자기 경험을 남에게 알리는 글이므로 이해하기 쉽도록 여행한 차례대로 써나가는 것이 좋다.

1) 내용

여행을 하면서 보고 듣고 느끼고 한 것을 기록한다. 특히 생소한 지방의 풍경, 풍속, 습관, 명승지, 전설 등에 대하여 지은이가 느끼고 생각한 것을 쓰기 때문에 여행기록문 또는 여행 감상문이라고도 한다.

(1) 메모하기

수첩준비, 메모하는 습관 기르기(때, 곳, 여행자, 본 것, 배운 것, 느낀 것)

❶ 출발시간과 전경 느낌을 적는다.

❷ 도착시간과 도착지, 전경 느낌 등을 기록한다.

❸ 새로운 것을 보고 들으면 간단히 메모를 한다. 예를 들면

　용연 – 기암절벽, 옛 날 용이 살았다고 함.

　용두암 – 높이 10m의 바위 모양이 용머리를 닮음.

　삼성혈 – 고, 양, 부씨의 세 신선이 나타난 곳, 탐라개국 전설 등으로 메모해

　　　　　둔다.

(2) 기록의 차례

여행한 차례대로 써야 한다.

(3) 작은 제목 사용

글의 내용에 따라 대문을 나누고, 소제목을 붙여서 쓰면 편리하다. 예를 들면 경주여행에서도 불국사, 석굴암 등의 소제목을 붙여서 쓰는 것이 편리하다. 또

독자 편에서도 더 쉽게 와 닿는다.

(4) 지은이의 감상

같은 곳을 다녀와도 사람들마다 그 느낌이 다르다. 각자가 보고, 듣고, 겪은 일을 차례에 맞추어 쓰되 그 느낌이 다르기 때문에 각양각색으로 나타나고, 표현된다. 이것이 기행문의 특징이기도 하다.

(5) 여러 가지 표현

보고 느낀 사실이나, 안내자나 주인에게 들은 이야기, 관광지 표지판의 해설, 안내책자, 그림엽서, 등은 좋은 자료가 된다. 사실과 풍경, 전설에 대한 표현도 해야 한다.

2) 기행문 작성의 요령과 유의점

(1) 떠나는 즐거움이 표출되어야 한다.

독자가 공감할 수 있는 감흥과 여행의 동기와 목적 등을 밝힌다. 이는 독자로 하여금 앞으로 전개될 여행에 대한 기대감과 호기심을 갖게 하기 때문이다.

(2) 여행의 노정이 나타나야 한다.

언제, 어디서, 어떻게 출발해서 무엇을 어떻게 보고, 듣고, 느끼고, 어떤 곳을 어떻게 다녀 와서 돌아왔다는 내용을 기록해야 한다.

(3) 지방색과 客窓感(객창감)이 표현되어야 한다.

집을 떠난 나그네의 글이므로 나그네는 사소한 일에도 깊은 인상을 받을 수 있고 지방색이 경이롭게 느껴진다. 또 허전한 旅愁(여수)속에서 고독감과 객창감(客窓感)을 맛본다. 이것은 기행문의 특색이며 특권이고 아름다움이다.

(4) 자신의 취미나 개성이 나타나야 한다.

여행을 소재로 한 일종의 수필이므로 개성적인 색채가 나타나기 마련이다. 그 지역과 관련된 시나, 거기서 느끼는 감흥을 시로 옮길 수도 있고, 지역의 풍광이나 특징 있는 건물들을 간단한 스케치로 표현한다든가 하는 등 개성이나 취미도 기행문에는 자연스럽게 나타나기 마련이다.

(5) 지나친 지식의 나열이나 고증은 삼간다.

일반 독자는 평범하다. 지식의 나열이나 고증은 전문가에게는 좋겠지만 일반 독자는 머리를 써야 되기 때문에 싫증을 느낀다. 특히 문학작품은 그렇다. 지나치면 학위 논문 같은 인상을 준다. 그러므로 지나친 지식의 나열이나 고증은 피하는 것이 좋다.

(6) 전체적인 느낌을 정리한다.

3) 기행문의 종류

(1) 주관적인 기행문

작자의 감정이 중심을 이룬다. 곧 작자의 정서와 개성이 노출되어 있다.

예문 : 주관적인 기행문

살아오면서 잊혀지지 않는 일이 한 두 가지 뿐이랴. 잊을래야 잊을 수 없는 일이 있나하면 또 잊혀지지 않는 일이 그 얼마나 될까.

이번 러시아 북유럽 여행은 12일 간의 알찬여행이었다. 러시아에서는 국내선 비행기로 모스크바에서 페테르부르그로 이동하여 시간이 절약되었고, 핀란드에서 스웨덴으로, 오슬로에서 코펜하겐으로, 스톡홀름에서 탈린으로 갈 때 호화유람선을 이용하여 선상에서 편안하게 3일을 지냈으니 시간을 절약한 셈이다. 망망대해를 선상에서 바라보며 백야도 만끽할 수 있어 좋았다. 해는 22시 45분에 바다 밑으로 사라졌다. 그 후도 24시가 넘도록 바다는 서쪽 하늘에 붉은 잔상을 남기고 있었다. 완전히 어두운 시간은 2–3시간 정도일까 싶다. 해는 새벽 4시에 완전히 솟았다. 새벽 2시 30분에도 날은 밝은 편이었다. 이 시각은 위도에 따라 또 시간(날짜)이 지남에 따라 백야현상도 차이가 있는 것으로 보였다. 일몰을 본 시간과 일출을 본 시간차는 꼭 1주간이다. 곧 일몰은 6월 23일 투르크(핀란드)에서 스톡홀름(스웨덴)으로 갈 때이고 일출은 30일 스톡홀름에서 탈린(에스토니아)으로 갈 때 본 것이다.

이 번 여행에서 가장 기억에 남는 것은 물론 자연환경이 주는 만년설, 피요르드, 호수⋯⋯등과 각 도시마다에서 본 그 나라 역사, 문화, 건축도 새롭고 훌륭했지만, 무엇보다도 망망대해를 가르는 선상에서 일몰을 바라볼 때의 그 순간과 그 때의 사람들, 그리고 그 엄숙했던 분위기이다. 그리고 모두가 잠든 그 시간에(물론 8층 디스코텍에서는 밤새도록 시끄러웠다)나는 10층 Conference Center에서 글을 쓰기도 하고 바다를 바라보며 상념에 잠겼던 그 시간들이다.

사람은 어떻게 마지막을 장식할 수 있을까? 저 일몰하는 순간처럼–. 일몰은 찬란하고 장엄했다. 서쪽 하늘과 바다가 하나가 되어 온통 붉은 빛으로 곱고 아름답게 물들어 있었다. 일몰을 보기 위해 하나 둘 서서히 사람들이 카페 창문 쪽을 향해 가득 자리를 채웠다. 그리고 서쪽 바다를 바라보며 말이 없었다. 가만히 그냥 모두가 바라보기만 했다. 그 시간이 얼마나 지났을까 22시 45분 드디어 해는 하늘과 바다가 맞닿는 수평선 그 너머로 조금씩 사라지기 시작했다. 그 순간은 한참 동안 엄숙, 적막, 상념 그 자체였다. 그 일몰을 바라보며 사람들은 각자 무슨 생각들을 하고 있었을까. 각자의 생각은 모르지만 그 순간은 너무 숙연했다. 대자연을 향한 죽음에의 엄숙함일까. 환호보다 진하고 거룩한 침묵의 순간이었다. 일출 때의 환호보다 일몰 때의 침묵은 엄숙하고 거룩했다.

– 자헌 –

(2) 객관적인 기행문

풍경이나 풍속 등을 일정한 거리를 두고 객관적인 입장에서 관찰하고 묘사하고 있다. 사물을 보는 작자의 예리한 관찰력과 그것을 통찰하는 교양의 깊이가 수반되어야 한다.

예문 : 객관적 기행문

방학이 되자마자 학생들 성적을 바로 처리하고 여행을 떠났다. 우리와 적도 반대편에 있는 뉴질랜드와 호주로 ―.그 곳은 겨울이라도 그렇게 춥지는 않았다. 평균 0도에서 10도 사이다. 뉴질랜드 남섬은 빙하와 눈이 쌓인 것을 보니 0도 이하인가 보다.

뉴질랜드와 호주는 여성천국이다. 전체적인 사회제도도 영연방이기 때문에 서로 비슷하다. 특히 뉴질랜드는 세계최초로 여성 참정권을 얻은 나라로 지금까지 쭉~ 여자 수상이었는데 이번에 겨우 남자 수상이라고 한다. 남편들이 아내들을 설득해서 ...

GNP는 4만불이지만 1차 산업이 농업이라 2만불 시대에 사는 우리가 훨씬 편리한 생활을 하고 있었다. 정부는 돈이 많지만 개인은 그렇지 않다. 수입의 52%가 세금이라 한다. 그래서 사회복지 시설이 잘되어 있다. 18세 이상이면 정부에서 독립비용이 나오고 70세 이상이면 노인 연금이 나온다. 정년퇴직이 70세이다. 병원과 교육은 완전 무료이다. 부자는 70세 이싱 노인들이 많다. 대학 진학률은 30%이다. 공부 잘하는 아이들만 가는 편이다. 대학은 들어가기는 쉬워도 졸업하기가 어렵다.

처음 2일간은 지상 천국인 듯 하더니 공산품의 귀함과 인터넷의 불편함(땅이 넓기 때문에)과 아파트 생활의 편리함을 누릴 수 없는 점 등 불편함이 많은 것을 발견하게 되면서 GNP는 2만불이지만 그래도 우리나라가 낫다는 생각이 들었다. 옷을 비롯한 공산품은 중국산이고, 우리나라 것은 백화점에서나 취급되는 고급품목이었다.

모든 법이 여성중심으로 되어있어 여자들에게는 좋지만 남자들에게는 가여운 신세들이란 느낌을 받았다. 점점 평등화되어가는 우리가 좋다는 생각이 들었다. 우리 아들들을 생각해서라도 그랬다. 만약 이혼을 하게 되면 남자는 완전 쪽박신세가 된단다. 양육권도 뺏기고 평생토록 수입의 70%를 여자에게 주어야 된다고 한다.

뉴질랜드에서 대자연을 만끽했다면 호주에서는 세계 3대 미항의 하나인 시드니에서 문명과 자연이 조화를 이룬 아름다운 관광을 즐겼다. 지난 7월 3일에 10여 일간의 관광에서 돌아왔다.

여행은 역시 눈과 귀와 마음을 풍성하게 해서 좋다.

– 자헌 –

(3) 학술적인 기행문

주관적인 감회나 정서가 배제되고 사회적 경제적 역사적인 면에서 파악하고 서술하므로 그 방면에 대한 해박한 지식과 조예가 있어야 한다.

예문 : 학술적인 기행문

> 울릉도는 동해의 보석이다. 그러나 그것은 기토와 같이 방치되고 있다. 수백 년간 방기된 무인·공백 시대는 주민을 잃고, 역사를 잃고, 7,80년 전에 흉농과 해난으로 피주한 사람들은 해빈과 궁곡에 근근 기생하고 있고, 그 후에는 엽리의 기풍이 자원을 약탈하고 있을 뿐이다. 이러한 현실은 그 자연이 아름다울수록 더욱 쓸쓸한 느낌을 준다. 해발 900여 미터의 성인봉을 중심으로 한 일대 산악 지대는 수백 년 원시림과 고산 식물과 해안의 기암절벽으로 일대 공원 지대를 형성하고, 하기의 수연등산이나 동기의 스키 등반으로도 관광객·유람객을 유인하고 남음이 있을 만하다. 교통만 편의하고 시설만 고려하면 풍치와 경관의 자원도 무시할 수는 없을 것이다. 우리의 국토 애호의 정열의 부족에 있다. 울릉도는 오징어 수확에만 가치가 있는 것이 아니다. 우리의 아름다운 국토인 점에 가치가 있는 것이다.
> 어렵의 자원으로도 한난조류의 교체와 심해거리의 근접으로 시설과 연구에 따라서는 상당한 소득이 있을 것은 문외한의 단견으로도 억측할 수 있으니, 국가의 시책과 유지자의 원견이 이에 미치지 못함을 한탄하지 않을 수 없다.
>
> – 이상백의 〈오징어의 환상〉 중에서 –

 문제 10 여행의 경험을 살려 기행문을 써보자

4) 견학문

견학문이란 견학한 내용을 쓴 글로서 형식은 기행문 같이 쓰기도 하고, 보고문 같이 쓰기도 한다. 그러므로 견학문은 그 형식에 따라 기행문에 들기도 하고, 보고문에 넣기도 한다.

기록문과 보고문

1) 정의

기록문과 보고문은 같은 형식의 글이다. 기록문은 어떤 사실에 대하여 보고, 듣고, 조사한 것을 있는 그대로 기록한 글이고, 보고문은 기록한 것을 정리하여 발표하는 글이다. 그러므로 기록문과 보고문을 합하여 '기록 보고문'이라고도 한다.

2) 기록문의 종류

기록문은 일상생활, 관찰, 실험조사, 연구, 회의, 사건 등을 글감으로 쓰는데 내용에 따라 다음과 같이 나눈다.

(1) **생활메모** : 기억을 돕기 위해 쓰는 간단한 기록

(2) **생활 기록문** : 일기와 같이 생활을 기록한 글

(3) **학습 기록문** : 관찰, 조사, 연구, 학습 기록 등

(4) **특수 기록문** : 회의록, 학습일지 등

3) 기록문 및 보고문의 형식

언제나 보고를 목적으로 쓴다. '6하 원칙'에 따른다. 곧 언제(when), 어디서(where), 누가(who), 무엇을(what), 왜(why), 어떻게(how)가 적용된다. 사건을 전달하는 신문 기사도 이 6하 원칙에 의하여 기술한다.

(1) 관찰기록문

자연의 신비 속에서 일어나는 변화를 관찰하여 기록하는 글이다. 자연과 생명에

대한 사랑의 눈길로 바라보고 관찰하며 기록한다. 그 방법은 다음에 따른다.

❶ 관찰의 눈을 갖고 꾸준히 지켜보며 그 현상을 기록한다.

❷ 시간의 흐름에 따라 변화과정을 정확하게 기록. 짐작이나 예상이 아닌 확실한 사실기록.

❸ 관찰의 동기와 그 과정, 결과가 분명히 나타나야 한다.

❹ 관찰한 내용을 중심으로 자기 생각이나 느낌을 충실히 곁들여야 살아있는 글이 된다.

❺ 그림이나 도표를 활용해야 한다.

(2) 학습기록문

어느 고장에서 무엇이 생산되고, 인구는? 어떠한 인물이 태어났으며 마을 앞 시냇물은 어느 강으로 흘러서 바다로 가는가? 관청은? 무슨 일을 하는가? 역사적 사건은? 도시의 인구는? 산의 높이는? 강의 길이는? 조목조목 또는 줄글로 풀어써도 된다.

式辭文(식사문)

1) 식사의 종류와 성격

(1) 식사(式辭)

式辭란 어떠한 의식(儀式)이나 모임을 개최한 측에서 참석한 사람들에게 하는 인사말이다. 그 내용은 첫째, 그 의식이나 모임을 개최하게 된 동기와 이유를 밝혀야 하고, 둘째 참석한 분들에 대한 감사의 말을 하고, 셋째 그 모임의 성격이나 요령 및 희망사항을 말한다.

(2) 축사(祝辭)

축사는 국가적인 경축식을 비롯한 단체 혹은 개인의 축하 행사, 곧 혼인, 생일 사업 개점, 신축, 승진, 표창 등을 축하하기 위해 모인 장소에서 하객의 대표로 축하의 뜻을 나타내는 말이다.

(3) 조사(弔詞, 弔辭)

죽은 이를 기리며 조의를 표하는 글이다. 死者의 추도식에서 고인을 추모하며 생전의 업적을 기리고, 명복을 비는 추도사가 있고, 小祥이나 大祥을 맞이하여 고인의 영전에서 고인을 기리며 위로하는 祭文이 있으며, 고인을 애절하게 그리는 애사(哀詞)가 있다.

弔辭의 특징은 고인이 생전에는 막역한 사이거나 친구라 할지라도 일단 고인이 되면 예의를 갖추어 언행을 삼가야 한다는 것이다. 그리고 고인의 좋은 점만을 기리는 글로서 공경해야 한다.

(4) 환송 · 환영사

환송사는 떠나는 이의 공적을 기리고 석별의 정을 표시하는 글이다. 그리고 그의 인격이나 식견, 품성 등을 아울러 칭송한다.

환영사는 새로 맞이하는 이에 대한 예의와 기쁨을 환영하여 표시하는 글이다. 앞으로 상사(上司)로서 또는 동료로서 함께 하게 된 것에 대한 영광과 기쁨을 표한다. 그의 인격과 재능 식견 등도 함께 칭송(稱頌)한다.

2) 식사 작성 방법과 유의사항

❶ 식사의 성격과 환경 내용 등을 미리 알아야 한다. 그리고 작성 초에 들어간다.
❷ 서두에 올 말과 중심부분에 쓸 말들을 생각하고, 전체로서의 조화와 통일을 이루어 쓰도록 한다. 문체는 극히 자연스러우면서도 부드럽게 내용을 전개하는 것이 좋다.
❸ 마지막 마무리를 하고 퇴고를 한다.

Chapter 4
실용문 쓰기

3) 식사의 유형별 예문

예문 1 : 기념 식사

오늘은 10월 9일, 세종대왕께서 한글을 반포한 날입니다. 한글의 우수성은 이제 세계 언어학자들이 인정하는 최고의 글자입니다. 우리 한글은 과학적이고 수학적입니다. 그 위에 또 철학적인 의미까지 있답니다. 한글은 초성 중성 종성으로 이루어집니다. 초성+중성은 받침 없는 글자, 곧 ㄱ+ㅏ='가'입니다. 또 초성+중성+종성=ㄱ+ㅏ+ㅇ='강'입니다. 그래서 과학적이고 수학적이라 합니다. 동대문을 흥인문 남대문을 숭례문이라고 합니다. 이 또한 방위와 오상에 근거한 이름으로 한글은 철학적 의미를 가집니다.

훈민정음의 제자 및 그 결합의 철학적 배경은 성리학적 이론인 三極之義(삼극지의)와 二氣之妙(이기지묘)에 바탕을 두고 있습니다. 三極(삼극)은 天(천)·地(지)·人(인) 三才(삼재)를 말하고, 二氣(이기)는 陰陽(음양)을 말합니다. 이 삼재와 陰陽(음양)이 우주일체의 사상(四象)을 만들기 때문에 사람의 聲音(성음)도 그것이 개념을 表象(표상)하는 그릇이므로 근본적으로 삼재와 음양의 원리에서 벗어날 수 없는 것이며, 말소리의 체계는 삼재 음양의 체계와 일치해야 한다는 것이 당시의 언어관이었습니다. 따라서 훈민정음은 그 음의 분류에 있어서나 制字(제자)원리에 있어서 그 철학적 이론은 모두 이러한 언어관에서 나온 것입니다. 그리고 뭣보다 배우기가 쉬우면서도 소리글자이니 우리 한글은 세계 최고의 글자입니다. 그래서 글자 없는 나라는 한글을 차용하여 배우고 있습니다.

사람이 사람 된 구실을 함은 오직 말과 글이 있어야 합니다. 제 말에 알맞은 제 글자를 가진다는 것은 행운입니다. 날마다 우리는 세종대왕님께 감사하는 마음으로 살아도 그 은혜에 부족합니다. 한글을 사랑하고 올바르게 사용해야 합니다. "나랏말이 중국 문자와 달라 서로 통하지 아니하므로 어리석은 백성이 말하고자 하는 바가 있어도 제 뜻을 제대로 펴지 못하는 이가 많으니라. 내 이를 어여삐 여겨 새로 스물여덟 자를 만드나니 사람마다 쉽게 익혀 날마다 사용함에 편안하게 하고자 할 따름이니라."

우리는 이제 한글과 함께 우리 고유의 전통시인 시조를 한글에 올려 세계화에 박차를 가하고 더욱 빛나게 함으로써 K팝과 더불어 우리의 정신문화인 시조도 지구촌곳곳에 뿌리내리기를 바라는 바입니다.

– 한글 반포 기념 식사 –

유난히 무덥고 수해까지 겹쳤던 긴긴 여름 날씨도 이제야 한 걸음 물러난 듯, 가을을 알리는 길가의 코스모스가 오늘 아침에는 더욱 가까이 다가와 인사를 했습니다. 참 좋은 계절이란 생각을 했습니다.

선생님, 먼저 축하합니다. 이 좋은 결실의 계절을 맞이하여 선생님의 미수연(米壽宴)을 진정으로 다시 한 번 축하합니다.

일제 강점기, 그들의 모진 탄압 아래서 연구실을 빼앗기고, 대학에서 물러나시던 그 시절, 일상생활의 궁핍함과 죄 없이 영어(囹圄)의 몸으로 고생하시던 그 때를 저희들에게 이야기 해주시던 것을 지금도 기억합니다. 또 해방 이후는 대학으로 돌아오셨지만 정치적 혼란으로 어려움을 겪었던 그 시절도 저희들은 기억합니다. 그 어려움 가운데서도 헐벗은 대학을 지키시고 몇 안 되는 저의 학생들을 가르치시며 연구실에서 밤낮을 새우시던 일도 아련히 추억으로 다가옵니다. 그러시다 가슴을 앓으시기도 하셨지요. 이제 와서 생각하면 실로 가슴이 미어지는 사연들입니다. 이렇게 오늘을 맞이하니 소생(小生)마저 받치는 감회를 누를 길 없사옵니다.

연전에 상경하셨을 때는 6 · 25사변으로 그렇게 쌓였던 수많은 장서마저 고스란히 잃으시어 심통하시는 것을 뵈옵고 더욱 어지러운 마음을 참지 못하였던 것입니다. 듣건대 그 이후 어떻게 얼마만큼은 마련하시고 연구의 지장은 느끼시지 않으신다니 적이 안도의 가슴을 쓰다듬습니다만, 지난날의 지나친 고난이 오늘 새삼 가슴을 누릅니다.

그날은 여러 친지 선배님들께서도 하객이 많으시겠습니다만 수복강녕(壽福康寧)의 으뜸을 누리신 선생님께 드높은 행복이 있으시기를 빕니다.

이제 인공위성이 머리 위를 돌고 달나라에 가기도 멀지 않으리라 하니 부디 더 오래 오래 수(壽)하시기 빕니다.

만사를 제쳐놓고서도 상경하여 배미(拜眉) 연후에 큰절을 드리고 축배를 올려야 할 것을 신변 잡번사(雜煩事)에 얽매어 예를 잃고 만 것을 관용하시옵소서.

그러나 소생도 잎이 지기 전에는 꼭 한 번 상경할 작정입니다. 그 때 다시 꾸지람 해주십시오. 내내 선생님의 옥체 만강하시기를 빌면서 우선 두서없는 축원을 올리는 바입니다.

－ 은사님의 미수연(米壽宴)을 축하하며 －

예문 3 : 애도사(哀悼辭)

오늘 ○○○의 큰 별로 추앙받으시며 그 발전을 위해 헌신해 오신 선생님을 영결하는 이 엄숙한 자리에서 저, 김아중은 전국 일천여명 회원님들과 함께 선생님의 서거를 슬퍼하며 삼가 영전에 머리 숙여 명복을 빕니다.

오늘 이 자리에서 가족과 친지들, 선후배 동료들이 함께 모여 선생님의 마지막 밝은 모습을 생각하며 슬픔을 참고 엄숙한 마음으로 선생님의 천국행 열차를 배웅하고자 합니다.

선생님은 평소 우리의 발전을 위한 길이라면 크고 작은일 가리지 않고 항상 선두에 서 계셨습니다. 선생님은 중단 없는 질주의 상징이었습니다. 필요시 적재적소에서 정열을 던진 분이었습니다. 그래서 우리는 선생님을 이렇게 일찍이 잃은 충격과 슬픔에 어안이 벙벙합니다. 무어라 표현할 수가 없습니다.

선생님이 그토록 사랑하신 ○○○는 허물을 벗고 새로운 모습과 창조를 위해 용트림치고 있습니다. 개혁과 선진기틀을 향해 노력하고 있는 이때에 그 결실을 못보고 가셨기에 여기에 남은 저희들은 한스러움을 금할 길이 없습니다. 그러나 선생님이 뿌리신 고귀한 씨앗은 약진하는 세계화와 함께 무럭무럭 자라서 알차고 값진 열매로 맺을 것이라 굳게 믿습니다.

선생님을 마지막 보는 이 자리에서 저희들은 슬픔과 아픔을 삼키며, 가르침을 받들어 발전을 위한 헌신과 봉사를 다할 것이오니 이 세상 짐 훌훌 털어버리시고 가볍게 천국행 열차에 오르시기 바랍니다.

이 세상에서 빛과 소금의 역할을 다하고 가신 선생님이 반드시 저 하늘나라에서 영생을 누리시며 남아있는 후진들에게 힘과 용기를 주시리라 믿습니다. 이렇게 평생 지내오신 터전에서 마지막 고별인사를 올립니다.

선생님, 안녕히 가십시오. 평안하소서.

2014년 1월 18일 김아중 삼가 올립니다.

 6 기사문

1) 뉴스의 성격

뉴스는 사회에서 발생하는 새로운 사실의 보도이다. 이러한 뉴스에도 새로운 사실이라고 해서 모든 것이 뉴스거리가 되는 것이 아니다. 뉴스로 기사화되기 위해서는 먼저 일반적인 관심이 존재해야 한다. 그리고 현실성이 있어야 하고 그것이 형상화되어야 한다. 뉴스는 크게 네 부분으로 나누어진다. 곧 정치, 경제, 교육, 예술이다.

똑 같은 사안에 대한 뉴스 전달에 있어서도 기자의 인격과 그 자질에 따라 다르다. 취재원의 관찰력, 서술의 방식, 편집상의 표현 기술, 등에도 차이가 나타난다. 뉴스의 가치란 독자가 얼마만큼 관심을 가지고 흡수하느냐에 따라 결정된다.

2) 뉴스의 요소

일반적으로 어떤 사건을 얘기할 때 육하원칙(六何原則)을 말한다. 그것을 영어로는 그 첫 자를 따서 5W 1H라 한다. 곧 Who(누가), What(무엇을), How(어떻게), Where(어디서), When(언제), Why(왜)를 말한다. 이것이 기사를 쓸 때의 6대 원칙이다.

3) 뉴스 기사의 형식

뉴스의 기사는 그 나름의 특성을 갖고 있다. 곧 표제(headline)와 요점(핵심내용, head)과 본문(body)으로 구성된다.

4) 〈예문 1〉

예문 1 : 삼성, 야구사관학교 'BB아크' 설립

향후 30년을 위한 신인 유망주 육성

프로야구 삼성 라이온즈가 야구사관학교를 세워 유망주 집중 육성에 나선다. 삼성구단은 8일 "향후 30년을 위해 신인 유망주를 길러내는 야구사관학교 시스템인 BB아크(Base-ball Building Ark)를 설립하기로 했다"고 밝혔다. 이철성 2군 코치가 BB 아크의 초대 원장을 맡고, 강기웅 2군 코치와 카도쿠라 켄 투수인 스트럭트가 지도위원으로 활동한다. 국내 프로야구 구단이 자체적으로 육성 시스템을 만드는 건 이번이 처음이다.

BB아크는 1·2군에서 출전기회를 얻지 못한 유망주들이 1군으로 직행할 수 있도록 전문적인 1대 1지도를 실시할 계획이다. 슬럼프에 빠진 1군 선수들을 위한 단기 회복 코스도 운영한다. 류중일 삼성 감독은 평소 "강도 높은 교육시스템으로 3군 선수들의 잠재력을 끌어 올려야 한다."며 야구사관학교 설립 필요성을 강조했다. BB 아크는 올 시즌부터 경산 볼파크 2군 훈련장에서 운영된다.

– 조선일보, 2014년 1월 9일 기사에서 –

예문 2 : 서울 초등교 돌봄교실 800개 늘인다

직장맘 '방학 전쟁' 보도에 문 여는 시간도 오전 7시로

문용린(67) 서울시교육감은 7일 "다음 달 중 초등학교 돌봄교실을 800개 늘리고, 방학 때도 오전 7시부터 문을 열어 맞벌이 부부가 안심하고 자녀를 맡길 수 있도록 하겠다"고 밝혔다. 이에 따라 서울시내 초등학생은 올 여름방학부터 학기 중과 마찬가지로 돌봄교실을 이용할 수 있게 된다. 맞벌이 부부 자녀가 방학 중 돌봄 교실을 이용하기 어렵다는 지적에 따른 조치다.

– 중앙일보, 2014년 1월 8일 기사에서 –

7 광고문

현대인은 광고의 홍수 속에서 산다 해도 과언은 아닐 것이다. 광고란 광고 대상을 고객에게 널리 알려서 광고주가 바라는 바의 효과를 얻기 위한 것으로 대중매체를 통해 메시지를 전달하는 것이다. 광고는 광고 대상에 따라 상품광고, 기업 이미지 광고, 공익 광고로 나눌 수 있다. 그 실리는 매체의 유형에 따라서는 신문 잡지 등의 인쇄 매체 광고, TV광고, 옥외 광고 등으로 나눌 수 있다.

광고는 선전이나 홍보, PR과 혼돈하여 흔히들 쓰기도 한다. 그 만큼 유사점이 있다는 의미이기도 하다. 하지만 엄밀히 따진다면 차이는 분명하다. 다음에서 알아보자.

❶ 선전(propaganda) : 어떤 조직이나 개인의 이념 및 주장을 전파하는 것이다.

❷ 홍보(弘報, publicity) : 널리 알리는 것이다. 정부의 시책이나 기업 이미지를 널리 알리기 위해 언론 매체를 통하여 널리 알리는 활동이다.

❸ PR(public relation) : 조직체의 경영이념이나 정책 결정 및 사업 실행 등을 공중에게 알림으로써 공중(公衆)의 이해와 친선을 도모하고자 하는 커뮤니케이션이다. 곧 조직이 공중과의 바람직한 관계를 맺기 위해 펼치는 모든 활동이 이에 해당한다.

1) 광고의 요소

광고문은 다음 4가지의 요소를 갖춘다. 이를 AIDA 법칙이라고 한다.

❶ 주목(注目, attention) : 우선 독자의 주의를 끈다.

❷ 흥미(興味, interest) : 광고의 본문을 보고 그 상품의 내용과 구매방법을 안다.

❸ 욕망(慾望, desire) : 사고 싶은 욕망을 일으킨다.

❹ 활동(活動, action) : 실행에 옮긴다.

그 외에 5I 룰이란 것도 있다. 효과적인 광고 표현을 위한 것으로 영문의 첫 글자를 표현한 것이다. 곧 Idea(아이디어), Immediate impact(직접적인 영향), Incessant interest(연속적 흥미), Information(정보), Impulsion(충동) 등이다. 하지만 이런 이론을 다 안다고 좋은 카피가 나오는 것은 아니다. 끊임없는 자기 노력이 필요하다.

광고문에는 표제와 본문이 있다.

표제(標題, head copy)에는 캐치워드(catch word)와 슬로건(slogan)이 있다. 캐치워드는 상품의 내용이나 품질과 직접적인 관련이 있는 것은 아니다. 하지만 독자의 주의를 끌게 한다. 거기 비해 슬로건은 상품의 내용과 직접적인 관련을 가지며, 독자의 흥미를 끌고, 사고자 하는 욕망을 불러일으키는 효과를 가진다.

본문은 상품의 내용, 특징, 품질, 가격, 구매 방법 등을 구체적으로 설명한다. 그래서 본문은 알기 쉽고 간단한 것이 효과적이다. 이것은 사진이나 컷으로 대용해도 좋다.

2) 광고문의 작성 요령

광고문은 독창적이면서도 입에 쉽게 오르내릴 수 있고 그 상품의 이미지를 확실하게 드러내야 한다. 광고문은 훌륭하여 모두가 알고 있으면서도 무슨 상품을 광고하는 건지 상품명을 모르는 경우도 있다. 그런가 하면 상품내용이나 기업 이미지와 맞지 않는 경우도 있다. 광고문을 작성할 때는 다음 사항에 유의해야 한다.

❶ 독특하고 간단명료해야 한다.

❷ 상품의 개념을 드라마틱하게 표현하는 것이 좋다.

❸ 구체적이면서도 객관적으로 표현하는 것이 효과적이다.

❹ 형용사와 부사 활용을 자제한다.

Chapter 4

실용문 쓰기

❺ 운율과 리듬감을 살린다.

❻ 의문문을 사용한다.

❼ 알기 쉽게 표현한다.

❽ 재미있게 표현한다.

이상의 유의 사항에 적합하면서도 성공한 광고 문구를 다음 〈예문〉에서 제시 해 본다.

예문

㉮ 지하 150m 100% 천연수로 만든 맥주 – 하이트

㉯ 50청년이 있는가 하면 30 노인이 있습니다. – 유한양행

㉰ 하루 15분이면 40년 후 1,000권을 읽게 됩니다. – 공익광고협의회

㉱ 첫째, 달지 않아야 한다. – 게토레이

㉲ 보들보들 우리아기 – 존슨 앤 존슨

㉳ 걸면 걸리는 걸리버 – 1990년대 후반 휴대전화 광고 카피 : 현대전자

3) 시의 언어와 광고

광고 언어의 기본적 목적은 사람을 설득해서 구매의 의욕을 갖게 하는 것이다. 이러한 의미에서 사람의 마음을 감동시키고 매혹시킬 수 있는 언어는 예술적 언어로서의 시의 언어이다. 독일어의 Die Reklame 나 불어의 Reclame 가 그 어원을 라틴어의 clame(반복하여 부르짓다)에 두어 광고의 의미를 갖고 있다. 그래서 광고는 시를 외우듯이 반복하여 계속 읊어서 듣는 이로 하여금 주의를 집중시켜 구매의 효과를 노리는 것이다.

광고의 언어를 주의해서 살펴보면 그것이 곧 시의 언어임을 알 수 있다. 카피라이트는 시적인 표현 감각을 이미 갖고 있음을 본다. 그래서 시인이 시를 쓰기 위해서 시만을 읽는 것이 아니라 풍성한 시어를 갖기 위해서, 또 풍부한 상상력을 갖기 위해서 문학 작품을 포함한 많은 책들을 읽듯이 카피라이트도 많은 책을 읽고 풍성한 어휘력을 갖고 시인의 감성으로 상상력을 펼쳐서 카피를 작성해야 한다. 이러한 의미에서 카피라이트도 문학인이고 예술인이다.

4) 카피라이트의 조건

(1) 문학적 감각을 익혀라

문학적 감각을 갖고 문학을 좋아해야 한다. 문학을 좋아한다는 것은 곧 책읽기를 좋아하는 것과 같다. 많은 지식은 책에서 얻어진다. 특히 상상력이 풍부한 작가의 세계를 읽을 수 있다. 세계적인 현대 작가 중 한사람인 베르베르 베르나르의 작품을 읽으면 그의 상상력은 우주를 초월하고 시간을 초월한다. 독자 또한 상상의 날개를 펴고 시·공을 초월하여 몽상의 세계를 유영하게 된다. 그래서 카피라이트는 상상력을 맘껏 펼 수 있는 문학적 감각을 익혀야 한다.

(2) 시인의 언어를 캐어 내어라.

시인의 언어를 캐어낸다는 것은 함축적이면서도 절제된 시어를 구사해야 한다는 것이다. 이 말은 광고의 문구가 산문적이기 보다는 시적이어야 한다는 것이다. 한 줄의 광고 문구 속에 상품의 내용과 가치가 내재되어야 한다.

(3) 과학자의 눈을 가져라.

과학자의 눈을 소유한다는 것은 일반인들이 보지 못하고, 생각 못하는 것에서 카피의 문구를 창출해야 한다는 것이다. 뉴턴이 낙하하는 사과를 보고 만유인력을 발견할 수 있었던 것과 같은 관찰력과 섬세함을 가져야 한다는 것이다.

광고인의 책, 밑줄 그은 한 줄

억지력〈사진〉 = 수박의 지퍼를 다 내리고 싶어도 참는 것.
　　　　　　　　　－정철의 자기계발서 '머리를 9하라'

추억은 손잡이가 아니다. 붙잡지 말 것/미련은 낙서가 아니다. 남기지 말 것/그녀는 분실물이 아니다. 다시 찾지 말 것.
　　　　　　　　　－ 김은주의 에세이 '1cm+'

인생은 전인미답이잖아요. 그 사람과 결혼해서 행복할지 아닐지 아무도 모릅니다. 답을 찾지 마세요. 모든 선택에는 정답과 오답이 공존합니다. 　　　－ 박웅현의 인문서 '여덟 단어'

출처 : 블로그 네이버 포토로그에서 복사해서 갖고 옴

이상의 세 가지가 가장 기본적인 조건이다. 곧 '카피라이트는 아이디어 뱅크가

되어야 하고, 예술적인 감각과 문학적인 표현력과 상상력이 탁월한 전문지식인이
되어야 한다.

8 자기소개서

1) 소개서의 필요성

첫째는 자기소개서를 통하여 지원자의 입사 동기와 목표의식을 알기 위해서 이
다. 이것은 일에 대한 성취감과도 긴밀한 관련을 가지기 때문이다.

두 번째는 자라온 성장 과정을 통하여 조직에 대한 적응력 성실성 대인관계 등을
알기 위해서이다. 이것은 직장생활에서 가장 기본적인 자세이기도 하다.

세 번째는 지원자의 문장 표현 능력을 통하여 논리적인 사고력과 문제 분석력을
파악하기 위해서이다. 이것은 문서 작성이나 문제 해결력을 평가할 수 있는 기준이
되기도 한다.

2) 소개서에 들어갈 내용

(1) 성장과정을 구체적으로 기록한다.

사람은 환경의 영향을 받기 마련이다. 그래서 그가 자라온 가정환경이나 주위환
경, 또는 친구를 보면 그에 대해서 대략 짐작을 할 수 있다. 그렇기 때문에 자기소
개서를 쓸 때는 먼저 자기가 자라온 가정환경에 대해서 쓴다. 부모의 직업이며, 가
정의 분위기, 형제간의 우애 등을 포함하여 자기가 느끼는 우리 집의 분위기를 쓴
다. 또 직접 혹은 간접으로 영향을 받은 주위 인물에 대해서도 있으면 쓴다.

(2) 학교생활에 대해서 쓴다.

학교생활은 초 중등학교는 특히 드러낼 만한 몇 가지만 쓰고, 주로 대학에서의
전공 분야나 교내 동아리, 또는 학회 활동에 대해서 쓴다. 거기서 얻은 지식이나 경
험을 통하여 변화 받은 일이나 취미, 및 특기 사항 등을 쓴다.

(3) 자기의 기능과 장점을 쓴다.

취미 활동을 보고도 지원자의 관심사를 어느 정도 파악할 수 있으며 특기사항을 보면 지원자의 근면성과 능력도 알 수 있다. 요즈음은 외국어 능력과 컴퓨터 운용 능력도 큰 비중을 차지한다. 토플이나 토익 점수도 밝히는 것이 좋다. 취득하고 있는 자격증과 면허증도 기재한다.

(4) 입사 동기와 포부를 밝힌다.

이 부분이 기업체로서는 가장 관심의 대상이 될 수도 있다. 입사 동기가 분명해야 한다. 왜 이 회사를 택했으며 이 회사에서 내가 하고 싶은 일은 무엇이며 이 분야에서 무엇을 어떻게 할 것인가에 대한 계획을 구체적이고도 확실하게 제시하는 것이 좋다. 지원자는 입사를 원하는 그 기업체에 대해서 많은 정보를 얻어야 한다. 그리고 그 기업체에서 요구하는 인재가 되어야 한다.

3) 자기소개서의 작성 요령

(1) 솔직하고 구체적으로 서술한다.

자기소개서는 무엇보다 솔직하게 기록해야 한다. 진실성이 요구되기 때문이다. 사람은 누구나 장점과 단점이 있기 마련이다. 장점은 장점대로 솔직하게 기록하고 단점은 단점대로 밝히되 고치려는 의지를 보이면 된다. 이를 기술함에 있어서는 추상적인 표현은 삼가고 구체적으로 기록해야 한다. 예를 들면 '잘 하겠다.'라든가, '노력하겠다' 는 식으로 하지 말고 좀 더 구체적으로 '어떻게'에 중점을 두고 기술해야 한다.

(2) 논리 정연하게 객관적으로 서술한다.

자기소개서를 기술함에 있어서 처음부터 끝까지 염두에 두고 써야할 것은 전체 문장이 논리적으로 통일을 이루어야 된다. 앞 뒤 문장의 연결이 자연스럽지 못하다든가 앞 문단과 뒤 문단의 얘기가 논리적으로 어울리지 않으면 문장 서술 능력과 진실성에서 문제가 된다.

자기소개서는 자신의 이야기지만 제3자가 본다는 사실을 의식하고 어디까지나 객관적으로 서술해야 한다.

(3) 사전에 연습을 해야 한다.

똑 같은 내용을 가지고도 작성하는 사람에 따라 엄청난 차이가 있다. 그러므로 자기소개서도 일종의 쓰기 능력이다. 곧 똑 같은 사안을 두고도 어떻게 표현하느냐에 따라 그 느낌이 다르기 때문이다.

4) 〈예문 1〉

예문 1

저는 1989년 서울에서, 2남 1녀 중 막내로 태어났습니다. 부모님은 두 분 다 직장 생활을 하셨습니다. 아침 일찍부터 부지런히 활동하시는 부모님의 생활을 보면서 근면하고 성실한 생활을 중요시하며 성장하였습니다.

형들과는 뚝 떨어진 나이 차이로 인해서 어려서부터 주로 혼자였던 시간이 많았던 저는 웬만한 일은 혼자 해결해야 했습니다. 이러한 이유에서인지는 몰라도 막내이지만 독립심과 자립심을 일찍부터 갖게 되었다고 생각합니다.

초등학교를 졸업하고 중학교에 들어가면서 저에겐 뜻밖의 관심사가 하나 생겼습니다. 바로 교회에서 처음 접하는 드럼이라는 악기였습니다. 초등학교와 중학교 시절에 반장과 학생회장 등을 역임할 정도로 활동적이고 저돌적 성격인 저에게 딱 맞는 악기였습니다. 그래서 드럼을 배우기 시작하였고, 지금은 웬만한 연주가의 실력 못지않은 연주 실력을 보유하고 있습니다. 대학교 때는 그룹사운드를 만들어 활동하였고 몇 개의 대회에서 입상도 하였습니다. 그러한 활동에서 저는 많은 것을 보고 배웠습니다. 무엇보다 귀중하게 생각하는 것은 친구들과의 우정과 대인관계를 배웠다는 것입니다.

군 생활 중에서는 행정 업무를 보면서 문서 관련 컴퓨터 업무 편집도 다 익혔으며 주일이면 부대교회에서 드럼 연주를 하며, 유익한 군 생활을 잘 마쳤습니다.

복학 후는 학업에 더욱 집중을 하여 4학년부터는 장학금 혜택도 받았습니다. 저는 인생에 있어 도전이라는 단어를 중요하게 생각합니다. 도전하는 자만이 성공을 맛볼 수 있다는 생각으로 항상 새로운 일에 도전을 아끼지 않으며, 한 번 시작한 일은 끝까지 하는 끈기를 갖고 있습니다. 이러한 성격은 저로 하여금 진정으로 꼭 이루고 싶었던 하나의 꿈에 도전하게 했습니다. 그것은 바로 일찍부터 관심을 갖고 꿈꿔왔던 것으로 항공기계 정비사가 되는 것입니다.

항공 교통의 수요가 점점 늘어나고 기술도 빠르게 진보해 나가는 시대에 발맞추어 제 능력을 현장에서 마음껏 발휘해 보고 싶습니다. 현장에서의 생동감 진한 땀 냄새와 허리에 붙인 파스 냄새 그 모든 것이 사람을 피하게 할 수 있지만 사람을 끌어당기는 강인함을 가지고 있는 매력에 현장으로 항상 나아가고 싶었습니다.

비록 100% 준비된 인재는 아니지만 메워져야할 빈자리가 있기에 열심히 뛰는 성공을 위함이 아닌, 단 1%의 전문가로 거듭나기 위해 귀사[1]에 지원하였으며 열심히 뛰어가겠습니다.

– 학생 과제 중에서 –

저는 1988년 충주에서 1남 1녀 중 장남으로 태어났습니다. 아버님은 시청 공무원이시며 자식들의 의견을 충분히 수용해 주실 정도로 관대하신 편입니다. 어머니께서는 전업 주부로서 온순하신 편이시며 식구들을 위하여 늘 수고하시면서도 항상 웃음을 간직하신 밝은 분이십니다. 그리고 가정교육의 중심이 되시며 항상 저희들에게는 정직하고 성실하며 맡은 일에는 최선을 다하되 주인정신으로 하라고 하십니다. 그것은 아버님이 저의 남매에게 주신 가르침이기도 합니다. 그래서 저는 한 가지 일을 하더라도 확실하게 내가 주인의 입장으로 돌아가 주인 된 마음으로 정성을 다합니다.

제가 S대학 정보통신학과에 입학한 것도 공무원이신 아버지를 통하여 세계 변화의 추세를 일찍 접했기 때문이라고 생각합니다. 21세기는 지식과 정보화시대라는 것이지요. 저는 1학년을 마치고 군 입대를 하였습니다. 일찌감치 군복무를 마치고 학업에 집중하기 위해서였습니다. 저는 전방에서 군복무를 하는 동안 정신적으로 큰 변화를 갖게 되었습니다. 조직사회에서 규칙과 질서가 얼마나 중요한가를 체험하면서 그것을 통해 앞으로 개인의 가치와 사회의 가치 사이에서 조화의 중요성을 생각한 것입니다.

복학 후 꽉 짜여진 커리큘럼도 기쁜 마음으로 받아들였습니다. 그 결과 좋은 성적을 취득할 수 있었고 장학금도 받게 되었습니다. 영어 공부도 열심히 하여 토익 시험도 좋은 성적을 얻었고, 영어회화도 외국인과 충분히 대화를 나눌 수 있는 정도가 되었습니다. 또 컴퓨터 동아리에 가입하여 인터넷 분야를 상당히 익힐 수 있었습니다.

제가 이제 졸업을 앞두고 사회생활을 계획하면서 귀사²⁾의 문을 두드리게 된 것은 젊은 인력을 적극적으로 육성한다는 귀사의 방침에 호감을 갖기 때문입니다. 진취적인 귀사에 동참할 수 있기를 진심으로 기대합니다.

업무와 관련하여 특별한 부서를 원하는 것은 아니나 가능하면 정보통신과 관련된 업무를 맡고 싶습니다. 그리고 본사가 있는 서울보다는 지방의 지사에서 근무하고 싶습니다. 지방 자치 시대를 맞이하여 본사에 비해 상대적으로 낙후되어 있는 지방의 지사에서 제 능력을 발휘하여 정보 통신의 영역을 개척해 나가고 싶습니다.

─지원자 ─

---

3) 귀사 대신 회사명을 쓰는 것이 좋음.

4) '귀사'보다 직접 회사명을 쓰도록 함이 좋음.

CHAPTER 5

예술문 쓰기

여기서 예술문 쓰기는 모든 장르를 다룰 수는 없고 우리고유의 시조와 현대시(자유시) 및 수필만 다룰 것이다.

1 시조의 이론과 실제

시조 창작의 이론이나 시창작의 이론이나 그 원론적인 면에서는 같다. 다만 시조는 3장 6구 12음보라는 정해진 틀 안에서 시상을 전개해야 하므로 자유시에 비해보다 엄격한 언어의 함축과 절제가 필요하다. 이러한 고도의 절제와 함축을 요구하는 시조 쓰기가 어렵게 생각되는 것도 사실이다. 하지만 우리말의 언어구조를 알고 보면 시조 쓰기가 쉽게 다가온다. 곧 우리말은 대다수가 3·4음절로 구성되어 있기 때문이다.

1) 시조의 발생

시조의 발생은 여러 이설이 있다. 외래적인 연원설로 한시의 영향에서 왔다는 설(안확)과 재래연원설로 巫歌(무가)나 민요에서 영향을 입었다는 설(이광수, 이희승)과 향가와 별곡에서 그 형태적 영향을 받은 것(이태극)으로 보는 설 등이 있다. 하지만 현재는 재래연원설로 정착된 것으로 본다.

이태극은 시조의 연원을 어디까지나 우리의 재래시가에서 온 것으로 보고 한시나 기타 외래적인 것에서 온 것으로는 보지 않는다. 그래서 시조는 어디까지나 우리 국어의 힘을 빌려 우리의 생활을 우리의 리듬으로 우리의 정서를 노래한 것인만큼 우리 재래의 시가 형식 속에서 녹아나고 배태되어 우리의 입맛에 가장 알맞은 형식을 갖추어 700여년간 면면히 이어온 것으로 본다.[5]

2) 시조의 개념과 명칭

(1) 시조의 개념

시조의 정의를 이태극은 다음과 같이 내리고 있다.

> 보통 시조라면 단시조(평시조)를 말하는데, 그 단시조라는 것은 신라의 향가나 고려의 별곡 등의 영향에 힘입어 고려 중·말엽경에 그 형태가 확립된 우리나라 고유시가의 하나다. 그 형시는 3장 6구요, 한 구의 구성 자수는 7자 내외가 되고, 4율박(律拍)씩의 등시율(等時律)을 갖춘 정형시요, 자수율 44자(보통42 자에서 46자로 된 것이 대부분임) 중심으로 된 조선조 시가의 대표가 되는 단형시로서 오늘에도 그 형식의 시조가 창작되고 있다.[6]

고 하여 '단시조형인 평시조가 향가나 속요의 영향을 받아 고려말경에 그 형식이 정립된 우리나라 고유시'임을 밝혔다. 시조에 대한 정의는 학자마다 언술(言術)의 차이는 있을지라도 특별하게 그 근원적인 차이는 없이 유사하게 내려지고 있음을 볼 수 있다. 이희승편 『국어대사전』에 의하면 '고려 말엽부터 발달하여 온 한국 고유의 정형시로서 보통 초장 3·4·3(4)·4, 중장 3·4·3(4)·4, 종장 3·5·4·3 등의 격조로 되었으나 자수론은 구구한 바가 있고, 그 형식에 따라 평시조· 엇시조· 사설시조· 연시조로 나뉘며, 보통은 평시조를 이른다'.고 되어 있어 이태극이 밝힌 것과 비슷함을 볼 수 있다.

---

5) 이태극, 시조개설, 반도출판사, pp.261-267 참조
6) 이태극, 시조개론, 반도출판사, 1992, p.57.

(2) 시조의 명칭

시조의 명칭은 조선 영조때 시인 신광수(申光洙)가 지은 『관서악부(關西樂府)』에 의하여 알려진 것이며 그렇게 불리어진 것이다. 곧 이에 따르면 '일반으로 시조의 장단을 배한 것은 장안에서 온 이세춘'이라 한 것이 문헌상으로 나타난 최초의 기록이며 명칭이다.[7] 그 후부터는 시조라는 명칭이 종종 사용되었음을 볼 수 있다. 정조 때의 시인 이학규(李學逵)가 쓴 시 「감사(感事)」장에 의하면 '그 누가 꽃 피는 달밤을 애달프다.' 고 하는가. 시조가 바로 슬픈 회포인 것을'[8]라 한 데서 '시조'란 어휘를 읽을 수 있다. 이에 대한 주석을 보면 '시조란 또 시절가(時節歌) 라고도 부르며 대개 항간의 속된 말로 긴 소리로 이를 노래한다'.[9]고 되어 있어 '시조'를 '시절가'로도 불렀음을 알 수 있다.

이러한 기록들을 종합하여 볼 때 시조라는 명칭은 조선조 영조 때에 비롯된 것임을 미루어 알 수 있다. 시조라는 명칭의 원뜻은 시절가조(時節歌調)로 당시에 유행하던 노래라는 뜻이다. 그러므로 엄밀히 따진다면 '시조'라는 명칭은 문학상의 용어가 아니라 음악상의 용어이다. 하지만 오늘날은 문학상의 용어로 정착되었고 음악상 용어로는 '시조창'이란 명칭을 따로 쓰고 있다.

3) 시조의 형태

(1) 평시조

국문학의 한 장르로서 정착된 시조는 3장 6구 45자 내외로 구성된 우리 문학 고유의 정형시이다. 각 장은 4보격으로 되어 있고, 이 4보격은 중간에 휴지(休止)를 두어 두 개의 묶음으로 나눈다. 그리고 각 음보는 종장 2구를 제외하고는 3개 또는 4개의 음절로 구성되는 것이 가장 정격(正格)의 형식이다. 이를 도시해 보면 아래 〈표 1〉과 같다.

---

7) 申光洙, 石北集, 〈關西樂府〉 其15, 初唱聞皆說太眞 至今如恨馬嵬塵 一般時調排長短 來自長安李世春
8) 李學逵, 洛下生稿「不」詩集「感事」, 誰憐花月夜 時調正悽懷
9) 時調 亦名時節歌 皆閭巷俚語 曼聲歌之

	음절수 (첫째음보)	음절수 (2째음보)	음절수 (3째음보)	음절수 (4째음보)
초 장	3	4	4(3)	4
중 장	3	4	4(3)	4
종 장	3	5	4	3

위 표의 정격의 기준형에 맞는 시조 몇 편을 살펴보자.

오백년 도읍지를 匹馬(필마)로 돌아드니
산천은 의구하되 인걸은 간데 없네
어즈버 태평연월이 꿈이런가 하노라

– 길 재, 懷古歌(회고가) –

이 몸이 죽어가서 무엇이 될고 하니
봉래산 제일봉에 낙낙장송 되었다가
백설이 만건곤 할 제 독야청청 하리라

– 성삼문, 節義歌(절의가) –

가을은 그 가을이 바람불고 「입」 드는데
가신님 어이하여 돌오실지 모르는가
「살뜰」이 기르신 아희 「옷」 품 준 줄 아소서

– 현대시조 : 정인보, 重出 –

그러나 이 기본형은 어디까지나 정격으로서의 그 기준형에 지나지 않는다. 시조를 읽다 보면 이 기준형에 맞는 것보다는 맞지 않는 것이 그 대부분을 차지한다. 다음에는 종장 둘째 구가 6음절로 된 것을 몇 편 살펴보자.

이몸이 죽고죽어 일백번 고쳐죽어
백골이 진토되어 넋이라도 있고 없고
임향한 일편단심이야 가실줄이 있으랴

– 정몽주, 단심가 –

채워진 자리마다 푸근하고 뿌듯하고
아무리 일궈내도 다함없는 知의 세계
날마다 보태어 담아도 갈증 나는 빈자리

– 현대시조; 이정자, 빈자리 –

다음은 3장 중 어느 한 구가 한자 더하여진 것을 살펴보자.

천만리 머나 먼 길에 고운 님 여의옵고
내 마음 둘 데 없어 냇가에 앉았으니
저 물도 내 안 같아야 울어 밤 길 예놋다.

— 왕방연, 戀主歌(연주가) —

내 벗이 몇이나 하니 수석과 송죽이라
동산에 달오르니 긔 더욱 반갑고야
두어라 이 다섯 밖에 또 더하여 무엇하리

— 윤선도, 五友歌(오우가) 서수 —

이런들 어떠하며 저런들 어떠하랴
만수산 드렁칡이 얽켜진들 어떠하랴
우리도 이같이얽혀 백년까지 누리고져

— 이방원, 何如歌(하여가) —

다음은 3장 중 초장이나 중장에서 음절수가 가감(加減)되어 이루어진 것을 살펴보겠다.

어버이 살아신제 섬길일란 다하여라
지나간 후면 애닲다 어이하리
평생에 고쳐못할 일이 이뿐인가 하노라.

— 정 철, 訓民歌(훈민가) 중 제4 子孝歌 —

반중(盤中) 조홍(早紅)감이 고와도 보이나다
유자(柚子) 아니라도 품은즉 하다마는
품어가 반길이 없으니 그를 설어 하노라

— 박인로, 思母歌 —

새해 새 아침에 옷깃 여며 앉으면
소식 끊인 북녘 땅이 눈에 암암 밝히어서
망향의 아픔을 딛고 새 소망을 드린다.

— 현대시조; 이태극, 새 소망 —

다음은 두 음절 이상 음설수가 많아진 것을 살펴보자.

동짓달 기나 긴 밤을 한 허리를 버혀 내어
춘풍 이불 아래 서리서리 넣었다가
어룬님 오신 날 밤이여든 구뷔구뷔 펴리라

– 황진이 –

내고향 남쪽 바다 그 파란물 눈에 보이네
꿈엔들 잊으리오 그 잔잔한 고향 바다
지금도 그 물새들 날으리 가고파라 가고파

– 현대시: 이은상, 가고파 –

높으락 나즈락하며 멀기와 갓갑기와
모지락 둥구락하며 길기와 져르기와
평생에 이러하였으니 무슨 근심 있으리

– 안민영 –

그 외에 엇시조와 사설시조, 연시조라는 것이 있다. 엇시조는 단시조에서 어느 한 구의 자수가 길어진 것을 말한다. 사설시조는 말 그대로 사설이 길어져서 초장이나 중장에서 사설을 늘어놓고 종장에서는 평시조의 정격대로 이루어진다. 하지만 때로는 초·중·종장 전체가 길어지는 경우가 있다. 이때도 종장 첫 구만은 3음절로 이루어진다. 연시조는 평시조 형태가 2수 이상 연이어 지어진 시조 형태이다. 다음에서 실제로 쓰여진 작품을 살펴보자.

(2) 엇시조(중형시조)

엇시조(旕時調)는 중형시조에 해당한다. 시조는 문학상 평시조·엇시조·사설시조로 분류해왔는데 이는 형태상 단시조·중시조·장형시조로 부를 수 있다. '旕'자는 '於'에 'ㅁ'를 합한 자로 우리말 '엇'의 음차자(音借字)이다. 엇은 횡(橫)으로 비끼다·빗나가다·엇되다·엇갈리다·얼치기·중간치기의 뜻을 지니므로 엇시조는 정형이 아닌 변형에 속한다. 초장·중장·종장의 어느 한 장이 규칙 이상으로 길어진다. 평시조의 기본형은 3장 6구 12음보로 자수율이 '3·4 3·4/ 3·4·3·4 /3·5·4·3'을 구성한다. 엇시조는 이 평시조의 기본형에서 어느 한 구의 자수가 벗어난 경우인데 보통은 초장 제1구 또는 제2구가 되는 일이 많고 그 자수가 10자

이상으로 늘어나게 된다. 만일 늘어난 부분이 종장일 경우 제1구는(첫 음보)는 변하지 않고 제2구(제2음보)가 9자 이상으로 벗어나게 된다.

> 드나 쓰나 니탁주 죠코 대테 메온 질병드리 더욱 죠희
> 어론자 박구지롤 둥지 둥둥 띄여 두고
> 아흥야 저리짐철 만졍 업다말고 내여라
>
> —채유후, 청구영언 164 —

> 앞 못에 든 고기들아 뉘라서 너를 몰아다 넣거늘 든다
> 北海淸沼(북해청소)를 어디 두고 이곳에 와 든다
> 들고도 못나는 정은 네오 내오 다르랴.
>
> —무명씨 —

4) 사설시조(장시조)

사설시조(辭說時調)는 '장시조', '장형시조'라고도 부른다. 본래는 만횡청(蔓橫淸)이라 하여 창법의 명칭으로 쓰였다. 만횡(蔓橫)의 내용은 가곡원류(歌曲源流)에 의하면[10] "엇농(旕弄) 즉 질러내어 흥청거리는 창조이며, 세 수의 큰 가락으로 희롱조로 흥취를 돋우는 것"이라고 하였다. 어쨌든 이때의 장형시조(長型時調)는 형식면에서 길이가 길어졌고 가사투(歌辭套)와 민요풍(民謠風), 대화(對話) 등이 삽입되어 나타난다. 내용면에서는 구체적인 이야기와 비유(譬喩) 및 인간본성의 적극적 표현이 자유분방(自由奔放)하게 표출되었다. 그것이 문학양식의 명칭으로 바뀌었다.[11]

그 시작은 정철(鄭澈, 1536~1593)의 〈장진주사 將進酒辭〉에서부터이다. 그것이 조선 중기까지 간헐적(間歇的)으로 나타나다가 조선 후기에 들어 본격적으로 발달했다. 대개 17세기말부터 19세기말까지 지속된 것으로 추측한다. 종장은 비교적 평시조의 율격과 비슷하나 초·중장은 평시조의 율격에서 크게 벗어나 길어진 형태이다. 작품에 따라서 다르나 중장이 가사처럼 길어진 것도 있다.

그 발생에 대해서는 일반적으로 조선 후기 사회변동과 음악의 발달에 힘입어 평시조가 변형·파격을 이루었다는 견해와 조선 중기부터 민간가요가 시조창에 얹혀

---

10) 蔓橫 俗稱 旕弄 興三數大葉同頭而爲弄也
11) 이정자, 현대시조 정격으로의 길, 국학자료원, 2010. pp.286-289.

불린 것이라는 주장이 있다. 내용은 평시조가 사대부의 사상을 담았던 것과 달리, 이것은 익살·풍자와 분방한 체험을 표현한 평민적인 것이 대부분이다.

　내용에 따라 살펴보면 다음과 같다.

> 　① 가장 작품성이 뛰어나며 당대 민중적 삶과 진솔한 정감을 역동적
> 으로 노래한 것으로 평가되는 것으로 〈바람도 쉬어 넘는 고개……〉
> ·〈서방님 병들여 놓고……〉·〈귓도리 져 귓도리……〉와 같은 작품
> 이 대표적이다. ② 성적 충동을 노골적으로 드러내어 당대의 고정관
> 념을 여지없이 깨트리는 작품들이 있다. 〈반(半)여든에 첫 계집을 하
> 니……〉·〈간밤의 자고 간 그놈 아마도 못 이져라……〉

같은 작품이 대표적이다.

　제목만 보아도 외설스럽다. 점잖은 사람은 입에 담기도 민망한 내용들이다. 이러한 작품들은 사설시조 중 가장 많은 부분을 차지하고 있는 것으로 작품에 대한 평가는 단순하지 않다. 그 시대의 도덕의 허위성을 폭로한다는 의미에서 긍정적 평가를 하는 평자도 있고, 반면에 삶의 가치를 성적 쾌락만으로 보는 퇴폐적·허무적 사고를 유포했다는 시각에서 부정적인 평가를 하기도 한다. 그 시대의 그릇된 가치 규범과 억압에서 벗어나고자 하는 저항의식의 표출로 볼 수도 있으나 그렇다고 그 것이 근대적 삶을 그려낸 것은 아니라고 본다. 이밖에도 조선 후기 도시의 발달이나 현세적 삶에 대한 긍정적인 면과 사대부적 삶에 대한 동경 등 다양한 내용이 있다.

　이러한 다양한 내용으로 미루어 볼 때 여러 부류의 작자가 있었다는 것을 짐작해 볼 수 있다. 곧 지은이를 사대부와 대립하는 서민으로 추측하는 견해와 평시조의 부속 장르라고 보아 지은이를 사대부라고 추정하는 견해이다. 그리고 이 2가지 견해를 모두 받아들이는 견해이다.

　다양한 계층의 속성을 반영하고 있다는 점에서 셋째 번 곧 두 견해를 수용하여 지은이를 조선 후기의 여러 계층 가운데 새로이 등장한 중간 계층으로 본다. 여기에는 경아전(京衙前)과 같은 중인들을 중심으로 당시 새로이 부상한 여항의 부호들이 포함된다. 이들은 중세기의 해체를 배경으로 축적한 부를 통해 당시 여항의 유흥과 예술을 장악하여 주도한 집단이다. 이들이 사설시조의 전승·향유·창작에 직접·간접으로 참여했다는 점이 여러 측면에서 입증되고 있다. 이는 사설시조의 전승과 창작에 중요한 역할을 수행한 김천택·김수장이 바로 경아전(京衙前) 출신이라는 점에서도 찾아볼 수 있다.

사람이 몇 생이나 닦아야 물이 되며 몇 겁이나 전화(轉化)해야 금강
(金剛)에 물이 되나 금강(金剛)에 물이 되나

샘도 강도 바다도 말고 옥류(玉流) 수렴(水簾) 진주담(眞珠潭)과 만폭
동(萬瀑洞) 다 고만 두고 구름 비 눈과 서리 비로봉 새벽안개 풀끝에
이슬 되어 구슬구슬 맺혔다가 연주팔담(連珠八潭) 함께 흘러

구룡연(九龍淵) 천척절애(千尺絶崖)에 한 번 굴러 보느냐.

-조운(曺雲), 「구룡폭포」 전문-

돌엔들 귀 없으랴 천 년을 우는 파도소리, 소리⋯.

어질머리로다, 어질머리로다, 내 잠 머리맡의 물살을 뉘 보낸 것이냐.
천 년을 유수라 한들 동해 가득히 풀어 놓은 내 꿈은 천(阡)의 용의 비
늘로 떠 있도다. 나는 금(金)을 벗었노라, 머리와 팔과 허리에서 신라
문무왕(文武王) 그 영화 아닌 속박, 안존 아닌 고통의 이름을 벗고 한
마리 돌거북으로 귀먹고 눈멀어 여기 동해바다에 잠들었노라. 천 년
의 잠을 깨기는 저 천마총(天馬) 소지왕릉(炤知王陵)의 부름이었거
니 아아 살이 허물어지고 피가 허물어져 불타는 저 신라 어린 계집애
벽화(碧花)의 울음소리, 사랑의 외마디 동해에 몰려와 내 귀를 열어,

대왕암(大王巖) 이 골짜기에 나는 잠 못 드는 한 마리 돌거북.

-이근배, 동해 바닷속의 돌거북이 하는 말-

사설시조는 이렇게 사설이 길어져서 초장이나 중장에서 사설을 늘어놓고 종장
에서는 평시조의 정격대로 이루어진다. 하지만 이근배의 「동해 바닷속⋯」에서 보
듯이 초·중·종장 전체가 길어지는 경우가 있다. 이때도 종장 첫 구만은 3음절로
이루어진다. 자유시가 있는 마당에 구태어 사설시조가 필요하냐는 이론도 있다.
그런데 윗글 이근배의 사설시조는 자유시와는 견줄 수 없는 시조로서의 율격을 느
낄 수 있는 사설시조의 맛을 색다르게 맛볼 수 있는 작품이다.

5) 연시조(聯時調)

연형시조(連形時調)·연작시조(連作時調)라고도 한다. 한 제목 아래 2수 이상의 시조
로 엮어진 것을 말한다. 문헌에 나타난 최초의 연시조는 맹사성의 〈강호사시가 江

湖四時歌)이다. 퇴계 이황의 〈도산십이곡〉, 율곡 이이의 〈고산구곡가〉, 고산 윤선도의 〈오우가〉, 노계 박인로의 〈오륜가〉, 송강 정철의 〈훈민가〉 등이 이에 속한다. 그리고 현대시조는 거의가 연시조로 창작되어짐을 볼 수 있다.

🖋 윤선도의 오우가를 찾아 감상해 보자

6) 시조의 창작

(1) 시조의 형식과 한국어의 언어 구조

시조는 우리 민족의 언어구조와 그 특질에 바탕을 두고 있다. 우리의 말은 대개가 2음절 3음절 4음절로 이루어져 있다. 예를 들면

「웃으면(3) 복이 와요(4). 모두모두(4) 웃어 봐요(4).
신나게(3) 웃다보면(4) 모든 근심(4) 달아나요(4)
모두들(3) 웃음보따리(5) 풀어 놓고(4) 웃어요.(3)」

위의 문장을 풀어 보면 〈2음절〉 〈3음절〉이다. 4음절은 2음절이 2개 모여서 이루어진 것을 알 수 있고, 5음절은 2음절과 3음절의 결합이다. 이러한 언어 구조로 이루어진 한국어의 특질이 시조의 형태를 가능하게 하는데 결정적인 요인이다. 이 형태는 다른 어떤 언어로도 살릴 수가 없다. 이것이 우리 시조의 정체성이다. 곧 한국어의 언어 구조가 〈시조 장르〉를 가능하게 했다. 각 음절의 자수에 약간의 변화를 허용하는 것이 정형속의 절제된 자유이다. 우리 고유의 시조의 형식을 고수하면서 현대 감각을 읽는 것이 현대시조이다. 그 형식은 앞장에서 다룬 시조의 형태를 참고하기 바란다.

 ┃예시 1┃ 평시조(단시조)

❶
물맑고
산빛 고운
딴 세상을 만났었네

탄금대
단양팔경

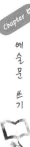

초정 약수 물맛이랑
한 아름
자연의 향기
이웃들에 나눴네.

– 이기반, 자연의 향기 –

❷
일상을
건너야 할
보이지 않는 외줄타기

방심이
몸을 풀면
가늠 못할 늪인데

당기고
미는 줄 위에서
안간힘을 쓰고 있다.

– 김명호, 곡예사 –

(2) 시조의 요소

앞에서 시의 요소를 말할 때 ① 말뜻 ② 이미지 ③ 리듬 ④ 어조를 들었다. 시조는 시의 한 형태로서 정형시이다. 그래서 시의 요소를 다 가지고 있다. 단지 시조는 정형시인 만큼 그 형식을 알고 그 형태를 지켜서 작품을 형상화하는 것이 시조의 정체성을 유지하는 길이다. 그래서 시조의 요소에는 시의 4가지 요소에다가 시조의 구조 곧 그 형식을 더하여 다섯 가지 요소를 들고 있다. 위의 예시들은 그 5가지 요소를 다 갖추고 있는 시조이다.

2 시의 이론과 실제

1) 시의 발생

시는 언제부터 생겼을까? 시는 어떻게 해서 생겼을까? 시의 발생부터 알아보자.

시는 인류의 시작과 더불어 자연적으로 발생했다. 아득한 옛날, 원시시대부터 노래와 춤과 그 노랫말이 있었다. 그들은 동물을 잡기 위해 산 속으로 갔다. 그들은 동물의 움직임을 감지하기 위해서 가만히 귀를 기울인다. 움직임을 따라 바람과 함께 기류가 흐른다. 바람소리가 은은히 들려온다. 그 소리를 흉내 내면서 흥얼거리며 부르던 것이 노래의 시작이다.

그러면 춤은 어떻게 해서 이루어졌을까?

바람이 나부끼는 나무의 율동에서 시작되었다. 나뭇잎이 나부끼고 가지가 흔들리는 것을 보고 그들은 두 손을 옆으로 흔들기도 하고 위로 높이 치켜들고 흔들면서 율동을 하기 시작했다. 원시인들은 노래를 부르고, 율동을 하면서 거기에 알맞은 노랫말을 찾았다. 그렇게 한 것이 '詩(시)'의 시초이다. 오늘날도 아프리카를 비롯해 오지에 살고 있는 여러 부족들과 원주민들의 축제 모습을 보면 알 수 있다. 종합 예술로서의 기능을 다하고 있음을 본다.

이렇게 발생한 노랫말은 집단가요에서 개인가요로 발전했다. 우리의 고전 시가 중 〈구지가〉는 집단 가요로서 행해졌고, 〈황조가〉와 〈공무도하가〉는 개인 가요로 불리어졌다. 〈구지가〉는 가야국(김해)의 시조 김수로왕의 탄생설화와 함께 전해진다.

이 때 부른 노래 곧 수로왕을 맞이하기 위해서 부른 〈구지가〉가 황조가와 함께 전해지는 가장 오래된 가요 중의 하나이다. 노래의 가사를 찬찬히 읽어보면 〈거북아, 거북아 네 머리를 내어 놓아라 네 머리를 내어놓지 않으면 구워먹으리라〉 매우 위협적인 가사이다. 머리는 생명이고 주권이고 영토이다. 새로운 체제로 나라를 다스릴 새 임금이 내려가니 맞이할 준비 태세를 갖추라는 것이다. 거북은 물론 구지봉을 끼고 있는 김해 땅을 가리킨다. 구지봉은 그 형상이 거북형상을 닮았다 하여 이렇게 불리어졌다.

이렇게 옛 노래 속에는 그 노래의 배경 설화가 있어서 독자가 이해하기도 쉽고 그 설화로 인해서 그 노래 가사에 재미를 더해준다.

2) 최초의 시집

최초의 시집은 동양에서는 공자(BC552-BC478) 오경 중의 하나인 詩經(시경)이고. 서양에서는 성경에 있는 시편이다. 시경은 공자가 그 때까지 각처에 흩어져 전하여 내려온 민요를 모두 수집하여 그 중에서 305편만 택하여 편집한 것이다. 그 내용은

백성들 사이에 널리 불려진 민요인 風(풍)과 천자의 궁중에서 잔치에 연주되던 음악인 雅(아)와 천자의 종묘에서 제사 지낼 때 연주하던 음악인 頌(송)으로 이루어졌다. 이 가운데 風(풍)이 전체에서 반을 차지한다. 그 소재는 하늘과 神(신), 인간사에 이르는 여러 가지 내용들로서 경천사상이 있고, 유미적이고 낭만적인 아름다움과 사랑이 있고, 제왕의 이야기에서부터 일반 서민에 이르는 매우 인간적이고도 현실적인 아픔과 환희가 담겨져 있다.

반면에 서양의 최초의 시집인 시편은 총 150편의 시들이 다섯 권의 책으로 구분되어 있다. 이것은 모세의 율법이 5권으로 나뉘어 있는 것과 관련이 있는 것으로 학자들은 보고 있다.

저자는 다윗왕의 시가 73편으로 가장 많고 고라 자손의 시가 11편, 아삽의 시가 12편, 솔로몬의 시가 2편, 에단의 시가 1편, 모세의 시가 1편, 등 100편의 시는 그 작자가 뚜렷하게 나타나 있고 나머지 50편은 작자가 나타나 있지 않다.

시편은 네 가지 유형으로 구분되어 있는데 첫째 신앙 공동체의 시, 둘째 개인적인 신앙고백의 시, 셋째 찬양의 시, 넷째 왕의 시 등이다.

시편의 핵심어는 '찬양'과 '신뢰'이다. 곧 선민 이스라엘 민족의 유일신으로 믿는 하나님에 대한 신뢰와 찬양으로서 하나님의 위대한 성품과 그분이 행하신 일들과 앞으로 되어질 일들을 노래했다. 또 자기의 백성을 보호하시고, 사랑하시며 구원하시는 하나님을 온전히 신뢰하는 노래들로 가득 차 있다.

동·서양의 최초의 시집을 한 마디로 나타낸다면 시경은 '인간의 사랑' 이야기이고 시편은 '하나님 찬양' 이야기이다.

예를 들면 다음과 같다.

| 예시 1 |

노래하는 한 쌍의 물수리
황하의 물가에 노는구나
얌전하고 조용한 아가씨는
덕 높은 군자의 좋은 짝이어라

– 시경, 관저 첫 연 –

周(주)나라 문왕이 요조숙녀인 太姒(태사)를 배필로 맞아들여 궁중 사람들이 정숙한 태사의 婦德(부덕)을 보고 이 시를 지었다고 전한다. 그러므로 작자는 알 수 없다. 이 시에서 군자는 문왕을 가리킨다.

예시 2

남쪽에 우뚝 솟은 저 소나무
그늘이 있어야 쉬어가지
한 수가에 노는 저 아가씨
만날 수 있어야 사랑하지
한수는 넓고 넓어
헤엄 칠 수도 없구요
강수는 길고 길어
뗏목 타고 갈 수도 없네

- 시경, 한광(漢広)첫연 -

 당시 중국은 풍기가 문란하였다. 그래서 문왕이 교화에 힘써 그로 인해 남녀가
품행이 단정하여지고 서로가 사모하고 기다릴 줄 아는 풍토가 조성되었다. 이 노
래도 그를 증명하듯이 남성이 여성을 그리워하며 때를 기다릴 줄 아는 정서를 노
래한 것이다.

예시 3

복 있는 사람은
악인의 꾀를 좇지 아니하며
죄인의 길에 서지 아니하며
오만한 자의 자리에 앉지 아니하고
오직 여호와의 율법을 즐거이 하여
그 율법을 주야로 묵상하는 자로다
저는 시냇가에 심은 나무가
시절을 좇아 과실을 맺으며
그 잎사귀가 마르지 아니함 같으니
그 행사가 다 형통하리로다

- 시편, 1편 1-3 -

 시편 전체의 서론에 해당하는 부분으로 악인의 길과 의인의 길을 밝히고, 의인의
행복과 악인의 패망을 대조시켜서 인생의 나아갈 길을 제시하고 있다.

3) 시의 내용

(1) 마음을 표현

인간의 마음이란 감정을 생성해 내는 원천이며 사물을 비추는 거울이다. 똑 같은 사물도 그 느낌은 다르다. 그것은 개개인의 마음이 다르기 때문이다. 그러므로 시는 시인의 상상력에 의해 이루어진 극히 주관적인 '언어 예술'이다.

조선 초기 학자인 서거정(1420-1488)은 '시는 마음에서 말하는 것'이라 했고, 고려조 문인인 이인로(1152-1220)는 '시는 마음에서 울어난다'고 했다. 그런가 하면 영국의 시인 워즈워드(william wordsworth1770-1850)는 '시는 강한 감정의 자연적인 발로'라고도 했다. 그러므로 시는 마음에서 울어나고 감정으로 표출되는 언어 예술이다.

| 예시 **4** |

　　　머언 산 靑雲寺(청운사)
　　　낡은 기와집
　　　산은 紫霞山(자하산)
　　　봄눈 녹으면

　　　느릅나무
　　　속잎 피어 가는 열 두 굽이를

　　　청노루
　　　맑은 눈에
　　　도는
　　　구름

– 박목월, 청노루 –

 이 시는 오직 관념 속에서 상상의 날개를 펼치고 이루어진 의식의 흐름이며 마음의 표출이다. 청운사도, 자하산도, 청노루도, 청노루눈 속에서 도는 구름도 실재는 없는 작자의 상상속에 존재하는 시의 세계이다.

(2) 사물과 세계를 표현

사물을 바라봄에 있어 육안으로 뿐 아니라 마음의 눈을 가지고 바라볼 때 그 이면의 세계를 발견하게 된다. 시인은 마음의 눈을 가지고 대상을 관조하고 새롭게 발견한다. 사물에 대한 틀에 박힌 고정관념을 깨고 숨겨진 의미와 모습을 시인의 눈으로 재창조하여 표출한다.

 | 예시 5 |

한 송이 국화꽃을 피우기 위해
봄부터 소쩍새는
그렇게 울었나보다

한송이의 국화꽃을 피우기 위해
천둥은 먹구름 속에서
또 그렇게 울었나 보다

그립고 아쉬움에 가슴 조이던
머언 먼 젊음의 뒤안길에서
인제는 돌아와 거울 앞에 선
내 누님같이 생긴 꽃이여

노오란 네 꽃잎이 피려고
간밤엔 무서리가 저리 내리고
내게는 잠도 오지 않았나보다.

– 서정주. 국화 옆에서 –

오상고절에 고고하게 피어난 한 송이 국화꽃을 보고 시집살이의 인고를 이겨내고 친정나들이를 한 성숙한 누님에 비유하여 국화꽃의 이미지를 승화시켰다.

(3) 시대와 현실을 표현(참여시)

모든 창작물은 그 시대의 산물이다.

미국 태생의 영국시인인 엘리엇(T.S.Eliet,1885-1965)은 "The great poet, in writing himself, writes her time". 라 하여 시인은 그의 작품에서 그 자신과 함께 그 시대를 표현한다고 했고, 독일의 실존 철하자인 하이데거(Martin Heidegger1889-1976)는 '시는 역사를 지탱해 주는 밑바탕'이라 했다. 그러므로 시창작은 시대와 현실을 직시하고 참여하는 행동으로부터도 시작한다.

중국의 근대 문학의 아버지라 불리는 노신(魯迅,1881-1936)은 국비로 일본 유학을 했다. 아버지의 죽음에 충격을 받고 의학 공부를 하던 중 영화에서 '러일전쟁에 승리한 일본군을 묘사하면서 간첩으로 몰린 중국군의 참사를 목격하고 충격을 받아 문학으로 전향했다. 그래서 그는 펜을 무기 삼아 시대와 현실을 생생하게 표현하여 중국 근대사를 작품을 통하여 세계에 알리는 훌륭한 작품을 남겼다.

소련의 반체제 인사로 당국으로부터 추방당하여 현재는 미국에 거주하고 있는 작가 솔제니친(A.I.Solzhenitsyn1918-)또한 '한 나라가 위대한 작가를 가진다는 것은 제2의 정부를 가지는 것과 같이 위험하다'고 하여 펜의 강함을 말해 주고 있다.

세기의 영웅 나포레옹(1769-1821)은 역시 '펜은 칼보다 강하다'하여 문학의 힘을 대변해 주고 있다. 이 모두는 언어의 힘, 글의 힘, 문학의 힘을 역설한 말들이다. 우리의 현대시사에도 일제 강점기 때의 시인에게서 강하게 나타남을 볼 수 있다. 윤동주, 한용운, 이육사, 이상화....... 등등의 작품을 보면 살아있는 민족혼을 느낀다.

| 예시 **6-1** |

내 고장 칠월은
청포도가 익어 가는 시절

이 마을 전설이 주저리주저리 열리고
먼데 하늘이 꿈꾸며 알알이 들어와 박혀

하늘 밑 푸른 바다가 가슴을 열고
흰 돛 단 배가 곱게 밀려서 오면
내가 바라는 손님은 고달픈 몸으로
청포를 입고 찾아온다고 했으니

내 그를 맞아, 이 포도를 따 먹으면
두 손은 함뿍 적셔도 좋으련
아이야, 우리 식탁엔 은쟁반에
하이얀 모시 수건을 마련해 두렴.

－ 이육사. 청포도 －

작자가 꿈꾸는 이상향이기도 하고 실재 고향 마을의 풍경일 수도 있다. 그러나 시대적 배경을 염두해 둔다면 작자가 꾸꾸는 이상향이 더 가깝다. 얼마나 평화로운 고향마을의 전경인가. 포도가 알알이 익어가듯이 마을의 아름다운 전설도 함께 익어가고 꿈꾸며 기다리는 청포 입은 손님을 맞아 마음껏 평화를 누리고 싶은 시이다. 여기서 청포 입은 손님은 평화를 상징하는 말로 '해방의 기쁨' 또는 '그 소식을 안고 올 선견자'일 수도 있다.

지금은 남의 땅- 빼앗긴 들에도 봄은 오는가.
나는 온 몸에 햇살을 받고
푸른 하늘 푸른 들이 맞붙은 곳으로
가르마 같은 논길을 따라 꿈속을 가듯 걸어만 간다.
입술을 다문 하늘아 들아
네가 들었느냐 누가 부르더냐
답답해라 말을 해다오
바람은 내 귀에 속삭이며
한자욱도 섰지마라 옷자락을 흔들고
종다리는 울타리 넘어 아가씨 같이 구름 뒤에서 반갑다 웃네
고맙게 잘 자란 보리밭아
간 밤 자정이 넘어 내리던 고운 비로
너는 삼단 같은 머리털을 감았구나
내 머리조차 가뿐하다
혼자라도 기쁘게 나가자.
마른 논을 안고 도는 착한 도랑이 젖이 달래는 노래를 하고
저 혼자 어깨춤을 추고 가네
나비 제비야 깝치지 마라
맨드라미들과 꽃에도 인사를 해야지
아주까리 기름을 바른이가 지심 매든 그 들이라
다 보고 싶다.
내 손에 호미를 쥐어다오
살찐 젖가슴과 같은 부드러운 이 흙을 발목이 시도록 밟아도 보고
좋은 땀조차 흘리고 싶다.
강가에 나온 아이와 같이
짬도 모르고 끝도 없이 닿는 내 魂아
무엇을 찾느냐 어디로 가느냐 우스웁다 말을 하려므나
나는 온 몸에 풋내를 띠고
푸른 웃음 푸른 설움이 어울어진 사이로
다리를 절며 하루를 걷는다
아마도 봄 신명이 잡혔나 보다
그러나 지금은 들은 빼앗겨 봄조차 빼앗기겠네

– 이상화, 〈빼앗긴 들에도 봄은 오는가〉 전문 –

(4) 인생의 진실, 그 내면의 세계를 표현

공자는 '시를 배우지 않으면 할 말이 없다. 마치 담을 맞대고 서 있는 것과 같다'고 하여 인생에서 시의 필요성을 말했다. 사실 공자는 음악과 함께 시를 사랑했다. 그러기에 그는 그 때까지 전국에 흩어져 있던 시를 모아 그 중에서 305편을 선택하여 〈시경〉을 편집한 것이다. 그것이 최초의 동양의 시집이기도 하다.

인생의 본질이나 진실은 다양한 현상 속에 가려져 있어 실체를 잘 모른다. 그러므로 마음의 눈, 영혼의 눈을 떠야 시를 쓴다. 시적 공간은 시인의 상상력에 의해서 형성되며 그 허구적 공간으로부터 진실을 끌어내야 한다.

| 예시 7 |

더러는
옥토에 떨어지는 작은 생명이고져…
험도 티도
금가지 않은
나의 전체는 오직 이뿐!
더욱 값진 것으로
드리라 하올 때
나의 가장 나아종 지닌 것도 오직 이뿐
아름다운 나무의 꽃이
시듦을 보시고
열매를 맺게 하신 당신은
나의 웃음을 만드신 후에
새로이 나의 눈물을 지어 주시다.

– 김현승, 눈물 –

 시인의 마음의 눈, 영혼의 눈으로 바라본 '눈물의 의미'이다. '눈물'을 바라보고 관조하면서 진리를 깨달아 나가듯이 만물을 창조하신 창조주를 생각하고 그분께 그 의미를 돌리며, 가장 순수하고 가장 고귀한 생명으로 표출한 것은 시인의 영혼의 눈이 밝혀낸 작품이다.

4) 창작의 길

(1) 다양한 문학 체험

시, 소설, 수필, 수상록 등등 작자의 체험, 사고, 감정, 인격 사상 등의 총체적인 것과의 만남으로 새로운 세계를 접할 수 있다. 인생을 우리가 실제적으로 많은 것을 체험할 수 없기 때문에 우리는 문학 속에서 많은 것을 배우고 익히고 체험한다. 시를 쓴다고 해서 시집만 읽으면서 시작을 한다면 사고의 폭이 좁아진다. 소설을 읽으면서 또 다른 인생을 체험하고, 상상의 날개를 펼치고, 수필이나 수상록을 읽으면서 저자의 인격과 사상을 배우며, 어휘를 넓히고 다듬어진 문장 표현을 읽을 수 있다.

(2) 깊고 풍부한 사고

사고는 창작의 바탕이며 밑천이다. 창조성과 개성의 근원은 사고에서 나온다. 자기만의 고유한 생각이 개성을 만들어 내고, 창조적인 글쓰기의 핵심을 형성한다. 그러므로 글은 그 사람의 인격을 반영하고, 사물에 대한 새로운 깨달음과 진실을 발견한다.

 ‖ 예시 **8-1** ‖

> 자연의 순리대로
> 피어나고 뻗어나고
> 마지막 순간까지
> 눈부시게 장식하다
> 떨어져
> 땅에 누워도
> 아름다운 삶이여.

– 이정자, 은행잎 –

 가을 날, 황금색으로 찬란하게 물든 은행나무를 보다가 그 아름다움에 찬사를 보낸다. 그러다 땅에 떨어진 은행잎에 눈길이 가면서 작가는 우리 인생을 생각한 것이다. 마지막까지 찬란하게 빛나는 은행나무처럼 우리 인생도 늙음도 추함도 없이 죽어서 땅에 묻히더라도 저렇게 아름다워지기를 바라면서 '떨어져 땅에 누워도 아름다운 삶이여'라고 노래했다.

 ‖ 예시 **8-2** ‖

> 제 깃털 죄다 뽑아
> 서리 아침

짜낸 방석
그것이 마지막이어도
장식은 아름다워
이 세상
미련다하는 날
그런 圓光 엮고 싶다.

- 이상범, 〈은행잎 금빛방석〉 전문 -

서리가 내린 아침, 땅에 가득히 떨어져 깔린 은행잎을 보고 지은 평시조이다. 위의 두 시를 보면, 소재가 같아도 그 표현은 서로가 다르다. 거기서 느끼는 시인의 詩意는 닮은 점이 있음을 느낄 수 있다. 그래서 함께 실어 보았다.

(3) 반복되는 습작

시는 철저한 연습을 통한 언어와의 싸움이며 문장과의 갈등이다. 워즈워드가 '최상의 언어를 최상의 순서로 늘어놓은 것이 시'라고 했듯이 준엄하고 치열한 언어 의식을 갖고서 시 창작에 임해야 한다. '위대한 작가는 태어나는 것이 아니라 만들어 진다'는 것은 그만큼 습작의 수련이 요구된다는 말이다. 끊임없이 쓰고 또 쓰고, 고치고 또 고치는 퇴고의 과정을 거치면서 한 편의 시가 창작되는 것이다. 퇴고의 유래를 갖게 한 賈島(가도)가 글자 한자 곧 推(퇴)로 할 것인가 敲(고)로 할 것인 가를 두고 고민했듯이 말이다.

(4) 과학자의 눈

사물을 관찰하는 예지를 가져야 한다. 상투적인 인식에서 벗어나 마음의 눈을 집중시켜서 사물에 대한 숨겨진 비밀을 캐내어 그 의미를 드러나게 한다.

플로베르는 '한 개의 모래알도 똑 같지 않을 정도로 정확하게 묘사하라.'고 했다. 그만큼 관찰력을 가지라는 의미이다.

┃예시 **9** ┃

땅에 떨어진
아무렇지도 않은 물방울
사진으로 잡으면 얼마나 황홀한가?
(마음으로 잡으면)

순간 튀어 올라
왕관을 만들기도 하고
꽃밭에 물안개로 흩어져
꽃 호흡기의 목마름이 되기도 한다.
땅에 닿는 순간
내려온 것은 황홀하다

익은 사과는 낙하하여
무아경으로 한 번 튀었다가
천천히 굴러 평안히 눕는다.

– 황동규.風葬(풍장)17 –

땅에 떨어진 물방울을 보고 이렇게 황홀한 생각을 할 수 있을까? 이렇게 다양한 모양을 만들 수 있을까? 떨어지는 사과를 보고 무아경을 느끼고 평안히 눕는 작자의 평화로운 마음을 읽는다. 이렇게 시인은 사물을 보되 마음으로 읽고, 마음으로 보고, 마음으로 상상하여 언어로 승화시킨다.

(5) 대상을 향한 포용력

어머니의 가슴으로 세상과 사물을 넉넉하고 깊게 포용할 줄 알아야 한다. 생명이 지닌 상처들을 감싸 안고 포용하는 푸근한 마음을 갖는다. 그래서 시를 쓰는 사람은 악한 사람이 없다고 한다.

∥ 예시 10 ∥

바람이 머무르면
실로폰 소리 묻어나
잎새마다 幻覺의 색채가 너울댄다.

숨결은 잔잔히
땅 속으로 스며들고
안개로 피어나는 이른 아침.
그 아침마다 찬 이슬이
또르르르…… .
잎사귀는 은색 목걸이 달고
아침을 맞이하는 향기로운 목소리.

原色의 色感을 四季에 빌어
매일 바다로 떠나는
출렁임의 흰물방울.

– 박혜숙, 〈나무〉 전문 –

바람, 실로폰 소리, 환각의 색채, 이른 아침, 찬이슬, 은색 목걸이, 바다, 출렁임의
흰물방울 등 신선한 아침의 상큼한 시어들이 나무에 매달려 싱그러움을 더해준다.
가슴속까지 시원하다.

3 수필의 이론과 실제

1) 정의

'붓 가는 대로란 뜻'으로 생활 속에서 보고, 듣고, 느낀 것을 사실 그대로 생각나
는 대로 붓을 따라 자유롭게 쓴 글이다. 즉 체험을 바탕으로 일정한 틀에 얽매이지
않고, '붓 가는 대로 쓴다.'는 것이다.

그 형식은 '무형식의 형식'이란 말을 쓴다. 그 내용은 일상생활, 자연의 모습, 인
생에 대한 관조나 사회의 움직임, 등에 대한 유심한 관찰과 생각, 느낌이 들어있음
을 알 수 있다. 그러므로 그 소재는 지은이의 관심거리가 되는 그 모든 것이 곧 소
재가 된다.

수필은 실재 체험을 바탕으로 얻은 사실을 말하고, 자기를 고백하는 글이기 때문
에 지은이의 사상, 감정, 인생관, 철학관, 생활관 등이 직접적으로 드러난다. 그래서
개성의 문학이라 고도 한다.

2) 수필의 갈래

(1) essay(formal essay, 형식적 에세이)

지식의 전달이나 비평의식을 나타내는 글로서 진지하면서도 논리적이다. 또 객
관적이면서도 지성적 세계를 표현한다. 이러한 정신을 담아내는 글로는 신문의 사
설에서부터 소논문, 비평, 논설, 서평, 평론 등이 이에 속한다.

(2) miscellany(informal essay, 비형식적 에세이)

주관적, 감정적, 상상의 세계를 표현한 글로서 시평, 인물평, 일기, 서간, 감상문, 생활문 등이 이에 속한다.

3) 수필의 특성

(1) 형식의 자유성 –.무형식의 형식

백철은 수필을 정의하기를 '그 형식이 구속 없이 자유스럽고 한계의 제한이 없고 그 영토가 광대하다'고 하여 수필의 자유성을 피력했다. 따라서 수필은 서정적인 감각이나 소설적인 구성이나 희곡적인 대화, 비평적 판단작용 등을 활용할 수 있으며 또한 일기 서간문 기행문 논설문 서평 비문 등을 수용하게 된다.

수필은 인간의 본성을 바탕으로 다양한 장르와 접경을 이루고 있다. 무형식의 형식이란 곧 다양한 영역의 특성을 모두 포용하여 용해할 수 있는 것이 수필이라는 의미이기도 하다. 하지만 잡문이 수필이 될 수는 없다. 문학으로 형상화시킬 때 수필의 참 맛과 품위가 있다.

> 봄은 멋대로 왔다 멋대로 가는가 보다. 그러나 멋대로인 것이 어찌 봄뿐이랴. 거리를 달리는 버스도 멋대로요, 일요일마다 교외로 밀려나가는 택시, 관용차, 자가용차들 또한 멋대로이다. 잠간 공중전화 앞에 가서 보라. 기다리는 손님이야 있건 말건 멋대로 장시간 사랑을 속삭이는 아가씨들을 발견할 것이다. 세상은 모두 제멋에 겨워 사는가 보다.
> 하룻밤을 꼬박 새고 났더니 이튿날 한쪽 귀가 막혀 잘 들리지 않는다. 내 귀마저 멋대로인가 싶어 약간 화가 치미는 걸 꾹 참았다. "이 사람 그건 비타민 부족에서 오는 걸세"
> "비타민 부족인데 체중이 한 관이나 늘어?"
>
>   - 장만영의 〈멋대로의 봄〉에서 -

(2) 고백 문학

영국의 극작가이며 시인인 벤 존슨(Ben Johnson1572-1637)은 '수필은 마음의 산만한 희롱'이라 하여 단편적인 수필의 불확실성을 지적하기도 했지만. 수필이야말로 인생과 사물을 관조하고 나타내는 향기 높은 문학이며 예술이라 할 수 있다. 존슨이

말한 값없는 잡문과는 차원이 다르다.

수필은 고백 문학으로서 자기를 그대로 드러낸 개성적인 글이라는데 그 특성을 둔다. 몽떼뉴(MichelEyquem Montaigne1533-1592)는 그의 〈수상록〉 서문에서 "이 글에서 나는 대단히 만족해서 자기를 충분하게 적나라하게 그린 것이다. 따라서 독자여 이 책의 주제는 내 자신이다."라고 하여 수필이 개성의 노출임을 드러냈다. 알베레스 (Josef Albers1888-1976)는 〈수필의 성격과 그 영역〉에서 " 수필에 있어서 중요한 특성 은 숨김없이 자기를 말하는 것과 人生(인생)事象(사상)에 대한 傍観的(방관적) 태도"라고 했다. 그러므로 수필을 가리켜 自照文学(자조문학), 告白文学(고백문학), 心的(심적)裸像(나 상)이라고 말한다.

개성의 문학, 필자의 마음을 적나라하게 드러낼 뿐만 아니라 필자의 지식, 이상, 취미, 인생관, 우주관 연애관, 결혼관 등 다양하고 폭넓게 표현하는 고백의 문학이다.

예문

나는 지난해 여름까지 난초 두 분(盆)을 정성스레, 정말 정성을 다해 길렀었다. 3년 전 거처를 지금의 다래헌(茶來軒)으로 옮겨왔을 때 어떤 스님이 우리 방으로 보내준 것이다. 혼자 사는 거처라 살아 있는 생물이라고는 나하고 그 애들뿐이었다. 그 애들을 위해 관계 서적을 구해다 읽 었고 그 애들의 건강을 위해 하이포넥슨가 하는 비료를 바다 건너가는 친지들에게 부탁하여 구 해 오기도 했었다. 여름철이면 서늘한 그늘을 찾아 자리를 옮겨주어야 했고, 겨울이면 필요 이 상으로 실내 온도를 높이곤 했다. …… 중략 ……

난을 가꾸면서는 산철(僧家의 여행기)에도 나그네 길을 떠나지 못한채 꼼짝 못하고 말았다. 밖에 볼 일이 있어 잠시 방을 비울 때면 환기가 되도록 들창문을 조금 열어놓아야 했고, 분(盆) 을 내놓은 채 나가다가 뒤미처 생각하고는 되돌아와 들여 놓고 나간 적도 한두 번이 아니었다. 그것은 정말 지독한 집착이었다.

며칠 후, 난초처럼 말이 없는 친구가 놀러 왔기에 선뜻 그의 품에 분을 안겨 주었다. 비로소 나는 얽메임에서 벗어난 것이다. 날 듯 홀가분한 해방감. 3년 가까이 함께 지낸 '유정(有情)'을 떠나보냈는데도 서운하고 허전함보다 홀가분한 마음이 앞섰다. 이때부터 나는 하루 한 가지씩 버려야겠다고 스스로 다짐을 했다. 난을 통해 무소유(無所有)의 의미 같은 걸 터득하게 됐다고 나 할까.

- 법정, 〈무소유〉 중에서 -

(3) 다양한 제재

인생, 사회, 우주, 자연, 등 존재하는 모든 것이 수필의 제재가 된다. 김동리는 '평 론의 대상은 문학이요, 수필의 대상은 사유의 전 영역'이라 했고, 김진섭은 '수필은 무엇이든지 담을 수 있는 용기'라고 하여 수필 소재의 무한성을 시사했다. 무엇을 그 속에 담든 수필은 그 담는 내용과 그것을 필요로 하는 필자에 의해서 그 취향이 여러 가지로 변화한다. 수필은 필자의 신비롭고 정서적인 이미지를 통한 풍요로운 사고를 표현함으로써 문학성을 높인다.

나무는 德을 가졌다. 나무는 주어진 분수에 만족할 줄을 안다. 나무로 태어난 것을 탓하지 아니하고, 왜 여기 놓이고 저기 놓이지 않았는가를 말하지 아니한다. 등성에 서면 햇살이 따사로울까, 골짝에 내려서면 물이 좋을까 하여 새로운 자리를 엿보는 일도 없다. 물과 흙과 태양의 아들로 물과 흙과 태양이 주는 대로 받고, 厚薄과 불만족을 말하지 아니한다. 이웃 친구의 처지에 눈떠 보는 일도 없다. 소나무는 진달래를 내려다보되 깔보는 일이 없고, 진달래는 소나무를 우러러보되 부러워 하는 일이 없다. 소나무는 소나무대로 족하고 진달래는 진달래대로 스스로 족하다.

- 이양하, 〈나무〉에서 -

(4) 예술성과 철학성

수필은 예술성과 철학성이 조화를 이루어 표현되어야 한다. 이 말은 문학이 언어 예술이듯이 수필은 문학으로서 예술성을 부여받고, 또 담아내는 그 내용에 있어서 필자의 인생철학이 나타나고, 사상이 나타난다는 것이다.

흙은 향기롭다. 흙은 인간의 고향이요, 대지는 인류의 어머니다. 우리는 흙에서 나서 흙 위에서 살다가 흙 속에 묻힌다.

우리는 죽으면 한 줌 흙으로 돌아간다. 성서에 의하면 인간은 흙의 아들이요, 흙의 딸이다. 인간에게 가장 가깝고 가장 소중한 것은 흙이다. 흙 속에는 위대한 진리가 있다. 지구의 어디에나 깔려 있는 흙, 산도 흙으로 덮여있고, 논과 밭도 흙으로 되어 있다.

지구는 흙의 옷을 입고 있다. 흙은 지구의 피부요, 살결이다. 어디에나 있는 그 누런 흙, 흙은 무지개처럼 빛깔이 아름답지도 않다. 나무처럼 싱싱하지도 않다. 꽃처럼 향기도 없다. 산호처럼 모양이 고운 것도 아니다. 하지만 흙은 썩지 않는다. 믿음직스럽다. 흙에 씨앗을 뿌리면 새싹이 돋아난다. 흙은 생명의 원천이다. 흙은 어머니의 풍부한 젖가슴과도 같다.

- 안병욱, 〈흙의 향기〉에서 -

(5) 위트(wit, 재치), 유머(humor, 익살)

'수필은 인생을 반 산 사람의 글'이라 하듯이 인생에 대한 깊은 그 무엇을 독자로

하여금 느끼게 해야 한다. 곧 재치 있는 위트나 흐뭇한 유머나 날카로운 개성과 아름다운 논리, 찌르는 듯한 풍자, 그리고 Irony(반어, 비꼼) Paradox(역설적)로 조화를 이루어야 한다. 따라서 Pathos(애수, 비애)도 어우러져야 한다. 또 어느 정도의 비평정신, 교훈적인 叡智(예지)가 나타나야 한다.

1

위트가 위기를 모면해 주는 일이 있다. 어느 날 저녁 때 임금이 대궐 안을 산책하고 있었다. 우연히 주방 앞을 지나다가 보니 수라상을 마련하는 여자가 홍시를 혀로 핥아서 닦고 있었다. 임금은 못 본채하고 그 앞을 지나갔다. 그 이튿날 아침에 수라상에 그 홍시가 올려져 있었다. 임금은 은근히 화가 치밀어 그 여자에게 물었다. "음식은 어떻게 해야 깨끗한가?" 여인은 가슴이 철렁했다. 순간 기지를 발휘했다. "아니 보시면 깨끗하나이다."

- 임정현, 〈감의 맛〉에서 -

2

아인슈타인이 상대성 원리를 발표한 후 여러 곳에 초청을 받아 강연을 하게 되었다. 32번을 하고 33번 째 초청 강연을 가게 되었다. 그 때 기사가 아인슈타인에게 말했다. "선생님, 선생님 강연은 제가 해도 이제는 원고를 안 보고 다할 수 있습니다" 했다. 그래서 아인슈타인이 " 그래? 자네가 내 강연을 할 수 있단 말이지?"

"네! 이제는 저도 선생님 강연을 다 외웠습니다." 그렇게 해서 진짜 기사가 아인슈타인을 대신해서 강연을 하게 되었다. 기사는 원고도 없이 강연을 깔끔하게 잘 마무리 했다.

강연이 끝난 후 객석에서 질문이 나왔다. 기사는 처음 들어보는 문제이다. 아찔했다. 객석에 앉은 아인슈타인 역시 난처했다. 거기에 대한 준비는 없었다. 잠깐의 침묵이 지나갔다. 기사는 재치를 발휘했다. 빙그레 웃으면서 말했다.

"네-. 그거요. 그 정도라면 나의 기사도 잘 알고 있습니다. 기사님, 한 번 답해보시지요." 이렇게 해서 기사와 아인슈타인이 위기를 모면했다.

4) 수필의 구성

수필이 무형식의 문학이라고 하여 아무렇게나 쓴 잡문이 수필이라는 것은 아니다. 수필은 다른 장르에 비하여 그만큼 자유스럽다는 말로 받아들일 수 있다. 희곡이나 소설 시 의 형식이 있고 그 구성이 있듯이 수필도 형식이 있고 그 구성이 있다. 수필의 형식은 일반 문장 구성의 형식을 따른다고 생각하면 무난하다. 그래서 무형식이 곧 수필의 형식이란 말을 한다. 수필의 구성에 있어서는 주제와 제재(소재), 구성, 문체로 나누는 것이 일반적이다.

(1) 주제

글을 쓸 때는 쓰는 이유가 있다. 그 글 속에서 작자가 독자에게 주고자 하는 메시지가 있다. 곧 작가가 나타내고자 하는 중심사상이 바로 주제이다.

특별한 경우를 제외하고는 주제를 선정할 때, 다음 기준에 준하는 것이 편리하다.

❶ 독자가 관심을 가지는 주제
❷ 자신이 알고 있거나 알게 될 주제
❸ 독자가 흥미와 관심을 가지고 있는 주제 또는 독자가 알게 될 가능성이 있는 주제
❹ 주어진 문장의 분량에서 충분히 다룰 수 있는 주제
❺ 유익하고 가치 있는 주제
❻ 분명하고 한정된 주제
❼ 제재를 구할 수 있는 주제

(2) 제재

제재는 주제를 나타내기 위한 기본 재료로 내용의 중심이 된다. 많은 소재 중에서 선택된 소재이다. 자연, 인간사, 사유, 식물 동물 등이며 시간적 순서에 따라 전개되는 계시적 제재와 공간성에 바탕을 둔 자연이나 사회, 공간상황 등의 동시적 제재가 있다.

(3) 구성(plot)

구성(plot)은 구조(structure), 형식(form) 등으로 해석되기도 한다. 주제를 나타내기 위한 제재 배열의 방법이라 할 수 있다. 구성은 곧 건축의 설계도와 같은 것이다. 설계사가 그린 설계도에 따라 집을 짓듯이 작자는 문장 구성에 따라 서술해 간다. 작자가 선택한 제재를 적재적소에 잘 배치하여 전체적인 통일을 이루어야 하고, 무엇보다 주제가 잘 드러나도록 생명력 있게 잘 짜야 한다.

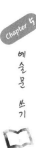

❶ 단순구성

단 한 가지의 이야기를 진행시켜 가는 구성, 주제를 선명하게 표현 할 수 있는 장점이 있지만 구성의 단순함에서 오는 단조로움을 느낄 수 있음으로 구성을 잘 해야 한다. 곧 구성미를 잘 살려야 한다.

이양하의 〈나무〉 김진섭의 〈주부송〉 피천득의 〈오월〉이 이에 해당한다.

예문

오월은 금방 찬물로 세수를 한 스물 한 살 청신한 얼굴이다. 하얀 손가락에 끼어 있는 비취가락지다. 오월은 앵두와 어린 딸기의 달이요, 오월은 모란의 달이다. 그러나 오월은 무엇보다도 신록의 달이다. 전나무의 바늘잎도 연한 살결같이 보드랍다.

스무 한 살의 나였던 오월, 불현듯 밤차를 타고 피서지에 간 일이 있다. 해변가에 엎어져 있는 보트, 덧문이 닫혀 있는 별장들, 그러나 시월같이 쓸쓸하지 않았다. 가까이 보이는 섬들이 싱싱했다.

…… 중 략 ……

신록을 바라다보면 내가 살아있다는 사실이 참으로 즐겁다. 청춘의 계절 오월 속에 내가 있다. 나이를 의식해서 무엇하랴. 연한 녹색은 나날이 번져가고 있다. 머문 듯 가는 것이 세월인 것을. 유월이 오면 녹음은 더 짙어질 것이고, 태양은 뜨거운 정열로 다가오리라. 맑고 순결한 오월은 지금 가고 있다.

- 피천득, 오월 -

❷ 복합구성

두 가지 이상의 이야기를 서술. 장편 소설에서 쓰고 있는 수법이다. 이희승의 〈淸秋數題(청추수제)〉에서 보듯이 곧 벌레, 달, 이슬, 창공, 독서와 같이 서로 동등한 제재를 나열하지만 그 하나하나의 제재마다 주제를 잘 드러나게 하는 방법이다.

예문

"원수를 사랑하라"고 성경은 가르치고 있지만 그렇게 하기란 참으로 어려운 일이다. 그런데 그 어려운 일을 실천하는 사람들이 있어 가슴을 뭉클하게 한다. 자기 아들을 죽인 사람을 법원에 청원까지 하여 풀려나게 하고, 그를 죽은 아들 대신 아들같이 돌보는 사람이 있나하면, 자기 재산을 가져간 도둑을 용서하고 덤으로 현금까지 더 주어 개과선천하기를 바라는 사람이 있다. 관용의 극치를 보여준다.

월남 이상재 선생은 80평생을 청빈하게 사셨다. 그는 일생을 집 한간 없이 물질에는 도시 욕심이 없었다. 선생이 기독교 청년회 총무로 있을 때의 일이다. 어느 날 한 청년이 선생을 집으로 찾아갔다. 그 때가 바로 추운 겨울이었는데 선생이 계신 방은 얼음장 같았다. 그 청년은 늙으신 선생께서 너무 추위에 고생하시는 것을 민망히 생각해서 가지고 있던 약간의 돈을 선생

앞에 내놓았다. 조금 있으니 어떤 학생 하나가 선생을 찾아와 학비가 군색함을 호소했다. 선생은 거침없이 조금 전에 받은 그 돈을 내놓았다. 사정을 알게 되면 구제를 하게 된다.

　인간의 일생은 결코 평탄한 것이 아니다. 수많은 고통이 있고 겪어야할 장애가 있다. 이 모든 어려움을 이기고 살아나가는 인생은 그 생명이 그만큼 존귀하다는 것을 뜻한다. 러시아의 문호 투르게네프는 그가 오랜 생애를 살아 얻은 풍부한 관찰력을 통해 〈용감한 새〉라는 단편에서 독자에게 〈생명〉에 대한 귀중한 교훈을 주고 있다. 그것은 나무에서 떨어진 새를 개가 해치려는 것을 어미새가 보고 그 작은 새의 몸으로 개에게 필사적으로 덤비는 모습을 그리고 있다. 새끼를 구하려다가 어미새는 결국 죽고 만다. 그것을 본 개도 한 발짝 물러난다. "사랑은 죽음보다. 죽음은 공포보다 강하다." 새끼를 사랑하는 어미새의 그 고귀한 사랑은 인간의 사람 보다 못하다 할 수 없다.

- 안춘근 撰, 「세계예화선집」에서 -

❺ 산만구성

　일정한 계획 없이 산만하게 쓰는 글이다. 수필의 특성인 무형식의 형식이 그대로 나타난 구성법이다. 하지만 산만한 것 같으면서도 조화미가 있고, 통일된 예술미를 갖추어 주제를 선명하게 드러내야 한다.

　좋은 일인 줄 알면서도 또 그 일을 할 수 있으면서도 그것을 행하지 않는 것은 죄악이라고 한다. 이것은 비단 도의적으로만 그런 것이 아니고 법률적으로도 소위 부작위법이라고 하여 가령 어떤 사람이 투신자살을 하려고할 때 능히 그 사람의 자살행위를 방지할 수 있는 처지에서 그것을 방관했을 때 책임을 묻게 되는 것이 바로 그 하나의 예이다.

　다시 말하면 알고도 행하지 않는 것은 옳지 않다기보다 경우에 따라서는 죄가 된다는 것이다. 그런데 세상에는 알고 행하지 않는 정도가 아니라 나쁜 줄 뻔히 알면서 그 일을 행하는 사람이 많다. 그러나 그보다 알면 알수록 나쁜 짓을 교묘히 꾸며나가는 것을 볼 수도 있다. 이 때문에 이른바 식자가 무식자보다 더 나쁜 짓을 하게 된다.

- 안춘근 撰, 〈학문의 功罪〉에서 -

❹ 긴축구성

　의도적이며 유기적인 연결로 질서정연하다. 구조미가 있고 주제를 선명하게 할 수 있는 구성법이다. 지나치면 논리적인 문장이 되어서 논설문이 되기 쉽다. 김진섭의 〈생활인의 철학〉, 안병욱의 〈산의 철학〉이 계열의 수필이다.

PART
2

대화와 화술

CHAPTER 1

대화와 화술

대화란 두 사람 이상이 일정한 목적을 가지고 새로운 지식이나 정보를 제공하거나 또는 설득하거나 사귀기 위하여 일정한 상황에서 상대에게 음성으로 표현하는 것이다. 이러한 대화에는 화자가 있고, 청자가 있다. 이들은 대화를 통하여 서로의 생각과 느낌을 전달하고 이해하며 그 존재를 인식해 간다.

신(神)이 그 많은 창조물을 내었지만 오직 인간만이 만물의 영장으로서 언어를 가지고 문화를 이룬다. 그래서 '인간은 언어와 더불어 비로소 사유(思惟)하는 존재'라고 칼·야스퍼스는 말했다. 언어와 사유는 인간만이 가진 특권이다. 인간은 무형으로 내재한 사유를 언어로써 〈나〉와 〈너〉, 〈우리〉의 관계를 형성하고 사회를 형성해 간다. 그리고 유형의 문자를 통하여 문화를 창조한다.

인간은 홀로는 살 수 없는 사회적 동물이기에 우리의 삶 자체가 〈나〉와 〈너〉, 〈우리〉의 관계 속에서 살아가야 하고, 또 살아가기 마련이다. 그러기에 우리는 누군가와 끊임없는 대화를 나누면서 살아간다. 때로는 주고받는 대화 속에서 본의 아니게 상처를 받기도 하고 상처를 주기도 한다. 그러면서도 누군가와는 대화를 또 나누게 되고, 대화를 하게 된다.

대화는 우리의 생명과도 연관이 있다. 말할 수도 들을 수도 생각할 수도 없는 진공 상태에서는 인간은 살아갈 수가 없다. 진공상태의 머리에서는 뇌가 활동할 수가 없기 때문에 서서히 죽음에 이르기 마련임을 베르베르 베르나르는 그의 소설 〈뇌〉

에서 진술하기도 한다. 대화의 필요성을 일깨워 주는 또 다른 비유도 있다. 곧 홀로 무인도에 갇힌 사람이 개미와 대화를 나누는 것을 보아도 알 수 있다. 그런가 하면 애완동물을 기르면서 끊임없이 대화를 나누는 사람들을 보아도 대화의 필요성을 말해 주고 있다.

이렇듯 필요한 대화, 〈나〉와 〈너〉, 〈우리〉의 관계 속에서 행해지는 대화에도 일정한 규칙이 있고, 방법이 있고, 그 원리가 있다. 이를 제대로 알고 대화를 나눈다면 우리의 대화에는 격이 있고 질이 있게 될 것이고 실수도 상처도 많이 줄어지게 될 것이다. 이를 다음에서 찬찬히 밝히고자 한다.

대화의 요소

대화를 하기 위해서는 일정한 요소가 있다. 이를 대화의 요소라고 하는데 곧 화자, 청자, 전언(메시지), 상황(장면)을 말한다. 그 외에 피드백(되돌림 효과)을 넣기도 한다. 대화를 하다가 보면 전달 과정에서 처음 의도와는 달리 새로운 의미를 부여하게 될 때가 있는데 이것은 피드백의 영향이다. 메시지의 전달도 순수한 메시지 내용만이 아니라 비언어적인 요소 곧 목소리의 억양, 표정 몸짓 등 메타 메시지의 요소가 작용하는 경우도 많다. 배우가 배역을 하는 것이 아닌 이상, 사람의 감정은 숨기기가 어렵다. 같은 내용을 전달하더라도 메타 메시지의 영향에 따라 차이가 나타나는 것도 유의해야 한다.

1) 화자

화자는 대화의 주체로서 메타 메시지의 영향에 따라 세 유형으로 구분한다.

곧 ① 자기 주장형 화자, ② 자기 비주장형 화자, ③ 공격적 화자를 들 수 있다. 자기 주장형 화자는 타인보다 자신에 대하여 보다 긍정적이다. 따라서 의사 결정도 스스로 내린다. 이에 비해 비주장형 화자는 자신 보다 타인에 대하여 보다 긍정적이다. 따라서 의사 결정도 타인에게 일임한다. 남을 배려하는 경우로 보이기도 하지만 한편으로는 〈책임 회피형〉이기도 하다.

공격형 화자는 매사에 일을 일으키는 형이기도 하다. 자기도 부정하고 타인도 부정하는 유형으로서 어떠한 의사 결정에 있어서 뚜렷한 자기 결정을 내리지 못하면서도 타인의 의사에도 부정적이고 공격적이다.

2) 청자

청자는 화자와 더불어 대화에서 의사소통이 이루어지는 객체이며 주체가 되기도 한다. 이는 대화란 일방적으로 이루어지는 것이 아니기 때문이다. 곧 화자와 청자 사이에 상호 우호적인 협력을 통하여야 이루어지는 것이기 때문이다.

3) 메시지

메세지(전언)는 대화의 내용과 구조에 있어서 가장 영향을 미치는 주요한 사안이다. 대상에 따라 다르지만 화자의 사상, 감정, 인생철학, 지적 수준이 드러난다. 그러므로 화자는 청자의 수준에 따라서 적절히 고려해야 한다. 곧 청자의 교육정도, 경제 사정, 직업, 종교, 성별, 성격, 등을 고려하여 대화에 오해가 없도록 해야 한다. 특히 정치나 종교적인 문제는 같은 성향이 아닐 때는 대화에서 삼가는 것이 좋다.

4) 상황

상황(장면)은 대화상의 배경으로서 시간과 공간 및 환경과 분위기를 의미한다. 대상과 메시지의 내용에 따라 또 대화 당사자들의 관계에 따라 상황은 달라질 수 있다. 그것은 동일한 주제일지라도 청자의 위치나 지적 수준에 따라 수용태도가 달라지는 경우가 있듯이 동일한 주제일지라도 상황에 따라서 그 효과나 결과는 상당한 차이가 있을 수 있다. 예를 들면 친구 사이의 대화라 하더라도 같은 주제를 갖고서도 길에서 주고받는 대화보다는 의자에 앉아서 커피라도 한 잔 마시며 조용히 주고받는 대화가 더 정감이 어리기 때문이다. 그래서 화제의 내용에 따라, 화자와 청자의 관계, 또 대화의 형태에 따라 상황은 설정되어야 하고, 그 반대로 상황에 따라 대화의 내용도 설정되어야 한다. 그러므로 대화는 일정하지가 않고 설령 미리 예정된 대화라 하더라도 그 때 그 때 상황에 따라 바뀌어 질 수가 있다.

이처럼 대화란 화자와 청자, 메시지, 상황, 피드백 등 여러 가지 요소가 상호 협력하여 작용함으로써 이루어진다고 볼 수 있다.

 예문 1

교수 요즈음은 어떤 책을 읽지?

학생a 헤밍웨이의 〈노인과 바다〉를 3촌의 추천으로 원서로 읽고 있어요.

학생b 이서민의 자기계발서인 〈창조성〉을 읽었어요.

교수 〈창조성〉? 어떤 내용인데?

학생b 일반적인 '자기계발서'와는 달라요. 철학 예술 과학 종교를 이해하고 나아가서 쓰기에 대한 내공을 자연스럽게 익혀가는 과정인 것 같아요.

학생a 〈노인과 바다〉는 영어 단어만 찾으면 해석을 할 수 있어요. 그래서 아주 좋아요.

교수 그렇지? 나도 대학 1학년 때 〈노인과 바다〉를 원서로 읽었지. 헤밍웨이의 문장 형식을 'Hard-Boiled Style'이라고 해. 나도 그 영향을 많이 받았고…

학생a, b 네~, 그래서 교수님 책도 어렵지 않나 봐요. 복잡한 문장이 없잖아요.

교수 음, 맞아. 나도 간결체로 주로 쓰는 편이지. 그래서 쉽게 읽혀지고, 이해도 잘 될 거야.

학생a, b 네~ 맞아요.

 ## 2 대화의 구조

우리의 대화도 문자로 표출하면 문장이 된다. 대화의 내용과 길이에 따라 장문(長文)이 될 수도 있고, 단문(短文)이 될 수도 있다. 문장에 문장의 구조가 있듯이 대화에도 그 구조가 있기 마련이다. 말을 주고받는 형식이 있을 것이고, 어떻게 시작하여 어떻게 진행시키며 어떻게 맺을 것인지도 있을 것이다. 이를 다음에서 밝혀보자.

1) 순서교대

대화는 반드시 화자와 청자로 이루어진다. 하지만 그 역할은 고정적인 것이 아니다. 곧 순서 교대로 진행된다. 하지만 이것 역시 일정한 것은 아니다. 순서 교대가 되기 위해서는 참가자가 서로 배려할 줄 아는 아량과 수준이 되어야 한다.

순서 교대가 지켜지기 위해서는 모든 대화 참여자에게 말할 기회가 공평히 주어져야 한다. 그러기 위해서는 대화의 길이가 적절히 조정되어야 한다. 한 사람이 대화의 길이가 너무 길거나 독점하는 것을 삼가야 한다. 순서교대는 대화의 중복을 피하고 대화가 끊어지지 않고 바로 이어서 연결되어야 한다. 화자가 다음 화자를 지적해 주는 것도 대화 연결을 위한 한 방법이다. 아니면 무언중 눈치로서 그 순서를 결정하는 것도 대화의 기술이다. 화자가 말하는 도중에 제3자가 끼어드는 경우는 곧 바로 제동을 걸어서 교정하여야 한다. 화자의 말이 끝났는데도 순서가 정해지지 않았거나 그 주제가 끝났을 때는 제3자가 새로운 주제로 대화를 이어갈 수도 있고, 그 주제를 이어서 할 수도 있다.

 예문 2

두 친구가 캠퍼스에서 만났다.

하나   두나야,

두나   응, 하나구나.

하나   너 그 책 읽구나?

두나   음-, '하이데거의 '존재와 시간'이야.

하나   나도 읽고 싶었어. 어렵지 않니?

두나   읽을 만해. 일반 독자와 입문자들을 위해 내놓은 해설서이기 때문에 괜찮아. 정독을 하고 있어.

하나   언제쯤 빌려줄 수 있을까?

두나   다음 주에 빌려줄게

하나   그래 고마워.

두나   우리 저쪽으로 가서 좀 앉아.

하나   그래.

   　　　(두 사람은 벤치로 간다.)

2) 짝말, 대응쌍

바람직한 대화는 순서 교대가 원만하게 이루어지는 관계임을 앞에서 볼 수 있다. 이러한 순서 교대는 대화자 상호간의 협력으로 이루어진다. 이렇게 주고받는 말 가운데서 질의와 응답, 서로가 나누는 인사, 부탁과 응대 등으로 이루어지는 대화의 특성을 '대응쌍'이라고 한다. 이러한 대화의 특징은 인접성과 순차성에 있는데 전자는 말하기와 듣기가 인접하여 있다하여 붙여진 이름이며, 후자는 대화가 순서에 따라 이루어진다고 하여 붙여진 이름이다. 이러한 대응쌍을 형성해 나가는 데는 물론 협력의 원리가 가장 중요하다. 대응쌍을 형성해 나가는 말 가운데서 주고받는 말들이 짝을 이루는 것을 짝말 이라고도 한다.

예문 3

하나　안녕?

두나　안녕?

하나　책 다 읽었어?

두나　그래, 너 줄려고 오늘 갖고 왔어.

하나　고마워. 빨리 읽고 돌려줄게.

두나　그래, 다음에 또 만나.

하나　안녕-.

　　위의 대화는 짝을 이루면서 대응쌍을 이루어 대화의 틀을 구성하고 있다.

3) 대화의 구성

하나의 문장에는 그 문장을 이루는 형식이 있다. 곧 '서론 본론 결론'을 이루는 3단식, 4단식, 5단식이라든가 '기·승·전·결'이라든가 두괄식, 미괄식, 또는 양괄식이라든가 하는 문장의 형식이 있다. 이렇듯이 대화에도 가만히 그 대화를 분석해 보면 문장과 같은 구성이 있음을 알 수 있다. 그것은 대화도 문자로 표출하면 문장이 되기 때문이다.

우리가 일상으로 거는 전화내용도 분석해보면 서론 본론 결론이 있다. 처음 인사 말이나 안부는 서론에 해당하고, 하고자하는 본말은 본론이고, 마지막 인사말은 결론에 해당한다고 볼 수 있다. 이렇듯 대화에도 서론에 해당하는 시작부와 본론에 해당하는 중심부와 결론에 해당하는 종결부로 나눌 수 있다.

❶ 시작부
시작부는 대화의 분위기를 조성하고자 하는 탐색의 단계이다. 대화의 통로를 열기 위해서는 먼저 화자가 되는 대화의 주체자가 신호를 보내야 한다. 그 신호의 유형은 가장 흔한 것이 '안녕하세요?'란 인사말이다. 청자에게 반응을 불러일으키게 하기 위하여 감정을 표현하거나 사교적인 반응을 보이기도 한다. 반대로 어떤 도움을 청하여 대화의 분위기를 만들기도 한다. 이러한 신호에 청자가 응답이 오면 대개 대화로 연결이 된다. 시작은 첫인상에 해당하는 것으로 첫인상이 좋으면 대화는 보다 순조롭게 이루어진다.

예문 4-1

이웃a   안녕하세요? 새로 앞집에 이사 온 사람입니다.

이웃b   네-.반갑습니다.

이웃a   이곳은 객지라 모르는 것이 많습니다. 잘 부탁합니다.

이웃b   이곳 분 아니에요?

이웃a   네

❷ 중심부

대화가 활발하게 이루어지는 단계이다. 이 단계는 대화의 유형에 따라 길어질 수도 있고, 짧을 수도 있다. 또 서로의 好感度(호감도)에 따라서도 차이가 있다. 뿐만 아니라 서로의 지적 수준과 관심의 분야, 취미, 연령, 친소(親疎) 관계에 따라 상당한 차이가 있음을 본다.

어떻든 이 단계는 신호를 먼저 보낸 청자의 입장에서는 의도하는 바의 목적을 수행하는 과정이다. 단순한 사교를 목적으로 한다면 친숙함의 분위기를 더하여 서로가 호감을 가져야 될 것이고, 질문을 위한 신호라면 질문의 형태 곧 설명을 필요로 하는 설명형이냐 단순 응답을 필요로 하는 순서교대의 대화냐에 따라 대화의 질이나 양도 달라진다.

이렇듯 중심부는 그 내용을 가름하기는 어렵지만, 먼저 신호를 보낸 화자의 입장에서는 대개의 경우 소기의 목적을 달성하는 단계이다. 여기서 대개의 경우라는 것은 대화의 내용에 따라 화자가 청자로부터 의도하는 바의 목적을 이루지 못할 때도 있다는 것을 의미한다.

예문 4-2

이웃b   어디에서 오셨는데요?

이웃a   서울에서 왔어요.

이웃b   그러세요? 반갑네요. 우리도 서울에서 왔어요. 이제 이곳으로 이사 온지
          7년 되었어요. 잘 오셨어요. 공기 맑고, 경치 좋고, 인심도 좋아요.

이웃a   네-. 그러세요. 정말 반갑네요. 이웃을 잘 만났네요.

❸ 종결부

　대화의 마무리 단계로서 이 부분 역시 중심부의 내용에 따라 달라진다. 긴 대화
로서 이어진 설득형이나 설명형이었다면 그 요점을 다시 환기시키며 당부하는 경
우도 있을 테고, "참 좋았어요.", "좋은 시간이었어요.", "참 유익한 시간이었어요.",
"고마와요." 등 서로가 인사로써 마무리한다.

예문 4-3

이웃b   다음에 차 한 잔 같이 해요. 우리 집에 놀러 오세요.

이웃a   고마워요. 다음에 놀러 갈게요.

이웃b   네-, 들어가세요.

대화의 원리

　우리는 누군가에게 항상 말을 하고 산다. 가족끼리, 이웃끼리, 친구끼리…… 더
불어 사는 사회에서 혼자일 수는 없고 말을 하지 않을 수는 없다. 그런데 이러한 말
과 말 가운데에서 우리는 대화가 잘 이루어지는 경우도 있지만 대화가 잘 이루어지
지 않고, 나도 모르게 상대에게 상처를 줄 수도 있고 또 남에게서 상처를 받는 경우
가 수없이 많다. 가까운 사이 – 친구 사이도, 연인 사이도, 부부사이도 그렇다. 그래
서 오해가 가고 오해가 되고 대화에서 문제가 있음을 본다. 왜 그럴까?

　대화에도 그 방식이 있고 갖추어야할 요건이 있다. 그 요건이 제대로 지켜지지

않거나 이루어지지 않으면 그 대화는 일방적으로 끝나거나, 다시 대화하고 싶은 마음을 멀리한다.

Grice(1975)는 대화의 원리에서 대화 참여자가 지켜야할 격률로 대화의 양과 질, 주제와의 관련성 및 표현형식에 대하여 지적하고 논했다. 또 Leech(1983)는 공손의 원리에 대한 격률로 요령과 아량, 칭찬, 겸양, 동의, 동정, 그리고 표현 형식을 들어 논했다. 이렇게 대화에도 그 원리가 있다. 이를 다음에서 좀 더 구체적으로 알아보자

1) 협력의 원리

대화에는 〈나와 너, 우리〉의 관계가 자연스레 먼저 형성되어야 한다. 하나의 일을 협력해서 일구어 나가듯, 대화에도 사소한 일에서부터 큰일에 이르기까지 얘깃거리 곧 어떤 주제가 있다. 그 주제를 중심으로 서로 협력해서 긍정적으로 대화를 풀어가고 이어나가야 한다. 곧 상대방이 말을 걸어오면 나에게 어떤 답을 해 주기를 원하는가 하고 그 마음을 읽어야 한다. 친구 사이에서도 그냥 친하게 지나면서도 어떤 주제를 갖고 대화에 들어가면 뒤틀리는 사이가 있다. 이런 경우는 상대의 마음을 올바로 읽지 못하는 데서 어긋나는 것이다. 곧 대화에서 협력이 이루어지지 않는 것이다. 그러므로 먼저 〈나와 너〉의 관계가 잘 형성되어야 한다. 그러면 어떻게 해야할까?

우리는 누구나 자기의 개성이 있고, 자기의 주관이 있고, 그에 따른 주장이 있다. 그래서 그것이 때로는 남에게 고집으로 보일 때도 있고 그렇게 나타나기도 한다. 이것이 나와 너의 대화에서 걸림돌이 된다. 그러므로 더불어 사는 사회생활에서 함께 나아가기 위해서는 이를 제거하는 용기와 과정이 필요하다. 때에 따라서는 나의 고집을, 나의 주장을 죽이기도 하고, 한 발 물러설 줄 아는 지혜가 필요하다. 그것이 자기를 살리는 길이기도 하고, 자신을 높이는 비결이기도 하다. 일단 한 발 물러서는 자세에서 디딤돌을 놓아간다. 이것이 〈나〉와 〈너〉의 관계에서 〈우리〉로 나아가는 협력의 원리이다.

예문 1-1

선 배　대학 생활이 어때?

새내기　아직 잘 모르겠어요.

선 배　무엇을 모르겠다는 거니?

새내기　…

 예문 1-2

선　배 대학 생활이 어때?

새내기 아직 잘 모르겠어요.

선　배 음-, 그것이 정답이지, 적어도 한 학기를 지내봐야 좀 알지.

새내기 처음엔 강의실을 찾아다니는 것도 힘들었어요. 아직 리포트를 어떻게 써야 하는지 잘 모르겠어요,

선　배 강의 시간에 교수님 말씀 잘 들어-. 대개 어떤 유형으로 할 것인지 그 방법을 가르쳐 주셔.

새내기 가르쳐 주셨는데도 잘 모르겠어요.

선　배 그래도 잘 이해가 안 되면 직접 교수님께 물어봐. 아니면 '메일로 죄송합니다.' 하고 질문 해봐. 답을 해 주실 거야.

새내기 그래요? 선배님도 교수님께 메일을 보낸 적이 있어요?

선　배 그럼 있지.

새내기 그래요? 선배님도 리포트 문제로요?

선　배 그건 아니고, 내가 발표 날인데, 갑자기 고향에 내려갈 일이 생겨서 못하게 되있잖아. 그래서 교수님께 메일을 보낸 적이 있어.

새내기 네-에. 그랬군요.

선　배 너도 걱정하는 만큼 열심히 해봐. 그럼 잘 될 꺼야.

새내기 네, 고맙습니다.

위 두 유형의 예문에서 보면 〈예문1-1〉에서는 협력의 관계가 잘 이루어지지 않은 유형이다. 이러한 경우는 대화가 이어질 수가 없다. 이에 비하여 〈예문1-2〉에서는 대화가 부드럽게 이루어지는 것을 본다. 곧 협력의 관계가 잘 이루어진 편이다.

2) 양(量)의 원리

협력의 원리가 이루어졌으면 대화의 양을 서로가 조절해야 한다. 어느 한 사람이 독점을 하여 너무 많은 정보를 제공하여도 다른 한 사람은 들어주기만 하는 입장에 있기 때문에 바람직한 대화의 장이 이루어지지 않는다. 대화는 화자와 청자가 서로 순서 교대를 하여가며 적절한 양의 정보를 제공하는 것이 바람직하다. 이렇게 서로 주고받는 데서 서로를 알고 이해하고, 관계가 형성되고 친분을 갖게 되는 것이다. 물론 때로는 들어주는 것이 더 중요할 때도 있다. 그런 경우는 특별한 경우이지만,

어떻든 대화는 서로 마주보고 고개를 끄덕이기도 하며 주고받는 대화가 바람직한 대화이다.

 예문 2-1

영 준 다음 주는 휴강이지?

호 경 응, 초파일이야. 어버이날이기도 하고

영 준 그런데 불교는 언제부터 우리나라에 들어왔지?

호 경 삼국시대잖아.

영 준 아니 몇 년도 쯤에 들어왔느냐구?

호 경 너 모르니?

영 준 잊어버렸어. 고구려 시대라는 건 알겠는데

호 경 소수림왕 2년 AD 372년이잖아.

영 준 음-. 맞아. 이제 생각난다. 그런데 너 AD는 무엇의 약자인지 아니?

호 경 글쎄… 너는 알아?

영 준 모르겠는데…

호 경 당장 cellphone에서 찾아보자

영 준 맞아 찾아보자.

(두 사람은 열심히 찾는다.)

 예문 2-2

학생 ⓐ 다음 주가 축제기간이지?

학생 ⓑ 응, 맞아.

학생 ⓐ 스승의 날도 15일이잖아.

학생 ⓑ 맞아, 다음 주는 바쁘겠다. 축제기간인데도 강의는 그대로 진행된다 하고, 축제 준비 관계로 강의에 못 들어가는 사람도 꽤 있을 텐데… 나도 못 들어가는데… 이것도 저것도 제대로 할 수가 없잖아. 마음이 갈려서… 축제를 하려면 학생과 함께 교수님들도 참여해서 확실하게 하든지…

학생 ⓐ 맞아…

위 글에서 〈예문 2-1〉에서는 대화가 균형을 잘 이루었다 〈예문 2-2〉에서는 균형이 이루어지지 않았음을 알 수 있다.

글쓰기와 프레젠테이션

3) 질(質)의 원리

세 번째는 〈대화의 질〉이다. 이것은 眞(참)과 僞(거짓)를 포함한 대화의 내용을 말할 수 있다. 진실하고 긍정적이고 바람직한 대화가 서로의 관계를 상승시켜주고 호감을 갖게 한다. 때로는 남의 험담이나 단점이 대화의 초점이 될 때도 있고 악의 없는 거짓말로 대화를 이어갈 경우도 있지만 이 때도 끝까지 부정적으로 끝날 것이 아니라 그것을 거울삼아 서로가 나를 돌아보고 긍정적인 면을 찾아서 다음 대화를 이어가야 한다.

대화의 내용에도 有益(유익)한 것이 있고 有害(유해)한 것이 있다. 유익한 대화는 좋은 책을 읽는 것과 같다. 기분을 상승시켜 주고 마음이 뿌듯해 온다. 유해한 대화는 하지 않는 것만 못하다. 기분을 가라앉히고 마음을 젖게 한다.

 **예문 3-1**

아 이 　엄마, 학원 다녀왔습니다.

엄 마 　그래, 학원엔 잘 다녀왔어?

아 이 　네…….

엄 마 　갖고 와봐. 어떤 것 배웠는지 엄마가 좀 보자.

아 이 　이거 에요.

엄 마 　이건 어제 했잖아. 너 학원에 안 갔지?

아 이 　……

엄 마 　아까 학원 선생님한테서 전화가 왔었어.

아 이 　……

 **예문 3-2**

아 이 　엄마 학원 다녀왔습니다.

엄 마 　그래, 학원엔 잘 다녀왔어?

아 이 　……

엄 마 　왜 대답이 없어?

아 이 　실은 못 갔어요.

엄 마 　왜?

아 이 　훈이랑 학교에서 관찰 일기 쓰느라고 시간이 늦어서 못 갔어요.

엄 마	그랬구나. 그것도 모르고 엄마는 걱정했지.
아 이	왜요?
엄 마	학원 선생님한테서 전화가 왔었어.
아 이	네-.그래서 엄마가 기분이 안 좋으셨어요?
엄 마	그렇게 보였니?
아 이	네-.
엄 마	미안하다. 엄마가 오해해서-.
아 이	괜찮아요.

〈예문 3-1〉은 솔직하지 못한데서 오는 대화의 불균형과 어색함으로 기분을 젖게 한다. 이에 비해서 〈예문 3-2〉는 솔직하게 이어지는 대화의 연속으로 기분은 상승 기류를 타고 모든 오해는 풀어진다.

4) 적절성의 원리

네 번째는 〈대화의 적절성〉이다. 이것은 대상에 맞게 적절한 대화를 나누어야 한다. 곧 상대의 학력, 직업, 관심, 취미에 따라 적절하게 하여야 대화가 이루어진 다. 그리고 주제와 상대에 맞는 화제를 꺼내야 대화가 이어진다. 그리고 때와 장소 상황에 맞는 적절한 말이 대화를 상승시켜 주고 행복한 시간을 공유하게 한다.

예문 4-1

아이a (엄마역할)	엄마 학교에 다녀올게.
아이b (딸 역할)	엄마가 어떻게 학교에 가니? 엄마는 회사에 가지. 엄마 유치원에 다녀 오겠습니다.
아이a (엄마역할)	우리 엄마는 학교에 가는데, 어떻게 회사에 가니?
아이b (딸 역할)	우리 엄마는 회사에 가는데, 엄마가 어떻게 학교에 가니, 오빠들이 학교에 가지.

예문 4-2

아이a (엄마역할)	엄마 학교에 다녀올게. 할머니 말씀 잘 듣고 잘 있어.

아이c(딸 역할)	엄마, 안녕히 다녀오세요.
아이a (엄마역할)	할머니 말씀 잘 듣고 잘 있어.
아이c(딸 역할)	네–.

〈예문4-1〉은 아이들의 소꿉놀이에서 나타난 환경의 차이를 말해준다. 아이a는 엄마의 직업이 교직이고, 아이b는 엄마의 직업이 회사원인 것이다. 아이b에게는 엄마가 학교에 간다는 것을 이해하지 못한다. 마찬가지로 아이b는 엄마가 회사에 간다는 것을 이해 못한다. 어린 아이들은 단순하다. 자기 집안의 세계가 전부일 때가 있다. 그래서 그들의 대화에서도 환경에서 오는 대화의 불통을 볼 수 있다.

이에 비해 〈예문4-2〉에서는 아이c가 아이a와 같은 환경을 이해하는 것을 볼 수 있다. 소꿉놀이에서의 대화가 자연스럽게 이루어진다.

5) 방법의 원리

다섯 번째는 〈대화의 태도〉로서 첫째 '말은 명확하게' 해야 한다. 애매모호한 말은 상대에게 부담을 주고 때로는 오해를 불러일으킬 수도 있다. 둘째, 대화할 때의 '태도는 겸손하게' 하는 것이 좋다. 이러한 태도는 상대를 배려하는 것일 뿐만 아니라 이것은 곧 자신에게 호감을 갖게 하고 친근감을 주는 것이기도 하다. 상대에 따라 다를 수도 있지만 대개의 경우 일반적으로 '나를 낮추는 것이 곧 나를 드러내고 높이는 길'이기도 하다.

예문 5-1

남 편	조금만 기다려요. 곧 해결할게.
아 내	조금이라니 얼마요?
남 편	글쎄 조금만 기다려요
아 내	…….
	글쎄 얼마를 기다려야 돼요?
남 편	글쎄 기다려요.
아 내	…….

예문 5-2

영 준   안녕하십니까? 신입사원 김영준 입니다.

팀 장   네-. 반갑습니다.

영 준   앞으로 잘 부탁드립니다.

팀 장   열심히 해봅시다.

〈예문5-1〉은 우리말 중에 애매하게 사용되는 것이 〈조금만〉이다. 몇 분 후도 〈조금만〉이고, 며칠 후도 〈조금만〉이고 몇 달 후도 〈조금만〉으로 쓰일 때가 있다.

〈예문5-2〉는 신입사원 영준과 팀장과의 대화인데 두 사람 모두 모범적인 사람들이다. 신입 사원도 팀장을 찾아가서 공손하게 자기를 소개하며 부탁하는 그 모습이 예의 바르고 아름답지만 팀장 역시 신입사원을 대하는 그 태도에서 그 인격을 엿볼 수 있다. 반갑다는 말에서 환영의 뜻을 읽을 수 있고, 잘해보자는 표현에서 동료 의식을 갖게 한다.

이상의 방법을 잘 숙지하여 〈나와 너 우리〉가 함께 하는 성공적인 대화를 나눈다면 보다 밝은 우리가정, 보다 가까운 우리 이웃, 보다 밝은 우리 사회가 될 것이다.

4 대화의 예절

대화의 예절은 언어를 통하여 상대방을 적절히 대우하고 인정해 주는 동시에 자신의 인격을 말해 주기도 한다. 특히 호칭어나 경중어법이 유난히 발달한 우리말에서는 예절에 맞는 언어를 선택하여 적절히 사용한다는 것이 그렇게 간단하고 쉬운 것이 아님을 일상생활에서 느끼게 된다. 더구나 현대는 전국이 일일 생활권 안에 있는 교통과 통신의 발달 및 산업 사회에서 각 지역의 사람들이 함께 하고 그에 따라 그들의 말과 문화가 혼합되어 작용하고 있다. 그래서 각 지역의 문화적 차이에서 오는 언어의 양식에서도 자칫 오해의 소지를 갖게 되는 경우도 있다. 어느 지역 어느 시대를 막론하고 예의 바른 언행은 누구에게나 환영을 받는다. 언어를 통하여 상대에게 호감을 주고 정감을 일으키고 다가오게 하는 데에는 개개인에 따라 다양한 방법이 있겠지만 일반적으로 다음 3가지로 나누어 대화의 예절에 접근한다.

1) 호칭어와 지칭어

호칭어란 상대를 일컫는 말이고 지칭어란 제3자를 가리켜 일컫는 말이다. 전자는 화자와 청자의 관계를 나타내는 구실을 하고, 후자는 화자와 제3자 간의 親疎(친소) 관계 유무에 따라 달리 쓰인다.

부모님이나 대통령까지도 'you' 하나로 통과되는 영어나, 'tu'나 'vous'만 있으면 해결되는 불어에 비한다면 우리의 말은 너무나 복잡다단하다. 상대에 따라 세분해서 불리어진다.'어르신, 어른, 댁, 당신, 자네, 자기, 너'가 you에 해당하는 2인칭 대명사이다. 이외도 우리말은 '엄마, 아빠, 할아버지, 할머니, 누나, 형...' 등 직접 명칭을 사용하여 상대방을 지칭하며 'you'에 해당하는 대화를 나눈다. 그런가 하면 상대방에 대한 호칭 중 이름과 직함을 이용한 호칭 또한 복잡한 양상을 띤다. 이름만 사용할 수도 있고 이름 밑에 직함을 붙여 사용하기도 한다. -님, -씨, -군, -양 ... 등을 붙여서 사용한다.

이렇게 상대방에게 적절하게 호칭을 붙여서 사용한다는 것이 쉬운 것만은 아니다. 하지만 더불어 함께하는 사회생활 속에서 서로가 기분 좋은 관계나 만남을 위해서 또 원만하고 올바른 대화를 갖기 위해서 상대방에게 가장 적절한 호칭을 택하여 사용해야 한다.

2) 대우법

대우법이란 언어로써 상대를 높이거나 낮추어 대우하는 법이다. 이것을 경어법, 높임법, 존비법, 존대법이라 하여 설명하기도 한다. 여기에는 문법적 대우법과 어휘적 대우법이 있다. 전자는 존경의 의미를 나타내는 종결어미 '-습니다. -습니까?. -십시오. -합시다. -오. 등을 사용하는 청자 높임법과 상대를 올려서 말하는 경우에 서술어에 '-시'를 넣어 높임을 표시하는 주체 높임법이 있다. 어휘적 대우법이란 어휘체계자체가 높임을 포함하고 있는 것을 말한다. 예를 들면 '제가, 저, 저희들, 선생님, 사장님...' 등이다.

대우법을 올바르게 쓰는 것은 예절교육과도 직접 관계가 있고 그 사람의 됨됨이와 인간관계에도 직결되는 문제이다. 그러므로 올바른 대우법을 사용하여 대화를 나누도록 항상 관심을 가져야 한다.

 예문

학생 1·2	안녕하세요?
교 수	음-, 어떻게 왔지요?
학 생 1	드릴 말씀이 있습니다.
교 수	뭔데요?
학 생 2	다음 주가 체육대회 기간이라.
교 수	그래서?
학 생 1	저희들이 강의에 빠질 것 같아서 교수님께 미리 양해를 구하려고 이렇게 왔습니다.
교 수	선수로 뛰는 건가요?
학 생 1	그것이 아니라 저희들이 준비를 해야 되기 때문에…
교 수	그래요. 교무과에서 〈공결증〉 떼어 기지고 와요.
학생1·2	네. 고맙습니다.

3) 정중어법

정중어법이란 대화 참여자들 사이에서 이루어지는 정중한 태도와 직결된다. 곧 공손하고 예의 바르게 대화하는 태도를 말한다. 이것은 또 화자가 청자에 대해 갖는 태도이다. 다시 말하면 자기의 관점에서가 아니라 상대방의 관점에서 표현하는 것을 말한다. 이는 곧 상대방을 배려하여 그 체면을 살려주는 것이 되는 것이다. 그 체면은 곧 개인의 자존심을 세워주는 것이고 궁극적으로는 개인의 명예와 인간의 존엄성을 지켜주는 것이 된다.

이러한 성격을 말해주는 정중어법을 Leech리치는 상대방에게 정중하지 않은 표현은 최소화하고 정중한 표현은 최대화하라는 것으로 요령의 격률과 관용의 격률, 찬동의 격률, 겸양의 격률, 동의의 격률로 나누어 다음과 같이 설명하고 있다.

❶ 요령의 격률(tact maxim) : 청자에게 부담이 되는 표현은 최소화하고 이익이 되는 표현은 극대화시키는 것이다. 곧 상대방이 듣기 좋은 말, 도움이 되는 말 이익이 되는 말을 하는 것이다.

❷ 관용의 격률(generosity maxim) : 화자에게 혜택을 주는 표현은 최소화하고, 부담을 주는 표현은 극대화시키는 방법으로 요령의 격률을 뒤집은 표현이다.

❸ **찬동의 격률**(approbation maxim) : 청자에 불리한 표현은 최소화하고 칭찬하고 맞장구 치는 표현은 최대화시키는 방법이다.

❹ **겸양의 격률**(modesty maxim) : 화자 자신을 칭찬하는 말은 최소화하고 비난하는 말은 최대화시키는 표현 방법이다.

❺ **동의의 격률**(agreement maxim) : 화자 자신의 의견과 청자의 의견 사이에 차이점을 최소화하고 일치점은 극대화시키는 표현 방법이다. 특히 상대방과 견해가 서로 다를 경우에 야기되는 갈등이나 대립을 피하는 바람직한 방법이기도 하다.

이상의 5가지 격률은 곧 자기중심적인 생각에서 벗어나 상대방을 중심으로 생각하고 표현하라는 것이다. 이와 같이 정중어법의 핵심이 되는 것은 자기중심적인 생각을 상대방 입장에서 바꾸어 표현하는 방법이다. 정중어법을 통해서 상대방에게 올바른 대화 예절을 갖추는 것은 자신의 인격의 표현이기도 하지만 상대방의 체면을 세워주는 길이기도 하다.

체면은 개인의 자존심이다. Goffman고프만에 의하면 정중어법은 상대방의 적극적 체면을 세워주고 소극적 체면을 손상시키지 않도록 도와준다는 것이다. 여기서 말하는 적극적 체면이란 자립적 독립적 주체로서 한 사람의 신분을 인정하고자 하는 욕구를 말하는 것이고, 소극적 체면이란 외부로부터 방해받지 않으려는 욕구를 말한다.

이상에서 살펴보았듯이 대화의 예절을 지킨다는 것은 상대방을 배려하고 인정해 주는 것과 동시에 자신의 교양을 드러내는 척도가 되기도 한다. 상대방의 직위나 위치에 맞게 호칭해 주고, 적절하게 대우해 주고, 정중한 태도로 상대방을 인정해 주고 체면을 세워주며 따뜻하게 다가가 대화를 나눈다면 우리는 보다 밝은 사회, 보다 아름다운 삶을 이어갈 것이다. 올바른 대화 예절을 갖춘다는 것은 자신의 인격을 연마해 가는 길이기도 하다.

대화의 유형

대화는 대화 참여자의 목적과 상황과 대상에 따라 다양하게 이루어짐을 볼 수 있다. 이를 다음에서 구체적으로 살펴보자.

1) 칭찬의 대화

칭찬의 대화란 말 그대로 상대방의 좋은 점을 칭찬해 주기 위한 대화이다. 이보다 기분 좋은 대화가 청자의 편에서는 또 있을까? 칭찬을 하는데 싫어하는 사람은 아마 없을 것이다. 상대방의 장점을 인정하고 칭찬해주며 이를 기려 준다면 우리의 대화는 보다 신명나는 대화가 될 것이다. 칭찬은 듣는 사람도 기분이 좋지만 하는 사람도 기분이 좋다. 남을 칭찬하기를 좋아하는 사람은 그만큼 남들이 그를 좋아하는 것을 주위에서 보게 된다. 칭찬에는 인색하지 말라는 말이 있다. 그만큼 칭찬의 효율성을 말해주는 말이다. 물론 여기에는 진실만이 통한다. 칭찬에도 원리가 있다. 그것을 무시하고 기분 나는 대로 아무렇게나 칭찬을 남발한다면 그것은 假飾(가식)이고 자기 欺瞞(기만)이다.

그러면 어떨 때 칭찬의 대화를 나눌 수 있을까? 이를 칭찬의 원리라 하기도 한다.

❶ 상대방이 칭찬할 만한 행위를 하였을 때에만 칭찬한다.
❷ 적은 일이라도 그것이 좋은 일이면 아낌없이 칭찬을 하여 사기를 북돋우어 준다.
❸ 칭찬은 기분 좋게 밝은 표정으로 진심에서 우러나오는 칭찬을 하여야 한다
❹ 시간과 때 상황에 맞추어 칭찬을 해야 한다.
❺ 칭찬의 내용, 대화의 양, 대화의 방법 등을 고려하여 칭찬을 한다.

2) 질책의 대화

질책의 대화란 상대방의 잘못을 지적하여 꾸짖고 나무라며 교정시켜주기 위한 대화의 형태를 일컫는다. 남을 칭찬해주기는 그래도 쉽지만 남의 잘못을 지적해주고 꾸짖고 나무란다는 것은 어려운 일이다. 자칫 잘못하면 오해의 소지가 있고 오히려 지적하지 않음만 못한 경우도 있기 때문이다. 다행이 잘 받아드려 질책의 효

과가 목적대로 이루어졌다면 다행이지만 그것이 도리어 화근이 되어 대화 당사자끼리 사이가 나빠졌다거나 馬耳東風(마이동풍)격이 되었다면 그야말로 질책의 대화는 아니 한 만 못하다. 그래서 질책의 대화를 나눌 때는 다음 사항을 잘 고려하여 지켜서 해야 한다.

❶ 질책하기 전에 질책의 사안에 대한 사유를 충분히 들은 후에 결정한다.
❷ 상대방의 입장으로 돌아가 깊이 생각하여 본 뒤에 질책의 필요성을 느꼈다면 1:1로 대좌해서 감정을 배제하고 이성적으로 조용히 꾸짖어야 한다.
❸ 질책은 간단명료하게 하고 더불어 개선 방법을 함께 말해 주어야 한다.
❹ 질책에는 일관성이 있어야 하고 편파적이 되어서는 안 된다.
❺ 마지막은 위로와 격려로 마무리해야 한다.

3) 부탁의 대화

부탁의 대화란 상대방에게 어떤 도움을 청하는 대화의 형태를 말한다. 더불어 사는 사회생활 속에서 우리는 적은 일에서부터 큰일에 이르기까지 남의 도움을 받거나 때로는 남에게 도움을 주면서 살아간다. 그러면서 남에게 부탁을 해야 하는 경우도 있다. 때로는 간절한 상황에 이를 때도 있다. 이러한 경우, 부탁의 대화가 이루어지기 위해서는 다음 사항을 잘 지켜야 한다.

❶ 상대방의 사정을 잘 알고 그 마음을 움직일 수 있는 태도를 갖추어야 한다.
❷ 상대방으로 하여금 친밀감을 느끼게 하여 편안하게 신뢰감이 들도록 해야 한다.
❸ 그런 후 부탁할 내용은 분명하고 간결하게 정중히 말한다.
❹ 부탁과 더불어 보은의 뜻도 분명히 전한다.
❺ 적은 부탁이라도 감사의 말을 잊지 말아야 한다.

4) 거절의 대화

거절의 대화란 상대방의 부탁을 들어줄 수 없는 경우 이를 거절해야 하는 대화의 형태를 말한다. 우리가 이웃과 더불어 살고 사회생활을 하다가 보면 내가 부탁을 하면서 사는 경우보다 거절의 묘미를 살려서 사는 경우가 많음을 알게 된다. 때로는 선의의 거짓말white lie도 할 때가 있다. 남의 부탁을 물리친다는 것은 여간 어려

운 일이 아니다. 특히 금전관계에서는 '돈 잃고 사람 잃는다.'는 말이 있듯이 가장 힘든 거절 중의 하나이다.

거절의 대화에서도 다음 사항을 명심하여 지혜롭게 대처해야 한다.

❶ 상대방이 납득할 수 있는 구체적인 이유를 분명하게 전한다.
❷ 부드러운 어조로 완곡하게 거절한다.
❸ 상대방의 자존심이나 체면에 손상이 가지 않도록 미안한 마음으로 대화를 마무리한다.

5) 격려의 대화

격려의 대화란 상대방에게 힘을 실어주는 대화이다. 삶에 대한 용기와 의욕을 북돋우고 생활에 활력을 주기 위한 진지한 대화이다. 가까운 知人(지인)이나 친구, 이웃이 어떤 일로 인하여 의기소침해 있거나 의욕을 상실하고 있을 때에 우리는 그에게 다가가 위로를 해주고 격려의 말을 해 줄 때가 있다. 때로는 절망의 늪에서 주저앉아 있는 이웃도 있을 수 있다. 이를 경우 우리는 그에게 다가가 용기를 줄 수 있는 격려의 대화를 나누어야 할 때가 있다.

이 때도 우리는 무턱대고 대화를 나눈다고 해결되는 것은 아니다. 다음 사항을 잘 熟知(숙지)하고 대화에 임하여야 할 것이다.

❶ 상대방의 입장과 처지를 먼저 잘 알고 이해해야 한다.
❷ 그런 후 대책을 제시하고 방법을 함께 강구해야 한다.
❸ 상대방의 능력과 장점을 들추어 노력하면 할 수 있다는 자신감을 갖게 한다.
❹ 실패를 성공으로 이끈 사람들의 실화를 인용하여 들려준다.
❺ 관심을 갖고 지켜본다.

6) 사랑의 대화

사랑의 대화란 사랑하는 사람끼리의 대화를 일컫는다. 그러면 그렇게 흔하게 말하는 '사랑'이란 무엇일까? 플라톤(Plato)은 "누구를 사랑한다는 것은 그 사람 속에 있는 미와 선의 진수를 알아보는 것"이라 했고, 카펠라누스(Andreas Capellanus)는 "사랑이란 異性(이성)의 미를 보거나 너무 생각한 나머지 생겨나는 일종의 타고난 고통"이라 했는가 하면 근래에 와서 신프로이드 학파의 정신분석가 에리히 프롬(Erich Fromn)은 그의 저서 『사랑의 기술(The Art of Loving)』에서 "인간이란 근본적으로 고독한 존재이며 그 고독감과 공허감을 극복하기 위하여 사람은 사랑을 하는 것"이라 했다. 그러면 사랑하는 사람은 어떻게 행동해야 할까? 다음을 찬찬히 읽어보며 생각하자.

❶ 상대방의 생활과 성장에 대해 적극적으로 관심을 가지는 것이다

❷ 상대방으로부터 표현되거나 그렇지 않은 욕구에 대해 자발적으로 반응을 나타낸다.

❸ 상대방을 있는 그대로 수용하고 그의 개성을 존중하는 태도이다.

❹ 以心傳心(이심전심)으로 상대방이 무엇을 느끼며 무엇을 원하는지를 안다.

하지만 이러한 사랑을 하면서도 실제로 대화에 있어서는 사랑의 대화법을 모르거나 미숙하여 상대방에게 도리어 사랑을 획득하지 못하는 경우가 많다. 사랑이란 단순한 것 같으면서도 미묘한 것이라 사랑의 대화법이 만능은 아니다. 하지만 다음을 참고하여 사랑의 대화를 나눈다면 사랑을 획득하기에 한결 쉬워질 것이다.

❶ 상대방을 잘 관찰하여 그 좋은 점을 구체적으로 들어 자연스럽게 칭찬한다.

❷ 상대방의 생활에 관심을 갖고 공유할 수 있는 부분은 함께 할 수 있음을 표현한다.

❸ 대화를 나눌 때는 유머와 위트가 있는 말을 하되 품위를 살리고 예의 바르게 한다.

❹ 자랑스럽지 못한 일이나 비밀스런 내용을 굳이 털어 낼 필요도 없지만 환심을 사기 위해 거짓말을 하여서는 절대로 안 된다.

❺ 때로는 어린 시절 이야기라든지 상대방과 함께 겪은 과거의 경험을 화제로 삼아 관계를 확인한다.

❻ 상대방의 취향을 살펴서 대화의 방향을 잡아간다.

7) 설득의 대화

설득의 대화란 상대방에게 어떤 사실이나 사건 또는 事案(사안)을 이해시키고자 화자가 주도하는 대화를 말한다. 여기에는 여러 유형이 있다. 부모가 자식에게, 스승이 제자에게, 선배가 후배에게, 친구가 친구에게, 그런가하면 외판원이 고객에게

하는 판촉 활동도 설득의 대화의 한 형태이다. 성공적인 삶을 산 인생의 연장자나 그 방면의 전문가는 대체로 설득력이 강하다. 상대방을 설득시킨다는 것은 어떤 일을 상대방에게 부탁하는 것 못지않게 어려운 일이다. 상대방을 설득시키려다가 오히려 설득을 당하는 경우도 있음을 볼 수 있다. 그래서 설득 대화를 할 때에는 상대방에 대하여 폭 넓게 알아야 한다. 곧 상대방의 정서와 정신적 상태, 가족관계, 경제사정, 학력, 취미, 연령, 식성, 고향까지 시시콜콜 알아두는 것이 많은 도움을 준다. 그런 후 상대방을 만나서 대화에 돌입한다. 대화 중에도 다음 사항들은 지키는 것이 좋다.

❶ 예의바른 언행을 함으로써 상대에게 호감을 불러일으킨다.
❷ 상대방에게 친근감을 줌으로써 안심하고 신뢰할 수 있도록 한다.
❸ 논리적이면서도 감정에 호소하여야 한다.
❹ 인내심과 지구력을 갖고 꾸준히 지속적으로 설득하여야 한다.
❺ 때로는 유머와 위트가 있는 말로서 상대로 하여금 긴장에서 풀어주어야 한다.

8) 사교의 대화

사교적 대화란 사교를 위한 순수한 대화이다. 모든 이해관계를 초월하는 대화이다. 부담을 가질 필요도 없고 부담을 줄 필요도 없다. 순수하게 자연스럽게 대화가 오고가면서 친근해지는 관계이다. 이러한 대화에는 하나로 이어지는 공유공간이 반드시 있기 마련이다. 취미가 같은 사람끼리라든지, 전문직 사람끼리라든지, 문학 동인이라든지…… 등 서로 마음이 통하는 사람끼리 나누는 대화이다. 또 여기에는 이웃과의 대화에서부터 친구, 직장인…… 등 살아가면서 가장 폭 넓고 다양하게 이루어지는 대화이다. 바람직한 사교적 대화가 되기 위해서는 다음 사항이 선행되어야 함을 알 수 있다.

❶ 대화의 원리를 잘 활용한다.
❷ 대화의 예절을 잘 지킨다.

화술의 법칙

우리는 일상생활에서 누군가와 무수히 대화를 나누며 살아간다. 그 많은 대화 가운데 우리는 얼마만큼 기억하고 있을까. 하루의 대화를 되돌아보며 우리는 어떠한 대화를 누구와 나누었으며 얼마만큼 바람직한 대화를 나누었는가를 반성해보면 그 내용은 거의 담을 것이 없다. 대화에도 대화의 원리가 있듯이 話術(화술)에도 그 원리가 있고 법칙이 있다. 화술, 그 내용을 살펴보자. 먼저 그 내용이 충실해야 하고 내면화된 자기개발을 해야 한다. 그리고 논리에 맞게 구사해야 되며 상황에 따라 잘 진술해야 한다. 뿐만 아니라 자연스럽게 잘 표현해야 한다. 이를 다음에서 좀 더 구체적으로 알아보자.

1 내용에 충실

무에서 유는 나지 않는다. 이야기의 내용을 충실하게 하기 위해서는 꾸준한 노력이 필요하다. 자료가 풍부해야 한다. 그 자료는 거저 얻어지는 것이 아니다. 평소에 지적인 관심을 갖고 자료를 수집하는 습관을 길러야 한다. 신문을 보면 메모할 것은 메모하고 스크랩을 할 것은 스크랩을 하고, 책을 보고 익힐 것은 익히고 하여 지

식이나 정보를 획득한다. 유익한 대화는 청자에게 호감을 준다. 그러면 대화 내용의 충실을 기하기 위해선 어떠한 방법이 요구되어 질까 다음에서 알아보자.

1) 감성을 자극하는 내용

우리의 정신세계를 의식과 무의식의 세계, 감각과 지각, 知·情·意, 이성적 세계와 감성적 세계 등 여러 가지로 나누고 있다. 감성의 세계를 세분해보면 감정, 기분, 정조 등으로 분류할 수 있고 이를 포괄적으로 情緖(정서)라고도 한다. 정서란 심리학적으로 말하면 외부의 어떤 자극이나 동기로 인하여 마음속에 일어나는 감정적 현상이다. 기쁨과 슬픔, 즐거움과 괴로움, 미워함과 사랑함, 놀람, 그리움 등 우리의 삶 속에서 끊임없이 일어나는 심리적 변화이다. 이러한 삶 속에서 우리는 책을 읽다가, 혹은 드라마를 보다가 눈물을 흘리기도 하고 마음 아파하기도 한다. 그러다가 깔깔되기도 하고 추억에 잠기기도 한다.

이렇게 (시)청자로 하여금 감성을 자극하여 감동을 줄 수 있는 이야기가 생명을 갖고 기쁨을 준다.

 최근에 본 영화나 책 중에서 감동적인 장면을 이야기로 엮어보자.

2) 시대의 흐름을 話頭(화두)로

이 시대의 화두는 단연 미래에 가장 유망주로 지목된 3D와 7T이다. 여기서 3D란 디지털Digital, 유전공학DNA, 디자인Design이고 7T란 정보기술(IT), 생명공학기술(BT), 환경기술(ET), 문화기술(CT), 미세기술(NT), 우주기술(ST), 경영기술(MT)을 일컫는다.

요즈음은 이보다 더 화두로 작용하는 것이 '북한 핵 문제'와 '대북 송금 문제'이다. 그리고 로또 복권이다. ……

3) 대상에 어울리는 유머와 위트

대인관계가 좋고 어느 장소에서나 환영받는 사람들은 그만한 이유가 있음을 알 수 있다. 그들은 유머를 잘 구사해낸다. 상사가 유머감각이 있으면 그 사무실은 활기가 넘친다. 일의 능률도 더 효율적이다. 그러면 어떤 유머가 능률적일까?

❶ 대상과 분위기에 어울리는 것이어야 한다. 아이들에게는 아무리 재미있는 이야기라 하더라도 어른들은 그렇지 않은 경우가 있다. 그러므로 유머는 참여자가 함께 공유할 수 있는 일반적인 정서가 마련되어야 한다. 공감대가 형성되어야 웃음이 터진다.

❷ 긍정적인 사고에서 나오는 재치 있는 말이어야 한다. 부정적인 말은 상대의 기분을 상하게 할 수가 있다. 같은 내용이라도 긍정적인 표현은 기분을 상승시킨다. 곧 키가 작은 사람에게 '아담사이즈'라 하는 것이 훨씬 듣기 좋은 말이다.

❸ 상대방의 사기를 振作(진작)시킬 수 있는 유머라야 한다.

❹ 타인에 대해서는 장점을 말해주고 격려해 주고 칭찬하는 말을 습관화한다.

❺ 시대에 어울리는 새로운 유머와 그 정보도 알아둔다.

4) 자료 정리

모든 자료는 잘 정리해 두고 적절히 활용한다.

내면화된 자기 개발

말은 깨끗한 발음으로 정확하게 하되 그의 생각이 인품과 함께 순수하게 전달될 때 청자는 호감을 갖고 편안한 마음으로 받아들인다. 경우에 따라선 좀 투박하긴 하더라도 진심에서 울어난 말은 상대에게 감동을 주기도 한다. 또 말하는 기술은 좀 부족하더라도 관심을 끌 수 있는 좋은 내용은 청자의 귀를 집중시키기도 한다. 하지만 이러한 경우 보다 세련된 자세로 능숙하게 표현할 수만 있다면 錦上添花(금상첨화)일 것이다. 말을 하는데도 표현 기술이 필요하다. 이를 다음에서 알아보자.

1) 음성 다듬기

사람마다 음색이 있듯이 음성은 사람마다 차이가 있다. 가수도 맑고 깨끗한 음성이 있나하면 거칠고 높은 음성이 있고 목쉰 소리를 가진 사람도 있다. 타고난 음성은 어떻게 할 수 없는 경우도 있다. 하지만 대부분의 경우, 음성은 개인의 노력으로 보다 바람직하게 고칠 수 있다. 음성이 너무 높은 사람은 조금 낮게, 너무 낮은 사람은 보다 크게, 빠른 사람은 조금 느리게, 너무 느린 사람은 조금 빠르게 조절할 수 있다. 또 음성도 보다 곱게 다듬을 수 있다. 그리고 내용상 말을 강하게 해야 할 때는 강하게 하고 약하게 해야 할 때는 약하게 하는 음성의 강약, 및 잠시 멈추어 청자로 하여금 주의를 환기시키거나 집중을 요하는 포즈의 적절한 활용 등이다. 곧 음의 고저와 강도 속도 포즈의 적절한 활용 훈련이 음성 다듬기이다. 노력만 하면 충분히 가능하다.

그래서 대중 앞에 많이 서는 정치가나 목회자들은 발표문이나 설교 내용을 녹음을 해서 들으면서 교정을 한다고 한다. 처칠이 연단에 설 때면 그 아내가 꼭 참석하여 하나하나 체크하면서 지적하여 처칠의 거칠고 더듬는 말투를 바르게 고쳐서 그로 하여금 훌륭한 언변을 하도록 했다는 말은 示唆(시사)하는 바가 크다. 남의 이야기를 듣고 가장 이해하기 쉬운 길이는 45초-1분 정도이고, 듣기 쉬운 말의 속도는 1분에 270자를 읽는 속도라고 한다.

2) 자세 다듬기

대중 앞에서 자연스레 품위를 지킨다는 것, 품위 있는 자세를 갖는다는 것은 화술에서 반은 성공하고 임하는 자세다. 품위 있는 자세란 외적인 면과 내적인 면을 포함하고 있다. 그것은 단시일에 이루어진 것이 아니라 자연스레 세월과 함께 몸에 익혀진 그의 인격이다. 그러므로 꾸준히 음성을 다듬어가듯이 자세도 다듬어가야 한다.

첫째 서두르지 말 것. 차라리 느린 것이 낫다. 서두르는 것은 경망하게 보이고, 느린 것은 차라리 중후하게 보인다.

둘째 적절한 제스처를 활용할 것. 제스처는 언어의 단순함에서 벗어나 주의를 喚起(환기)시킨다. 또 내용에 어울리는 제스처는 이해를 돕기도 한다.

셋째 자연스럽게 품위를 지킬 것. 화자의 현 위치에 알맞은 말씨와 행동을 하되 자연스럽게 표현하라. 꾸밈이 드러나거나 어색하게 행동하면 도리어 역효과를 불러온다. 자신과 함께 익혀진 인격의 만남을 자연스럽게 표현하는 것이 좋다.

3) 감정 표현하기

인간은 사회적 동물인 동시에 갈대와 같은 감정의 동물이고 언어를 구사할 줄 아는 호모 사피엔스이다. 그러므로 인간은 이웃과 어우러져 사회 속에서 살고 그 가운데 감정의 흐름을 읽으며, 더불어 대화를 나누며 살아간다. 때로는 웃기도 하고, 때로는 울기도 하고, 화를 내기도 하고, 슬퍼하기도 한다. 喜怒哀樂(희노애락)을 함께 하며 살아간다. 이러한 감정 표현은 자연스런 현상이다. 숨기고 억누르면 그것이 스트레스로 건강을 해친다. 그러기에 화자는 내용에 따라 솔직한 감정 표현이 청자로 하여금 동의를 얻고 감동을 일으킨다. 그러므로 훌륭한 화술은 솔직한 자기표현이다.

3 표현 기술 익히기

1) 전략 수립하기

말을 잘하는 사람들은 그들 나름의 노하우가 있다. 반면에 말을 제대로 못하는 사람들은 그들대로의 결점을 갖고 있다. 이를 구체적으로 살피면서 화술을 위한 전략수립에 임해 보고자 한다.

먼저 후자, 곧 말하는 이의 걸림돌에 대해 점검해보자.

첫째, 개방적인 가정 분위기에서 자란 사람보다 보수적인 가정에서 자란 사람들이 일반적으로 자기표현이 부족하다.

둘째, 불규칙적인 생활이 관습화된 사람은 자기 언어 표현에도 중언부언하는 경향이 있어 호감을 떨어뜨린다.

셋째, 문화적 차이에서 오는 거리가 크면 클수록 대화의 벽이 생긴다.

이러한 장벽을 뛰어넘기 위해서는 자기의 노력이 필요하다. 누구나 처음부터 어디에서든 말을 잘하기는 어려운 일이다. A라는 곳에서는 말을 잘하던 사람도 B라는 곳에서는 입을 다물 수가 있다. 이러한 경우는 이질적인 문화집단 사이에서 많이 보게 된다. 하지만 아무리 이질적인 집단 사이라도 살아가는 인간의 모습은 비슷하다는 것을 전제하면 대화는 거의 통할 수 있고 통하는 것이 있음을 볼 수 있다.

그래서 부정적인 걸림돌을 극복하고 긍정적인 디딤돌을 서서히 다져 가는 길을 다음에서 밝혀보고자 한다.

첫째, 어떤 일이나 사물을 대할 때는 애정을 갖고 논리적으로 생각해보고 이해한다.

둘째, 더불어 얘기할 기회를 자주 갖는다.

셋째, 말을 할 때 미리 머릿속에서 정리를 해보고 준비하는 것이 좋다.

넷째, 말은 될수록 간결하고 뚜렷하게 하는 것이 좋다.

다섯째, 말실수는 곧 바로 정정하는 것이 좋다. 이럴 경우는 유머러스한 표현으로 유연하게 넘어가는 것이 좋다.

2) 능숙하게 표현하기

긴말이든 짧은 말이든, 또는 긴 이야기든 짧은 이야기든 거기에는 내용이 있다. 내용이 없는 말은 없다. 이러한 내용을 아무런 관련성이 없는 대상이나 상황에서 이야기하지는 않는다. 또 이야기해서도 안 된다. 반드시 거기에는 왜 내가 이러한 말을 하는가? 왜 이러한 내용을 상대방에게 해야만 하는가? 라는 이유 곧 목적이 있다. 이 목적이 뚜렷할 때 충실한 내용을 능숙하게 상대에게 표현할 수 있다.

첫째, 목적에 부합하는 화자의 확실한 의사를 청자에게 뚜렷이 전한다.

둘째, 대상과 이야기 내용에 대한 화자의 솔직한 감정을 진솔하게 전한다.

셋째, 확실한 출처에 근거한 정보를 제시하여 상대의 이해를 구하고자할 때는 진지한 자세를 취한다.

넷째, 체험과 훈련을 통한 자기 계발로 말에 힘이 있어야 한다.

다섯째, 독서를 통한 풍부한 자료와 경험을 살려서 화술의 묘미를 체득한다.

3) 순발력 증진하기

즉흥 말하기를 통하여 순발력을 기른다. 무엇이든 처음은 어렵다. 한 번 두 번 반복하다보면 처음은 어려웠던 것도 쉬워진다. 관심을 갖고 하고자하는 일에서 부단한 노력으로 이루어지지 않는 것은 별로 없다. 순발력도 반복적인 학습과 노력으로 이루어진다. 다음과 같이 연습을 해본다.

첫째, 간단한 자기소개에서부터 시작하여 점점 더 길게 자신을 소개한다. 곧 현재 → 현재·고등학교 → 현재·고등학교·중학교 → 현재·고등학교·중학교·초등학교 → 현재·고등학교·중학교·초등학교·어린 시절로 이어진 자신의 이야기를 한다. 특별한 경험이나 잊혀지지 않는 일, 생각의 변화, 가족 간의 이야기 등등을 엮어간다.

둘째, 나의 특별한 경험을 이야기로 엮어본다. 누구나 자기만의 경험이라 생각하는 한두 가지 이야기는 있을 것이다. 이를 상대방에게 서로 소개함으로써 정보를 교환하고 이해를 높인다. 뿐만 아니라 자신의 생각을 말로 옮김으로써 표현력도 길러지고 이해의 폭을 넓혀 공감대를 형성하는데 크게 도움을 준다. 발표 전 2-3분 정도 머릿속에서 이야기를 생각나는 대로 정리한다. 발표시간은 5분 정도로 한다.

셋째, 그 때 그 때 일어나는 사건과 사실 속에서 한 가지 주제를 정하여 3-4분 정도에 할 수 있는 이야기를 엮는다. 예를 들면 '미국의 이라크 전을 보는 나의 소견'이라든지 '북〈송금〉액에 대한 국민의 시각' 이라든지 '노무현 후보가 대통령에 당선된 이유' 등등에 대해 자기의 생각을 친구끼리, 짝끼리 이야기를 엮어가며 나눌 수 있다.

넷째, 聯想(연상)퀴즈나 낱말 이어가기, 문답식 문장 이어가기, 3행시 혹은 4행시 짓기 등을 하여 발표의 영역을 넓힌다.

다섯째, 제시된 주제나 제목을 가지고 이야기를 완성해본다.

 ① 학문의 자유는 선한 양심에서 지켜진다.
② 멀어져간 친구에게서 온 편지

4) 합리적으로 표현하기

말을 많이 한다고 해서 말을 잘하는 것은 결코 아니다. 말이 많은 것과 잘하는 것과는 당연히 다르다. 말이 많은 것은 수다스러움에 속하는 것이고 말을 잘하는 것은 대상과 상황에 적절하게 자기의 의견이나 논지를 명확하게 펼치는 것을 말한다. 말을 잘하는 것도 기술이고, 그 기술은 자연적으로 얻어지는 것이 아니다. 그만큼의 경륜이 쌓여져야하고 노력이 필요하다.

쓰기에 있어서와 마찬가지로 말을 하는데 있어서도 그것이 짧은 안부전화이든 긴 연설이든 간에 가만히 그 내용을 짚어보면 거기에는 문장에서처럼 서론이 있고 본론이 있고 결론이 있다. 다음 〈예문〉에서 두 사람의 전화 내용을 살펴보자

 예문

# 두나	나, 두나야, 잘 있었어?
# 하나	응, 잘 있어. 너도 잘 있지?
두나	응, 너 오늘 다른 약속 있니?
하나	아니, 약속은 없는데 오늘 할 일이 좀 있어.
두나	그래? 음악회 티켓이 있어서 너랑 같이 갈까 하고...
하나	그래? 몇 시인데?
두나	오후 7시야.
하나	그 때 시간이 되지.
두나	그럼 같이 갈까?
하나	그래 같이 가.
두나	그럼, (오후) 6시에 학교 등나무 공원 벤치에서 만나.
* 하나	알았어. 그럼 그 때 만나.
	안녕.
* 두나	안녕.

위 대화에서 #부분은 서론에 해당하고 *부분은 결론에 해당한다. 이렇게 우리가 일상적으로 사용하는 말에도 그 형식이 있음을 알 수 있다. 이렇게 형식을 갖춘 말은 조리 있고 논리적이고 합리적이다. 이 외에 글쓰기와 마찬가지로 기·승·전·결의 4단 방식이 있고 5단 방식이 있다.

起承轉結(기승전결)의 4단 방식은 한시의 絕句(절구)에서 비롯된 것으로 起(기)는 도입 부분으로 서론에 해당하고 승·전부분이 본론에 해당하는 부분으로 承(승)은 문제 해결을 위한 설명 부분이고 轉(전)은 그 문제 해결을 위한 새로운 화제나 해결책을 제시하는 부분이다. 결은 결론부분으로 모든 문제가 마무리되고 핵심문제가 해결된다. 다음 〈예문〉을 보자.

 예문

기	한가하게 살고 있으니 사귀는 이웃도 드물고(閑居隣竝少한거인병소)
승	풀밭 사이 오솔길은 황원으로 뻗었네(草徑入荒園초경입황원)
전	저녁 새는 연못가의 보금자리 찾는데(鳥宿池邊樹조숙지변수)
결	스님은 달빛아래 절간 문을 두드린다.(僧鼓月下門승고월하문)

가영	나영아 너 퇴고의 유래에 대해서 좀 아니?
나영	음, 고등학교 때 국어 선생님이 얘기해 주셨어.
가영	그래? 그럼 나 좀 가르쳐 주라. 과제는 아니지만 알고 싶어서 그래.
나영	그래? 얘기가 좀 긴데. 그럼 어디 앉아서 얘기하자.
가영	그래 저기 벤치에 앉아. 내가 음료수 사올게.
나영	같이 가자.
가영	그래 그렇게 하자.

5단 방식은

1단계는 도입단계로서 청자로 하여금 흥미를 유발시키고 주의를 집중시킨다.
2단계는 서론부분으로 청자(청중)에게 문제 제시를 한다.
3단계는 제시된 문제에 대해 청자가 만족할 만한 해결책을 제시한다.
4단계는 보다 구체적인 해결 방법을 제시하여 이를 강조하고 증명한다.
5단계는 청자로 하여금 구체적인 행동으로 옮기게 하는 단계로 결의를 촉구한다.

이상의 5단 방식은 서로 유기적인 관계를 가지고 있다. 전 단계는 다음 단계의 동기를 유발하는 기능을 하고 있다. 그래서 점층적으로 동기를 유발시키는 순서라고 할 수 있다.

'말하기'도 '쓰기'와 마찬가지로 3단 방식, 4단 방식, 5단 방식으로 표현하면 훨씬 세련되고 조리 있게 잘 말할 수 있다. 다음 사항을 첨가하며 훌륭한 스피치를 기대한다.

❶ 발표 할 내용이 정해졌으면 그 요점을 머리에 담아보고 순서를 정한다. 그리고 이를 메모해 둔다. 요점만 보아도 전체 이야기를 이어나가야 한다.
❷ 내용이 논리적이고 합당한 근거에 의한 것인지 살핀다.
❸ 내용이 오늘의 화제와 대상에 적합한 것인지 따져본다.
❹ 例話(예화)는 실리적인 효과를 거둘 수 있는 것인지 재검토한다.
❺ 내용에 대한 화자의 감정이 진솔하게 표현되어야 한다.

사람은 책을 읽다가, 또는 드라마를 보다가 웃기도 하고 울기도 하며 감동을 받기도 한다. 인간은 감정의 동물이며 표현의 동물이다. 그래서 인간의 마음은 격정적이고 변화를 한다. 크게 뉘우치며 자신을 반성할 때 인간은 변화한다. 종교적으로는 이를 회개 또는 참회라 한다. 변화된 상태를 거듭남, 또는 중생이라 하기도 한다. 두 번째는 위급할 때 마음이 변한다. 사람이 한 번 크게 아프다거나 위험한 사고를 당했을 때 마음이 변한다. 자기의 고집을 꺾고 순해진다. 남자들의 경우 그렇게 고집하든 담배를 끊는다거나 술을 절제하는 경우를 종종 본다. 세 번째는 자신의 간절한 소망을 이루고자할 때 마음이 변한다. 연인들의 경우, 종교가 그들의 결합에 걸림돌이 되거나 갈등의 소지가 올 경우 간절히 더 원하는 쪽이 이를

수용하는 경우를 본다. 이 모두는 마음의 변화이다. 그래서 인간의 마음은 ① 깊이 뉘우칠 때 ② 위급할 때 ③ 간절한 소망이 있을 때 쉽게 변화시킬 수 있고 변화한다.

4 상황에 따른 대화

1) 1:1의 대화 때

전장에서 1:1의 대화는 다면적인 측면에서 다루었기 때문에 여기서는 생략한다. 제1장 5. 「대화의 유형」을 참고하기 바란다.

2) 대중을 상대로 할 때

몇 년 전의 얘기다. 외국에서 학위를 취득해 와서 처음 학생들 앞에 선 P선생님의 얘기다. 학생들 앞에 섰는데 앞이 캄캄하더란다. 학생들의 모습이 하나도 보이지 않더란다. 마음을 가다듬고 눈을 끔벅이며 다시 앞을 보았단다. 희미하게 학생들의 모습이 다가오더란다. 학생들 얼굴을 바라보지 못하고 창밖과 뒷벽만 쳐다보고 혼자 떠들다가 나왔노라고 했다.

내가 학교 다닐 때의 얘기다. 교양과목 영어 담당 교수님이셨다. 그분은 책 읽고 천장 쳐다보고 책 읽고 천장 쳐다보고… 학생들 얼굴을 쳐다보지 않았다. 나중에 들은 이야기지만 대학원을 졸업하고 총각선생님이 여대생 앞에 섰으니 학생들 얼굴을 바라볼 수가 없어서 책 읽고 천장 쳐다보며 설명한 것이 습관이 되어 나이가 들어서도 자연적으로 그렇게 굳어진 것이란다.

대중 앞에 선다는 것이 쉬운 일은 아니다. 그 상대가 학생이건 일반 대중이든 간

에 대중은 대중이다. 처음부터 강심장인 사람도 있지만 체험을 통하여 익혀지는 것이 제일 바람직하다. 무엇보다 먼저 대중 앞에 설 때는 자신감이 있어야 한다. 내가 대중에게 주고자 하는 메시지에 자신감이 있어야 한다. 그러기 위해서는 완벽할 정도로 준비가 되어야 한다. 다음은 음성의 조절과 정확한 발음, 언어의 표현력 등에 신경을 써서 고칠 수 있는 것은 바르게 고친다. 그리고 옷차림 표정 자세 등 시각적인 요소에도 신경을 써 자신감을 가진다.

이상의 기본적인 준비 위에 다음의 요소를 참고하기 바란다.

❶ 생활 경험에서 오는 例話(예화)는 대중에게 쉽게 와 닿는다.

❷ 청중의 눈을 보고 반응을 살피면서 될수록 말은 짧게 한다.

❸ 하나의 소주제는 5분 내로 끝내는 것이 지루함을 들어준다.

❹ 성실하고 진실한 화자의 모습을 보인다.

❺ 자기만의 특징을 살려 적절한 제스처를 한다.

❻ 청자에게도 중간 중간에 말할 기회를 준다.

❼ 말은 긍정적으로 표현한다.

⑤ 세련되고 유창한 대화 기술

인공적인 미보다 자연적인 미가 아름답듯이 우리의 말솜씨에도 억지로 꾸며낸 표정이나 미사여구의 말보다 자연스럽게 표출되는 평소에 준비된 말이 더욱 아름답다. 세련되고 유창하게 굴러 나오는 말솜씨는 거저 얻어지는 것이 아니다. 그만큼 노력하고 준비하여 습득된 결과이다. 그럼 평소에 어떻게 준비해야할까? 이를 다음에서 알아보자.

1) 친근한 표현

때로는 여러 번 만난 사람이라도 다시 만나면 어색한 사람이 있나하면 한두 번 만난 사람도 다시 만나면 반갑고 친근한 사람이 있다. 왜일까? 거기에는 몇 가지 이유가 있다. 그것은 나의 태도와 상대방의 태도 여하에 달려 있다.

❶ 내가 먼저 호감을 가지고 상대를 대해 주었는가?
❷ 상대방이 나에게 호감을 갖고 있는가?
❸ 대화가 서로 통하는가?
❹ 관심의 대상이 유사한가?
❺ 문화적 환경은 유사한가?

이상의 5가지 질문에서 3가지만이라도 같다면 대화는 충분히 자연스럽게 이루어진다. 대화가 통한다는 것은 관심의 대상이 같을 수도 있고, 문화적 환경이 같을 수도 있다. 이러한 관계에서는 자연적으로 서로 친근감을 가지고 대화를 나눌 수 있다. 유사한 환경이나 생활 속에서 이루어지는 대화는 보다 쉽게 공감대를 형성하여 친근감을 갖게 한다. 이러한 친근감을 지속적으로 향상시키기 위해서는 다음 사항에 유의해야 하는 것도 있지 않아야 한다.

❶ 상대를 존경하고 배려하는 마음이 있어야 한다.
❷ 말을 삼가야 한다. 친근해질수록 말을 아끼고 조심해야 한다. 말로써 오해를 주거나 상처를 입히는 일이 없어야 한다.
❸ 서로가 호감을 갖고 진실해야 한다.

2) 역동적인 표현

역동적인 표현이란 감정이 주어진 음성의 고저 강약에서 오는 힘이다. 대개의 경우, 감정이 고요할 때는 잔잔한 음성으로 말을 하게 되지만 감정이 격할 때는 음성이 올라가고 강해진다. 인간은 감정의 동물이다. 감정의 변화에 따라 음성도 변하기 마련이다. 그런데 소리가 크다고만 해서 소리에 힘이 있는 것이 아니다. 소리가 크지 않으면서도 소리에 힘이 있는 사람이 있다. 언어의 역동성이란 바로 이 소리의 힘을 말한다. 대화에서 화자의 말이 힘이 있으면 그만큼 집중이 되고 이야기에 빨려들기 쉽다. 반면에 화자의 음성이 낮고 힘이 없으면 전달되는 메시지 내용을 떠나서 신경이 쓰이고 집중력이 떨어진다. 그러므로 일단 언어 전달에서 역동적인 표현은 반은 성공하고 시작하는 것이다.

3) 신뢰를 주는 표현

일상생활 속에서 경험하거나 체험한 이야기는 청자와 더불어 공감대를 형성하는데 그만큼 빠르다. '文(문)은 그 자신'이라고 한다. 마찬가지로 '말은 그 자신이다'. 말하는 가운데 화자의 인격이 드러난다. 한 두 마디 말로서는 잘 알 수 없지만 몇 마디 대화를 해 보아도 그의 직업과 교양과 성향을 가름할 수 있다. 그래서 말은 곧 그 사람의 인격이고 인품이다. 뿐만 아니라 대화를 해 보면 은연중에 그의 지나온 인생행로까지 알게 된다. 그래서 말은 그 자신을 담아내는 그릇과 같은 것이다.

그 그릇으로 담아내는 내용물에 따라 상대를 행복하게 할 수도 있고 상대의 마음을 아프게 할 수도 있다. 그 그릇을 깨끗하게 닦아서 곱고 아름다운 마음을 담아서 쏟아낸다면 받아 담는 사람은 더 없이 좋은 대화의 시간, 행복한 대화의 순간이 되어 믿음은 저절로 포개어져 신뢰의 폭을 넓힐 것이다.

4) 세련된 표현

일상적인 대화는 조금은 투박해 보일지라도 오히려 친근감을 주기도 한다. 반면에 세련된 표현은 보다 교양적이고 안정적이며 흡인력이 있어 상대방에게 호감을 갖게 한다. 그러므로 일상적인 대화의 기술과 세련된 표현이 어우러진 대화가 바람직한 대화의 기술로 다가옴을 알 수 있다

(1) 화자의 메시지를 정확하게 전한다.

❶ 말은 천천히 명확하게 자연스럽게 하되 말에 생기가 있어야 한다.
❷ 시선을 맞추고 상대의 눈높이에 맞는 화제를 도출한다.
❸ 쉬운 말로 단문으로 시작하고 밝은 표정으로 한다.

(2) 이해와 설득의 폭을 넓히는 단계이다.

❶ 내가 좋아하는 말이 아니라 상대방이 듣고 싶어 하는 말을 한다.
❷ 주제에 대한 해박한 지식을 갖고 문제의 핵심을 파악하여 그 정곡을 찌른다.
❸ 다양한 수사법 중에서 적절한 것을 선택하여 명확하게 풀어나간다.

(3) 공감의 단계이다.

❶ 성공적인 대화는 화자나 청자 모두가 좋은 시간으로 인식하고 흐뭇한 마음으로 와 닿아 공감대를 형성하는 것이다.

❷ 제시된 例話(예화)가 청자의 관심과 호기심을 자극하면 공감대를 형성하기가 보다 낫다.

❸ 진실한 말과 솔직한 표현은 감동을 주어 공감대를 형성하기가 보다 쉽다.

(4) 감동과 몰입의 단계

❶ 소설이나 영화가 감동을 주듯이 이야기 형식의 대화는 감동을 주어 몰입하기가 쉽다

❷ 질문법을 활용한 대화는 대화자체로서도 몰입하기가 쉽다. 소크라테스의 산파질문법과 자문자답질문법이 있다. 어느 것이든 적절하게 활용한다.

❸ 감동을 주는 例話(예화)를 활용한다.

(5) 결단의 단계

❶ 상대에게 확신과 믿음을 주어 변화를 유도하고 결단하게 한다.

❷ 점층법이나 점강법으로 극적인 변화를 맛보게 함으로써 삶의 변화를 유도한다.

❷ 자기 문제에 대한 명쾌한 해답을 얻었을 때 변화가 일어난다.

MEMO

PART

3

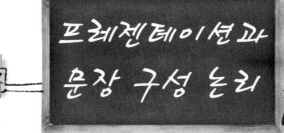

프레젠테이션과
문장 구성 논리

Chapter 1

프레젠테이션

프레젠테이션의 의미

1) 정의

프레젠테이션이란 자신의 사상이나 경험, 아이디어, 노하우 등 다양한 정보를 상대방에게 전달하고 설득하는 모든 행위로서 다수를 대상으로 하는 커뮤니케이션이다. 커뮤니케이션은 일반적으로 ① word ② voice ③ body language로 구성된다. 여기서 word는 말하고자하는 내용으로 대화에서의 메시지(전언)이다. 무엇을 전할 것인가?를 충분히 알아야 한다. voice는 소리의 고저, 장단, 음색 등을 적절히 나타내야 한다. body language는 제스처 표정관리 등으로 비언어적인 요소이다. 전달 효과에 있어서 ①은 7% ②는 38% ③은 55%의 임팩트(impact) 효과를 갖는다고 한다. 곧 Non-Verbal Communication 효과가 93%를 차지한다는 것이다. 이는 효과적인 목소리와 바디 랭기지의 영향이 얼마나 중요하다는 것을 말해 주는 것이라 하겠다.

프레젠테이션은 제안형 설득이므로 일방적으로 자신의 주의·주장을 전달하는 연설과는 차원이 다르다. 정해져 있는 시간 내에 많은 정보를 전달하거나 청중을 최대한 설득해야 한다. 그러므로 구조가 논리 정연해야 한다. 뿐만 아니라 복잡한 내용을 간단명료하게 설명하고 청중의 호감을 이끌어내는 컨디셔너로서의 능력을 갖추어야 한다.

2) 목적과 유형

프레젠테이션의 목적은 상대방에게 무언가를 효과적으로 알리는데 있다. 이를 크게 세 가지로 나눈다. 첫째 정보제공을 위한 프레젠테이션, 둘째 설명을 위한 프레젠테이션, 셋째 설득을 위한 프레젠테이션으로 나눌 수 있다. 정보제공을 위한 프레젠테이션은 자신이 갖고 있는 정보를 타인과 효과적으로 공유하기 위한 것이다. 예를 들면 기업체의 분기별 사업성과에 대한 것이나, 혹은 새로운 사업 설계에 대한 프레젠테이션이 여기에 해당한다. 설명을 위한 프레젠테이션은 새로운 프로세스나 절차 등을 간략하게 설명하기 위한 것으로 각 대학에서 행해지는 고등학생을 상대로 한 설명회에서 이루어지는 프레젠테이션이 여기에 속한다. 설득을 위한 프레젠테이션은 가장 복합적인 프레젠테이션의 형태로 이 유형의 프레젠테이션은 앞에 소개된 정보제공, 설명을 포함한 다양한 형태로서의 프레젠테이션을 포함한다.

3) 구성

프레젠테이션의 구성은 대화나 화술 글쓰기에서 살폈듯이 기-승-전-결의 4단 구성이나 서론-본론-결론의 3단 구성이 일반적이다. 3단 구성의 경우 서론에서는 인사와 자기소개를 하고 주제를 제시하며 전체 프레젠테이션의 개요를 설명한다. 본론에서는 본격적으로 내용을 전개해 나가게 되는데 내용 간의 관계가 유기적이며 통일성이 있어야 한다. 타당한 이유와 근거를 제시하며 충분한 설명을 한다. 결론에서는 본론에서 제시한 내용을 간단히 요약한다. 설득을 목적으로 하는 경우에는 청중들에게 협력을 요청하는 내용이 포함될 수도 있다.

4) 프레젠테이션 디자인 기법

프레젠테이션 구성 내용에 따라서 적절히 디자인을 한다. 프레젠테이션 디자인 기법은 대체적으로 다음 3가지를 중심으로 하면 된다.

첫째 단순화 작업이다. 복잡한 내용은 이해가 느리다. 특히 프레젠테이션에서는 대주제와 소주제만 보고도 감이 와야 한다. 단순하고 명확한 것은 쉽게 이해가 된다. 발표자는 될수록 쉬운 언어로 쉽게 전달해야 한다.

둘째는 시각화이다. 아무리 좋은 내용이라도 텍스트 중심은 지루해지기 쉽다. 그래서 눈으로 보고 귀로 듣고 곧 메타메시지와 함께해야 집중력도 배가 되고 그만큼 내용 전달도 잘 된다.

셋째는 요약화이다. 곧 요점정리를 잘하라는 것이다. 마지막 정리가 제일 기억에 남는다. 1시간을 잘 들어도 모두를 다 기억할 수는 없다. 그래서 전체를 꼭 알아두어야 할 부분 부분을 취사선택해서 요점을 잘 정리하여 마지막 몇 분 동안에 전달하는 것이 가장 효율적이라는 것이다.

5) 도구

슬라이드, LCD, LDP 프로젝터, 비디오, 멀티미디어, 사운드, 레이저 포인터, 라펠 마이크로폰, 오버헤드, 포스터프린터 등… 발표자가 사용할 수 있는 프레젠테이션 도구는 넘쳐난다. 프레젠테이션 환경을 결정하고 메시지를 전할 수 있는 적절한 도구를 선택해야 한다.

유인물을 준비하는 것이 좋다. 그 이유는 프레젠테이션은 좋았고 참석자의 반응이 좋았다하더라도 뭔가 부족한 것이 있을 수 있다. 그것은 참석자들이 자신의 회사로 돌아가서 그들이 상사에게 프레젠테이션에 대한 질문을 받고 브리핑을 해야 할 때를 대비하기 위해서이다. 유인물이 있으면 요긴하게 활용할 수 있다. 그들은 자신이 프레젠테이션에 참가하고 그에 대한 개념(concept)이 생겼다고 자신을 갖게 된다. 그러나 만약 유인물이 없다면 그들은 불행히도 구체적으로 설명하기가 어렵다. 왜냐면 들을 때는 좋았지만 온전히 기억하여 전달할 수 없기 때문이다. 그래서 적절한 유인물은 성공적인 프레젠테이션을 위해 필수적이다.

2 효율적인 프레젠테이션을 위한 준비

1) 대중공포증 대처

대부분의 사람들은 많은 사람들 앞에서 프레젠테이션을 하는데 두려움을 느낀다.

사실 많은 사람들 앞에 처음 서면 앞에 있는 사람들이 보이지 않는다. 다 알고 준비한 것 같지만 무엇을 말해야 할지 정리도 안 된다. 이것은 대부분의 경우 내용을 마음으로 이해하기 보다는 머리로 외운 탓이기도 하다. 더욱 더 큰 문제는 우선 눈을 어디에 두어야 할지가 문제이다. 이것이 대중공포증이다. 사람들은 하나 둘 들어오고 강당은 가득 차고… 그 때 정신을 바짝 차리고 마음을 다 잡고 침착하게 대처해야 한다. 그것이 자기 위치에서 살 수 있는 길이기 때문이다.

우선 눈에 잘 보이는 한 두 사람을 골라서 그들에게 말을 한다. 다른 사람들도 물론 관찰해야 되겠지만, 일단 몇 사람에게만 집중한다. 그리고 그 반응을 살핀다. 이렇게 함으로써 자신의 "대중공포증"을 극복한다.

2) 리더로서의 역할에 충실

청중과 마주하고 그들을 관찰하며 눈을 맞춘다. 컴퓨터를 의식하지 말고 발표자는 리더로서, 전달자로서의 역할에 충실하면 된다.

3) 질문에 대한 대처 방안

발표하는 프레젠테이션의 성격에 따라, 프레젠테이션 중에 질문을 받는 경우가 있다. 이런 경우 그 자리에서 질문에 답을 주는 것이 적절하기도 하지만 그렇지 않을 경우도 있다. 나중에 설명하는 것이 산만한 진행을 피할 수 있는 좋은 방법이 될 수도 있다. 또는 회의가 끝난 후 설명할 수도 있다. 이 점을 어떻게 다룰 지 결정하는 것이 최상이다. 이런 경우는 프레젠테이션의 흐름을 조절하거나 질의응답 시간을 프레젠테이션 끝 부분에 해야 한다. 또는 끝난 후로 연기한다.

Chapter 1

프레젠테이션

4) 청중의 반응 살피기

앞에서 청중을 바라보면 한 눈에 그들이 들어온다. 그 때 청중 중에서 몇 명의 사람에게만 초점을 맞추는 것이 좋다. 그들이 잘 경청하고 있는지? Body language는 적절한지? 청중들은 안정적인지? 시계를 보고 있지는 않는지? 고개를 끄덕이며 동조하는 사람이 있는지? 프레젠테이션의 어떤 부분이 그들에게 감동을 주는지?, 혹은 어떤 부분을 청취자들이 놓치고 있는지 등등을 살펴보아야 한다.

5) 프레젠테이션의 목적 확인

프레젠테이션의 목적은 정보와 지식의 제공이지 현란한 그래픽의 제공은 아니다. 프레젠테이션의 목적은 아이디어와 정보를 효과적으로 전달하는 것이다.

6) 발표자의 유의 사항

첫째, 열정과 믿음

열정과 믿음을 커뮤니케이션 하는 것 외에 그 어떤 것도 프레젠테이션에 더 큰 도움은 될 수 없다. 청중에게 발표자는 믿음과 신뢰를 주어야 된다. 이 점은 메시지에 신용을 추가하게 된다.

둘째, 언어의 힘

선택하는 단어는 청중의 반응에 적극적인 영향을 준다. 요즘 워드 프로세스에는 동의어 사전이 있다. 효율적인 사용법을 알아두어야 한다. 청중의 주의를 끌 수 있고 신뢰가 가고 힘이 있는 단어를 사용한다.

강한 영향력을 가진 더 "좋은" 단어를 찾아내기 위해서 뿐 아니라, 같은 단어를 과도하게 사용하지 않기 위해서 동의어 사전을 활용하는 것도 좋다. 때에 따라 적절한 유머는 효과적이다.

때때로 약간의 유머나 관계없는 코멘트는 프레젠테이션을 생동감 있게 한다. 청중은 지루하면 이내 그 모습이 얼굴에 드러나게 된다. 얼굴엔 짜증어린 표정이 서리고, 졸기도 하고, 시계를 보게 된다. 사람들 앞에서 프레젠테이션을 리허설하는 것은 유머가 "먹히는지"를 시험할 수 있는 좋은 방법이다. 어설픈 유모는 안 하니

만 못하다. "먹히고", "효과 있는" 유머만을 알아서 해야 한다.

유머파워(Humor Power)의 저자인 심리학자 허브 트루는 유머의 중요성에 대하여 "효과적인 의사 전달에서의 적절한 유머 사용은 상호간의 긴장을 없애주거나 적의를 없애주는데 절대적인 도움을 준다."고 한다.

유머 사용에 대한 주의사항

① 프레젠테이션의 의도나 목적, 진행 내용과 반드시 연관이 있어야 한다. 가능하면 새롭고 신선하고 예측하지 못한 것을 준비하여야 한다.
② 유머는 간단명료하면서도 전달하는 이미지가 강해야 한다.
③ 격의 있는 고상한 유머를 준비하는 것이 좋다.
④ 가끔 자신의 실패담이나 성공담을 적절히 섞어 말하는 것도 좋다. 이러한 경험담은 청중들에게 생동감을 준다.

7) 리허설 시 해야 할 5가지

완벽한 내용·컨셉, 프레젠테이션 스킬업, 자신감 넘치는 열정 등을 바탕으로 마스터 전략을 수립하면 누구나 훌륭한 프레젠테이션 컨디셔너가 될 수 있다.

❶ 먼저 프레젠테이션 전 리허설을 할 때, 개요와 요약 슬라이드를 삭제한다. 대신 청중에게 관심 있고, 기억되고, 혼동을 주는 것을 찾아낸다. 그들이 매우 중요하다고 생각하는 것을 나열한다.

❷ 프레젠테이션 전에 모든 장비를 테스트한다.

❸ 실제 프리젠테이션 중에 사용할 모든 장비를 사용하여 리허설 한다.

❹ 백업 플랜을 만든다. 프로젝터가 죽는다면, 컴퓨터가 망가진다면, 슬라이드판에 이상이 있을 경우 어떻게 할 것인지. 대안 B는 무엇인지 (그리고 연습은 했는지?)를 점검한다.

❺ 소개, 목적, 개요, 프레젠테이션, 요약 (결론) 등을 점검하고 실행한다.

효과적인 프레젠테이션을 위한 준비

춘추전국시대의 병법가 손자(孫子)는 전투는 이미 결정된 승패를 확인하기 위한 절차일 뿐이라고 말했다. 전투 이전에 이루어지는 사전공작의 중요성을 역설한 것이다. 마찬가지로 효과적인 프레젠테이션의 수행여부는 이미 발표 전에 대부분 결정된다고 해도 과언이 아니다. 그러므로 사전에 철저한 준비를 하는 것이 무엇보다 중요하다. 다음에 제시하는 다섯 단계는 프레젠테이션 준비과정에서 빠져서는 안 되는 과정으로 볼 수 있다.

1) 프레젠테이션의 다섯 단계

(1) 준비단계 : 목적과 목표를 명확히 설정, 자료와 정보를 수집하고 구조화하는 작업

(2) 기획단계 : 내용을 구성, 자료와 정보를 구조화하고 정교화하는 가운데 전체적인 내용을 기획
소주제를 중심으로 본론을 먼저 작성, 도입부인 서론과 전체적인 내용을 요약하는 결론부를 완결

(3) 시각화 단계 : 내용을 시각화 자료로 작성

(4) 리허설 단계 : 사전 점검과 리허설을 한다

(5) 실행 단계 : 현장에서 실행, 자료를 화법과 제스처 등의 여러 기법을 사용하여 효과적인 프레젠테이션이 진행될 수 있도록 하기

2) 프레젠테이션의 성공조건

(1) 프레젠테이션은 진실해야한다

진실한 프레젠테이션 → 프레젠테이션에 대한 신뢰감 형성, → 프레젠테이션의 성향에 긍정적 영향을 끼친다. 장기적으로 볼 때, 진실한 프레젠테이션이 가장 효과적이고 성공적인 프레젠테이션이 될 수 있다

(2) 명쾌해야 한다.

주장이나 결론, 논리와 체계, 표현 방식의 명쾌한 제시를 하면 성공적인 프레젠테이션이 될 수 있다.

(3) 간결해야 한다

간단명료한 것이 이해가 빠르다.

(4) 자연스러워야 한다

프레젠테이션이 자연스러워야 한다는 것은 대인간 대화의 형식을 취하라는 것이다. 친구와 토론을 벌이는 것과 같이 자연스럽고, 역동적인 실행이 프레젠테이션의 생명이다.

(5) 적절해야 한다.

대상에 알맞게 시간적으로도 적절해야 효율적이다.

3) 좋은 프레젠테이션의 기본 룰(The Basic Rules of Good Presentations)

KISS - Keep It Simple Stupid (간단하고 짧게)

SES 법칙(Simple, Easy, Short)라고도 한다. 요점부터 말하자면, 더 복잡하게 만들게 되면 더 많은 곤란을 겪게 된다는 것이다. 메시지 전달은 프레젠테이션으로 집중시키고, 특별 효과와 기교에 많은 정렬을 쏟을 필요는 없다. 너무 현란한 그래픽과 효과는 청중을 산만하게 한다. 청중들로 하여금 메시지가 아닌 그림을 보게 하는 결과를 가져올 수 있다. 프레젠테이션의 목적은 메시지의 전달이기 때문이다. 그리고 어떤 경우에도 프레젠테이션을 시작하기 10분전에는 모든 장비가 도착해야 한다. 와야 할 장비가 제 시간에 도착하지 않아 당황하게 되면 중요한 프레젠테이션을 망치게 된다.

Chapter 1

프레젠테이션

4) 프레젠테이션 리허설하기

가장 프로다운 이미지를 주기 위해서는, 바로 자신의 프레젠테이션 내용을 확실히 알아야 한다. 발표자가 잘 이해하지 못하거나, 받아들이지 못하는 아이디어와 컨셉은 청중들도 제대로 이해하지 못한다. 자신이 완전히 아는 내용은 쉬운 말로 쉽게 상대에게 전할 수 있다.

프레젠테이션 리허설에서는 실제로 프레젠테이션을 진행할 상황에서 연습해야 한다. 또한 실제와 같은 장비인 슬라이드, 프로젝트 빔을 사용하고 프레젠테이션이 있을 곳에서 리허설을 한다. 무선 마우스, 레이저 포인터 또는 마이크로폰을 사용할 지 결정한다. 이러한 실제 장비로 프레젠테이션을 리허설 해야 한다. 그리고 시작 전에 모든 장비를 점검하고 사용법을 숙지하여야 한다.

❶ 전체적인 내용을 발표하는 연습부터 한다.
❷ 동료나 친구들 앞에서 실제 프레젠테이션 진행 절차에 따라 연습한다.
❸ 실제 진행될 현장이나 유사한 장소에서 실제와 똑같은 환경 (실제 사용 장비 사용 등)을 만들어 연습해 본다.
❹ 리허설 시 질의응답(Q&A) : 시간 조절
❺ 온과 오프라인 상의 적절한 자료 수집은 성공적인 프레젠테이션의 열쇠가 된다. 상품 카탈로그, 팸플릿, 제품 사용표, 각종 신문 보도 자료 등 인쇄 매체 및 인터넷을 이용한 온라인 활용을 한다.

프레젠테이션이 직업이라고 할 수 있을 정도의 전문가 중에서도 치명적인 실수를 하는 경우를 본다. 프레젠테이션에 대한 준비 중 빠진 점이 없는가 다시 생각하면서도 예측하지 못할 상황들이 발생한다.

노트북을 이용하고 해외에서 프레젠테이션을 한다면 그 국가에 맞는 전기 어댑터를 준비해야 한다. 그리고 배터리 충전도 반드시 점검해야 한다. 때에 따라 여분의 긴 전기 엑스텐션 라인도 필요하다. 인터넷과 연결하여 실시간으로 메모가 필요하다면 인터넷 설정을 확인해야 한다. 경우에 따라 달팽이처럼 느린 인터넷 라인이 현장에 연결되었을 경우 대안 B로 만든 캡처 화면을 이용할 수도 있지만 청중들은 기다려 주지 않는다. 청중들은 인내를 용인할 만큼 관용을 베풀기에는 인색하다는 점도 유념해 두어야 한다.

6) 메모한 노트의 적절한 활용방법

　메모한 노트를 읽는데 많은 시간을 할애하게 되면 준비가 미흡함을 보여준다. 그만큼 성의가 부족했다는 의미이다. 그것은 스스로 프로가 아니라는 것을 증명해 주는 것이기도 하다. 진정한 프로는 철두철미하기 때문이다. 그러므로 절제하여 준비한 노트를 사용해야 한다. 노트를 읽는 경우에도 시선은 메모와 청중들을 적절하게 번갈아가며 눈길을 주어야 한다.

7) 상황에 맞는 차림.

　어떤 사람들은 프레젠테이션 을 위해서 정장을 해야 한다고 말하고 어떤 사람들은 그렇지 않다고 한다. 여기에 정답은 없다. 어느 정도의 무게 있는 정장을 입는 것이 좋지만, 필요에 따라서 프레젠테이션의 내용이나 상황에 따라 과감한 시도를 할 필요도 있기 때문이다. 예를 들면 청바지 홍보 프레젠테이션에서 직접 신제품을 입고 진행하는 것이 효과적일 수도 있기 때문이다. 그리고 적절한 유모와 형식적인 진행은 신축성 있게 사용할 수 있기 때문이다.

8) 보조를 맞추면서 진행한다.

　일반적으로 모든 "슬라이드"는 적어도 10초, 그리고 100초를 넘어서는 안 된다. 한 장의 슬라이드로 몇 분을 소비한다면, 과감히 잘라야 한다. 도표와 그래픽의 경우는 설명에 따라 몇 분도 걸릴 수 있다. 이 때도 긴 것은 몇 장의 "슬라이드"에 한해야 한다. 한 장으로 몇 분을 설명하는 슬라이드가 있어서는 안 된다. 그런 경우 스피드를 내어야 한다.

　리허설을 통해 프레젠테이션 내용을 기억하고 가슴으로 이해해야 한다. 프레젠테이션 내용을 암송하는 것이 아니라 발표하여야 한다. 그를 위해서는 자신이 발표하는 내용을 믿고, 마음으로 인정하는 브레인스토밍을 하여야 한다.

 다음 사항 중 하나를 택해 프레젠테이션으로 제작 소개해 보시오.

　　1) 학과 소개　　2) 자기소개　　3) 내 고장(명승지) 소개　　4) 제품 판매

Chapter **2**

문장 구성 논리

 브레인스토밍(Brainstorming)

1) 정의

Brainstorming이란 집단의 구성원들이 어떤 문제나 요청에 대하여 여러 사람의 지혜를 모아 적절한 해결 방안을 모색하기 위하여 스스로의 두뇌를 쓰도록 하는 집단 사고방식의 한 방법으로서 그의 사전적 의미는 '영감을 얻다. 엉뚱한 생각을 하다.'란 뜻이다. 이 방법은 1938년 미국의 광고회사인 BBDO사의 부사장인 오스본(A. F. Osborn)에 의해 창안되었다. 오스본(A. Osborn)이 창의적 사고와 제안을 촉진시키기 위한 방법으로 개발하였으나 점차 문제 해결을 위해 많은 수의 아이디어를 얻으려는 집단적인 창조적 사고 방식(group creative thinking)으로 발전하였다.

어떤 문제를 놓고 가능한 한 많은 아이디어를 산출하는 기술이기 때문에 집단적 사고 단계와 평가 단계로 이루어지며, 발표되는 모든 아이디어들은 회의를 시작하기 전에 결정한 기본 규칙에 위배되지 않은 한, 모든 제한점에 구애받지 않으며 제기된 문제에 관계되는 아이디어라면 무엇이든지, 생각나는 대로 자유분방하게, 아무 거리낌 없이 함부로 발표해도 무방하다. 브레인스토밍에서 한 아이디어가 나오기 시작하면 잇따라 자극을 받아 양적으로 많은 아이디어가 연쇄 반응으로 속출하게 되어 집단사고의 독창성이 이루어지게 되며, 각자의 개성이나 경험에 따라 각각 다른 아이디어를 낼 수 있는 유연성을 제공한다. 또한 일체의 비판을 보류하므로 심리적인 안정과 해방감을 공유할 수 있는 이상적인 상황을 조성·제공한다.

2) 개요

- 1941년 BBDO 광고대리점의 Allex, F. Osborn이 광고관계의 아이디어를 내기 위해 고안한 일종의 회의 방식이다.
- 브레인스토밍은 아이디어의 발상과 평가를 철저히 분리하기 위한 방법으로 아이디어에 대한 비판 없이 '열린 마음' 혹은 '자유로운 사고'를 사용할 것을 강조한다.

이 기법의 취지는 집단의 효과를 살리고 아이디어의 연쇄반응을 불러일으켜 자유분방하게 '질(質)'과 관계없이 가능한 한 많은 아이디어를 생성함으로서 문제에 대한 해결책이나 개선을 위한 기회를 찾기 위해 사용된다.

3) 목적

아이디어의 가치를 평가하지 않으면서 가능한 한 많은 아이디어를 생성하기 위해 사용한다. 아이디어의 양이 많을수록 이 가운데서 좋은 아이디어가 있을 수 있다는 데 착안을 둔 것이다.

4) 필요성

문제를 해결하는 최선의 방법은 모든 가능한 해결안을 고려하는 것이다. '모든'이라는 말은 어떤 팀이 항상 문제에 대해서 상상할 수 있는 모든 해결안들을 열거하는 것이 불가능하기 때문에 여기서는 막연하게 사용된다. 그럼에도 불구하고 브레인스토밍은 사람들이 열린 마음으로 문제해결을 시작하고, 문제에 대한 '명백하거나 일상적인' 해답에 집중되지 않도록 보장해 준다. 종종 명백하거나 혹은 일반적인 해법이 최선이 아닌 경우가 많다.

5) 브레인스토밍(Brainstorming)의 규칙

(1) 창출된 어떤 아이디어도 비판하거나 평가해서는 안 된다.

아이디어들은 자유롭게 발표되어야 하며, 이 단계에서는 방해받지 않아야 한다. 즉 비평이 배제된다. 모든 반응들은 좋든, 나쁘든 간에 수용되고 평가는 차후로 보류한다.

(2) 자유 분망한 분위기 조성한다.

엉뚱하고 기발한 아이디어의 상상을 허용하고 다른 관점의 문제 상황에 짜 맞추어진다면 현실적으로 타당할 수도 있다. 이상하거나 색다른 아이디어의 출현은 또 다른 아이디어를 이끌어 낼 수가 있다. 그러므로 아이디어를 내놓는 분위기를 억압해서는 안 된다.

(3) 아이디어는 질보다 양을 추구한다.

아이디어의 질을 고려하는 것은 곧 평가를 의미하는데, 이것은 브레인스토밍 시간이 끝난 뒤에 이루어져야 한다. 이 단계에서는 우선 아이디어의 양이 중요하다. 산출되는 아이디어가 많으면 많을수록 유용한 아이디어가 많을 가능성이 있기 때문이다. 산출된 생각들은 브레인스토밍 시간이 지속될수록 더욱 독창적인 경향을 갖게 된다.

(4) 아이디어의 결합과 조합을 통해 개선을 한다.

제안된 각각의 아이디어는 이미 그 아이디어를 제안한 사람의 전유물이 아니고 서로 공용된 아이디어로 사용되어야 한다. 따라서 이미 제안된 아이디어를 결합해 보고 조합을 해서 더 좋은 아이디어를 발전시켜 얼마든지 다른 아이디어를 이끌어 내는 것이다.

마인드맵

1) 정의

마인드맵(mind-map)이란 읽고 생각하고 분석하고 기억하는 그 모든 것을 마음속에 지도를 그리듯 그리는 것이다. 영국의 전직 언론인인 토니 버전이 주장해 유럽에서 화제를 일으킨 이론으로 기록과 노트하는 습관은 두뇌의 종합적 사고를 가로막는 데 반해, 마인드맵은 이러한 장애를 극복할 수 있다는 주장이다.

기존에 인식되어온 전통적인 기록 요령이나 노트 작성법등은 인간두뇌의 종합적 사고와 효과적인 활용을 가로막아 배운 것을 도리어 기억하지 못하게 하는 방해 요인이 된다고 보았다. 그래서 이러한 문제점을 해결하고 논리적 사고 능력과 기억력을 향상 시켜주는 방법으로써 제창한 새로운 기록 요령의 하나이다.

2) 기능

마인드맵의 기능을 살펴보면 다음과 같은 것들이 있다.

첫째는 양 뇌 기능의 통합이다. 두뇌의 대뇌 부분은 양쪽으로 분리되어 있다. 왼쪽은 단어, 숫자 등의 학문적 기능을, 오른쪽은 리듬, 색상 등의 예술적 기능을 담당하고 있다. 이들이 어떤 중심 주제에 집중할 때에는 서로 교류함으로써 그 효율성을 높인다. 마인드맵 식 노트 작성은 바로 이 양 뇌의 기능에 해당하는 모든 요소를 통합하여 고루 사용하도록 구성되어 있다. 즉, 두뇌의 이런 기능을 마인드맵에 그대로 적용하여 학습의 효율성을 높이도록 개발된 것이다.

둘째는 두뇌의 연결력이다. 자기의 생각을 주관할 수 없는 아기들이 어떤 흥미로운 사물을 인지하기 시작하면, 그것을 보고, 만지고, 입에 넣고, 찢고 하면서 육감을 통해 학습하는 것을 볼 수 있다. 이 때, 아기 두뇌의 신경 세포들은 아기의 생각과 무관하게 새로운 정보들을 입수하여 이를 연결하는 작업을 하는 것이다. 이런 두뇌의 자연적인 연결력을 마인드맵은 그대로 적용하며 응용하고 있다.

셋째는 핵심 단어와 핵심 이미지의 저장이다. 사람들이 사용하는 문장에서 핵심이 되는 내용어는 20%이고 나머지 80%는 문장을 구성하는 구조어라고 말한다. 그래서 일반적으로 20%인 핵심어만 기억하고 있어도 우리의 두뇌 작용에 의해 그 문장이 어떤 의미를 가지고 있는지를 이해하게 되는 것이다. 뿐만 아니라 핵심어에 의해 이미 저장된 내용을 회상해 내는 능력이 우리 두뇌에는 있기 때문에 모든 상황을 문장으로 일일이 기억하지 않아도 핵심어를 끌어 낼 수 있으면 그와 관련된 상황을 재구성할 수 있다. 중심어의 메모 활용도 이에 속한다. 그래서 마인드맵은 핵심어만을 쓰는 것이다.

넷째는 기억 단위이다. 연결력을 통해 아무리 많은 정보가 머리 속에 있더라도, 그것이 기억 단위로 형성되지 않으면 활용할 수가 없다. 그렇기 때문에 기억 단위를 만드는 작업이 필요하다. 마인드맵은 기교를 부리는 노트 방법을 제시하는 것이 아니라, 바로 장기 기억으로 저장한다는 궁극적 목적을 달성하는 것이다.

3) 원리

마인드맵의 기본적인 원리는 다음과 같다.

첫째, 중앙에 중심이미지를 그린다. 이는 전체의 내용을 포괄적으로 담고 있어야 한다. 곧 대 주제에 해당한다. 이는 반드시 그림으로 형상화 된 것이어야 한다. 그 이유는 한 장면의 그림으로써 앞으로 전개될 내용을 추측하는데 도움이 되기 때문이다.

둘째, 중심이미지에서 뻗어 나오는 가지들을 그리는데 각 가지는 바로 위에 있는 가지에 그 내용이 연결되어야 한다. 그 까닭은 사고의 흐름을 따라 가기 위한 것이다. 대 주제를 위한 받침글인 소주제에 해당한다.

셋째, 각 가지 위에 있는 내용은 낱말이나 그림 또는 부호로 표현 되어야 한다. 구나 절 더욱이 문장으로 나타나서는 안 된다. 만약 그렇게 된다면 사고의 필요적이 줄어들기 때문이다. 소주제를 설명하기 위한 자료들이다.

넷째, 할 수 있는 대로 우뇌를 사용하는 방법을 쓴다. 즉 직선보다는 곡선을, 단색보다는 다양한 색을 사용하는 것이다.

4) 활용 - 독서 치료와 마인드맵

독서치료는 내담자로 하여금 책을 읽게 하고 그 책의 내용을 가지고 대화를 나누면서 치료하여 가는 과정이다. 이 때 마인드맵을 이용하면 아주 효과적인 치료를 할 수 있다는 것이 전문가들의 공통적인 견해이다. 내담자들은 읽은 책의 내용을 다 기억하지 못한다. 읽은 책 내용의 20%만 기억하는 것이 통례라고 앞에서도 언급되었다. 또 기억한다 하더라도 질문에 대답을 하기 위해서는 다시 책을 뒤적거려야 하는 것이 통례이다. 그러나 마인드맵을 그리게 하면 책을 읽을 때 집중하게 되고 책에서 말하고자 하는 것들의 핵심을 잘 추려낼 수 있다. 또 맵핑된 마인드맵을 가지고 설명을 한 번 하게 하면 읽은 책의 줄거리를 확실하게 되살릴 수가 있다. 그래서 상담자와 함께 마인드맵을 보면서 이야기 하게 되면 시선이 같은 곳을 보게 되고 표현하는 의미가 시각화 되므로 서로가 이해하기가 아주 효과적이다. 상담자는 내담자가 마인드맵을 설명할 때 집중하여 들어줌으로써 내담자와 마음이 통할 수도 있고 내담자의 신뢰를 얻을 수도 있다.

마인드맵을 독서치료에 사용하기 위해서는 내담자가 맵핑을 할 때 꼭 느낌과 깨달음을 쓰게 하고 그 깨달음을 자기의 생활에서 실천하기 위한 구체적인 방법들을 작성하게 해야 한다. 이 내용을 가지고 내담자와 대담을 하게 되면 훨씬 빨리 마음이 통하는 것을 느끼게 된다. 그렇게 되면 구체적인 행동 변화를 이끌어 낼 수 있다.

3 바바라 민토의 프라미드 논리

기획서 및 보고서 쓰는 방법과 관련하여, 맥킨지의 교과서로 통하고 있는 바바라 민토(Babara Minto) 여사의 논리적인 글쓰기 [피라미드 구조 글쓰기]를 알아보자.

그녀는 논리적 글을 쓰는 기술은 '타고난 재능이 아니라 끊임없는 훈련을 통해 이뤄지는 습관'이라고 할 수 있다. 훌륭한 보고서나 기획서를 쓰고 프레젠테이션 하는 것은 특히 실무에서 매우 중요한 일이다. 이것은 지속적인 훈련과 학습을 통하여 은연중에 향상된다. 보다 자세한 내용을 아래에서 알아보자

1) 피라미드 구조

가장 이해하기 쉬운 글의 표현 방법이라고 말한다. 그런데 한 번 더 그 구조를 살펴보면 앞에서 살펴본 마인드맵으로 그리는 구조나 기존에 우리가 배운 여러 유형

의 글과 흡사하다는 것을 느낄 것이다. 곧 대주제 → 소주제 → 뒷받침글로 이어지는 글의 기본 형태이다. 말 그대로 피라미드의 구조이다.

먼저 핵심적인 생각부터 서술한 후에 이를 뒷받침하는 구체적이면서도 부수적인 생각들이 그룹을 이루어 몇 가지로 나누어 진술되는 형태이다.

2) 각각의 그룹이 수평과 수직으로 연결

❶ 수직관계-.피라미드의 상위에 속하는 그룹이 하위에 존재하는 그룹을 요약한 중심어로 이루어진다.
❷ 수평관계-.논리적으로 공통점을 가진 것들로 그룹을 이룬다.

3) 피라미드 구조(Pyramid structure) 글쓰기 3가지 규칙

❶ 어떤 유형이든 하위 그룹의 메시지를 요약하여야 한다.
문장 → 단락 → 장(章)
❷ 그룹 내의 메시지는 논리적으로 동일한 것이어야 한다.
식물류 → 과일류, 나물류 …
동물류 → 4발류, 2발류 …
❸ 그룹 내의 메시지는 논리적 순서로 배열한다.
- 연역적 순서 Deductive order
- 귀납적 순서 Inductive order
- 시간적 순서 Temporal order
- 공간적 순서 Spatial order
- 비교적 순서 Comparative order

4) 피라미드 구조의 하부 구조(Substructure)

❶ 주요 포인트와 보조 포인트 간의 수직적 관계
피라미드 구조에서는 질의응답 형식으로 대화가 이루어진다. 그러므로 독자가 더 이상의 논리적 질문을 도출하지 않을 정도로 명확하게 이해시켜야 한다.

❷ 보조 포인트 간의 수평적 관계

한 단계 하위 계층에서는 상위 계층에서 제기된 문제나 질문에 반드시 논리적으로 답변하고 서술해야 한다.

❸ 도입부Introduction의 스토리 전개

첫 부분에서 독자의 흥미를 강하게 끌어들여야 한다. 독자가 무엇을 궁금해 하며 무엇을 원하는지 미리 파악하고 정확하게 대응하여 지속적으로 흥미를 갖게 해야 한다. 질문이나 문제가 제기된 배경을 파악하여 질문이나 문제의 본질을 정의해 준다.

상황(Situation) → 전개(Complication) → 질문(Question) → 답변(Answer)

다음은 제품 관리의 성과를 보여주는 도입부 사례이다.

제품 관리자들은 많은 초우량 기업의 성공에 기여됐다는 점이 인정되면서 갈채를 받아 왔다. 그들은 치열한 경쟁 속에서 많은 유명 제품의 시장 점유율을 높이고 높은 수익을 올린데 대한 공로를 인정받았고 이것은 당연하게 여겨졌다. 따라서 여러 종류의 복잡한 제품을 생산하는 대기업들은 제품 관리자를 두고 제품개발에 몰두해왔다.(상황:S)

최근의 조사결과가 말해주듯이 네 군데 기업 중 세 곳이 제품 관리자를 두고 있다는 사실은 그리 놀랄만한 일이 아니다. 그런데 최근 들어 제품관리자들과 제품관리자라는 개념에 대한 불만이 고조되고 있다.(전개:C)

그렇다면 현재 늘어나고 있는 불만을 보고 제품관리자라는 개념이 실질적이지 못하다는 결론을 내릴 수 있는가?(질문:Q)

분명 그렇지 않다. 아직도 좋은 결과를 보여주는 수 많은 사례가 제품관리자라는 개념이 유용하면서도 다방면에서 꼭 필요하다는 사실을 입증해 주고 있기 때문이다. 이처럼 제품 관리자가 아직도 활발하게 활동하고 있는 것은 그 개념이 유용하기 때문이다. 만일 제품 관리자가 실패했다면 이는 [제품 관리자]란는건전한 경영 관리 기업을 제대로 활용하지 못했기 때문이다.(답변:A)

위의 글을 4단계로 정리해 보면

- 상황(S) = 제품 관리는 매우 중요하고 유익한 관리 개념이다.
- 전개(C) = 그러나 개념에 불만이 있다.

- 질문(Q) = 그것은 실질적이지 못하다는 이유 때문인가?
- 답변(A) = '아니다'

4 기획서의 특징 및 실제

1) 기획서의 특징

(1) 명확해야 한다

❶ 과학적 자료를 제시하여 설득하여야 한다.

❷ 전략에서 전술까지 서로 관련성을 가지고 논리를 일관시켜야 한다. 광고 기획의 힘은 각 부분의 요소들이 합치한 때에 강하게 된다.

❸ 광고 기획서는 요약하여 작성해야 한다. 결론까지 과정을 돌리지 말고 직접적으로 표현해야한다. 요점을 이야기해야 한다.

❹ 핵심을 명확히 표시하고, 포인트를 강조해야 한다.

❺ 테마는 예민하게 설정해야 한다.

(2) 유혹적이어야 한다.

❶ 기획서의 기본 양식에 너무 의존하지 않아도 된다.

❷ 기획서를 컬러화해야 한다.

❸ 기획서를 시각적 자료를 이용하여 효과를 극대화시켜야 한다.

❹ 타이틀에 신경을 써야 한다.

❺ 기획서에 흥미 요소를 사용하여야 한다.

(3) 도전적이어야 한다.

❶ 과학적 접근을 통해 나온 자신의 의견을 강력하게 반영하여야 한다.

❷ 현실성이 있어야 한다. 제안의 보완, 보강, 가능성을 확인한다.

❸ 표현 안을 적용시킨다.

❹ 현실성 있는 기획을 위해서 영업 현장을 방문, 분석함으로써 현실감 있게 작성할 수 있다.

2) 기획서의 구성

❶ 머리말 : 기획의 목적, 오리엔테이션 확인 등

❷ 시장분석 : 제품, 소비자. 유통 등의 시장 환경 분석

❸ 전략 : 분석결과를 요약한 과제, 컨셉 구상

❹ 전술 : 구체안, 표현, 미디어 믹스

❺ 실시계획 : 스케줄, 예산, 분담, 실시체제

❻ 맺는말 : 결의, 제출물 일람, 다음의 작업지시 요청

3) 기획서 작성시 유의점

❶ 자료의 분석과 전략을 바탕을 한다.

❷ 일목요연하게 작성한다.

❸ PT(Presentation)용일 경우 핵심만 기록하고 나머지는 말로 설명하는 것도 좋은 방법이다. 하지만 자료의 제시는 충분히 이루어져야 한다.

4) 기획서 발표(프레젠테이션)에 있어서의 주의점

❶ 확신을 가지고 PT에 임해야 한다.

❷ 자연스럽게. 신뢰를 주는 것이 중요하다.

❸ 부산스럽지 않게 한다. **(깔끔한 지시봉의 사용)**

❹ 광고주는 SWOT(Strength, Weakness, Opportunity, Threat) 분석시 강점과 기회요인에 관심이 많다. 그들은 광고 전문가의 혜안을 기대한다.

❺ 발표자는 적절한 높낮이로 음성을 조절한다.

❻ 기획서의 내용은 정확한 수치를 제시하는 것이 중요하다.

❼ 기획서는 발표가 끝난 후에 나눠주도록 한다.

5 네이밍

1) 네이밍의 의미

개인이나 기업이나 국가나 이름은 그를 비추는 거울이다. 이름 하나로 버티고 살아가는 세상이다. 다양한 기업들의 브랜드 네이밍은 성공의 비결이기도 하다. L전자 회사는 새로운 상품을 개발은 했는데 소비자에게 어필되지 않았다. 그래서 전문업체에 맡겨 탄생한 상품명이 〈Cyon〉이다. 이름값을 높이며, 대박 상품으로 세계를 누비고 있다. 이렇게 네이밍은 그 값을 성공적으로 수행함으로써 체계적이고 과학적인 전략으로 고객의 마음을 움직이는 창조적인 것으로 이를 통해 성공적인 브랜드를 개발하는데 그 의미오 목적이 있다.

네이밍은 클라이언트(Client)의 입장에서 체계적이고 유연한 조직 구성을 바탕으로 하여 가장 합리적인 비용으로 최대의 효과를 획득할 수 있는 최적의 브랜드 네임을 개발하는 것이다. 최적의 브랜드 개발을 통해 성공 브랜드를 개발함으로써 클라이언트의 성공 파트너가 되는 것이다.

2) 네이밍 기법

❶ 인명기법 : 디즈니랜드, 힐튼 호텔. 알로에 화장품…

❷ 자연어 기법 : Guess 청바지. Try…

❸ 두문자형 기법 : KT, SK, LG, GM…

❹ 단어의 결합기법 : 아침햇살, Bodyguard, Bodyshop…

❺ 단어의 합성 축약기법 : Swatch(Swiss watch), Membrain(Member brain)

❻ 단어의단축기법 : Vanta(advantage),Fanta(Fantasy)

❼ 단어의 변형기법 : Compacq컴퓨터(Compact)

❽ 알파벳붙이기 기법 : Asiana항공(Asian+a), Lemona비타민(Lemon+a)

❾ 형태소 기법 : GEO 과학잡지

❿ 형태소 결합기법 : Everfresh^(ever-), Interpark^(inter-)

⓫ 상징기법 : Apple 컴퓨터, Camel담배…

⓬ 신화기법 : Nike^(승리의 여신), 박카스^(술의 신), Dios 냉장고…

⓭ 철자대칭기법 : Xerox 복사기

⓮ 동음반복기법 : 봉봉 주스

⓯ 문장 완성형기법 : Korando 자동차^(Korea can do), 누네띠네^(눈에 띤다)

⓰ 의성기법 : Yahoo, WaaWaa,

⓱ 의태기법 : 도리도리

⓲ 숫자와 기호기법 : 7UP, 덴탈 크리닉 2080

⓳ 지역 명칭 이용 : 파리 바게트, Sillicon Valley Bank

기타

❶ 조어기법-.Kodak 필름,

❷ 제2외국어 이용기법:뚜레쥬르^(불:매일매일), EQUUS 자동차^(L:개선장군)

이 외도 얼마든지 새롭게 창작될 수 있다.

 가정하여 [내 사업체]의 이름을 지어보자.

3) 실례

❶ 브랜딩컴에서는 다양한 지상파 DMB 방송 중 DMB전문 방송국을 표방하는 KMMB의 새로운 사명과 채널 브랜드로 'U1 미디어'와 'U1'을 개발하였다. 'Ubiquitous No.1'의 약칭인 'U1'은 언제 어디서나 방송 및 통신 서비스를 이용할 수 있는 '유비쿼터스 시대'를 선도하겠다는 의지를 담고 있다. 이니셜로 사용한 'U'는 자유로움을 상징하는 'ubiquitous'외에도 '고객^(you)', '젊은 마인드^(youth)', '무한한 가능성^(unlimited)', '세상^(universe)' 등 복합적인 의미를 함축하고 있다.

❷ 브랜딩컴에서는 현대 · 기아자동차의 남양연구소를 방문하는 국내외 연구개발(R&D)및 생산 인력들을 위해 최고급 호텔 수준의 직원 숙소 브랜드 네이밍을

개발하였다.

올해 연말에 완공할 이 숙소는 고급 인테리어 뿐 아니라 사우나와 수영장, 피트니스센터 등 부대시설을 제대로 갖춘 `웰빙형 숙소`로, 숙소의 이름도 낮은 언덕들이 연속드리 이어져 있다라는 뜻의 `롤링힐스(Rolling Hills)`로 지어, 자연과 함께하는 편안한 휴식공간이라는 의미를 담았다. 또한 '롤링힐스'는 현대-기아 자동차의 역동성과 성장성 그리고 혁신과 진취적 기상을 자동차의 핵심 기능중의 하나인 '롤링'으로 상징하여 세계적인 자동차전문 그룹으로서의 이미지와 그와 하나되는 세계 정상급 인재들의 자부심을 표현하고 있다.

기존의 영빈관을 대신할 숙소로 남양연구소에 교육을 받으러 오거나 회의 등을 목적으로 방문한 현대차와 기아차의 세계 다국적 직원들이 사용하게 되는 '롤링힐스', '롤링힐스'가 완공되면 좀 더 많은 국내·외 직원들이 남양연구소와의 활발한 교류를 할 수 있게 되고 좀 더 편안하고 쾌적한 주거 환경을 바탕으로 하여 최고의 업무 효율성을 갖추게 될 것으로 기대되고 있다.

rolling hills,

❸ 그동안 하수처리 시설은 시민들에게 피하고픈 혐오 시설로 알려져 있다. 하지만 최근 하수처리 시설은 자연이 있고 쉼터가 있는 시민들의 휴식공간으로 재탄생 하고 있다.

용인시에서는 기흥·구갈 하수처리장을 친환경 시설로 업그레이드 하면서 그 명칭의 변화가 필요함을 느끼고 브랜딩컴에 프로젝트 의뢰를 하였다. 브랜딩컴이 개발한 용인시 하수처리 시설의 새 이름 '레스피아(Respia)'는 회복·재생을 뜻하는 'Restoration', 휴식의 'Rest', 그리고 유토피아(Utopia)를 합쳐 만든 말로 '이상적인 환경공원'의 뜻을 담고 있다.

이제는 '하수처리장'이 아니라 '레스피아'공원으로 불러야 할 때이다.

Respia
용인 레스피아

MEMO

PART

4

논술문과
논문 작성법

CHApter 1

논술문의 이론과 실제

1 논술의 개념

논술은 논증과 서술로 이루어진 말이다. 논증이란 어떠한 논리를 증명하는 것이다. 곧 어떠한 체계를 갖추어 사물의 옳고 그름을 따져서 사리에 맞게 그 진위를 밝히는 것이다. 그러므로 논술이란 곧 자신의 생각이나 주장을 이치에 맞게 체계적으로 증명하여 서술하는 글로서 논문의 기본이 된다. 따라서 해결되지 않은 논제를 다룬다. 이미 증명되었거나 보편화된 사실이나 비판 불가능한 사실에 대해서는 다루지 않는다. 끊임없이 문제되는 것을 다룬다.

이를 체계화해보면 다음과 같이 같다.

논술

① 論証(논증)
　　㉠ 논리 論(논) : 체계를 갖춰 사물의 옳고 그름을 따져 서술함.
　　　　　　　理(리) : 이치, 사리의 정확한 조리
　　㉡ 증명 : 어떤 사물 또는 판단의 진상이나 진위를 밝히는 것
② 서술

2 논술에 필요한 요건

1) 내용상 요건

(1) 비판적 사고

논술문은 일반적인 설명문이나 기사문과는 다르다. 어떠한 사건이나 사물에 접해서 쓰는 이의 사상이나 그에 따른 주장이 비판적으로 확실하게 나타나야 한다.

(2) 독창적 사고

비판을 함에 있어서는 객관적이고도 논리 정연하게 이루어져야 하되 독창적인 사고로서 자기만의 소리를 내어야 한다. 남의 의견에 편승하거나 남의 주장을 비판 없이 수용하는 태도는 바람직하지 않다. 가령 그러한 의견과 주장이 자기와 동일하더라도 자기만의 목소리는 따로 있을 것이다. 수용은 하되 자기만의 목소리 곧 독창성을 갖고 자기의 의견과 주장을 다시 펼치라는 것이다.

(3) 논리적 사고

어떠한 사안에 대한 사상이나 비판을 주장함에 있어 조직적이고도 합리적으로 증명하고 서술하는데 있어서 논리적 사고는 필수적이다. 아무리 그 주장이 올바르고 문장이 잘 정리되었다 하더라도 이치에 맞지 않거나 주장하는 내용의 경중이 합리적이지 못하다면 논술로서의 역할을 제대로 하고 있지 못한 것이다. 논리적 사고는 문장을 진술하고 서술함에 있어서도 조직적이고 합리적으로 다듬고 표현한다.

2) 형식상 요건

(1) 서술 능력

서술능력은 기본적으로 글로 표현할 수 있는 글쓰기의 능력과 맞춤법, 띄어쓰기, 문법 및 어법 등 우리말 표현에 대한 기본적인 지식을 요한다.

(2) 글 전체의 형식

일반적으로 서론 본론 결론의 세 부분으로 나누어 진술한다.

❶ 서론

도입 단락(첫 단락)으로 다룰 내용을 암시하고 본문으로 들어가는 길잡이의 역할을 한다. 서두, 들머리, 첫머리라고도 이름 붙인다. 다루어지는 내용은 대략 다음 4가지이다.

　　㉠ 글을 쓰는 동기나 목적
　　㉡ 다루고자하는 문제의 범위나 성격
　　㉢ 문제를 다루는 이론이나 방법
　　㉣ 그밖에 필요한 예비적 사항 등을 서술한다.

❷ 본론

일반 단락(둘째 단락에서 종결 단락 앞까지)으로 본문 또는 본체라고도 한다. 본문 내용을 차례로 전개하는 형식이다.

다음 세 가지로 설명할 수 있다.

　　㉠ 다룰 내용을 몇 갈래로 나누어서 부문별로 다룬다.
　　㉡ 각 부문별로 문제를 제시하면서 필요한 풀이, 분석, 예시, 인용 입증 등의
　　　　방법으로 전개해 간다.
　　㉢ 각 부문마다 결론을 짓고 내용을 정리하면서 서술한다.

❸ 결론

종결 단락(마무리 단락, 마지막 단락)으로 걸어, 마무리, 결언이라고도 한다. 본문에서 다룬 요점을 간추려 주제를 나타내는 단락이다.

다음 3가지로 요약할 수 있다.

㉠ 본론에서 다루어진 내용 가운데 중요한 것만을 요령있게 간추린다. 본론에서 각 부문별 요지나 결론을 간추리기도 하고 글 전체의 요지나 결론을 한 눈에 볼 수 있도록 요약하기도 한다.

㉡ 간추림의 첫째 목적은 본론에서 다룬 요점을 누구나 쉽게 알아 볼 수 있도록 하는데 있다. 그러므로 본론에서 다룬 내용에 한정한다. 새로운 내용이 들어가서는 안 된다. 요지, 결론 주제만을 간결하게 나타내야 한다. 둘째 목적은 다시 한 번 상기시키고 다짐함으로써 글의 표현 강도를 높이기 위함이다.

㉢ 이 문제에 대한 제언이나 전망을 결론과 함께 덧붙일 수 있다.

문제 다음 예문을 읽고 산업화에 따른 또 다른 문제와 그 대책 방안을 논술해보자.

> **예문 : 산업화에 따른 문제와 대책**
>
> ① 현대는 산업화, 공업화, 기계문명의 시대이다. 수십 년의 나이를 가지고 자라난 울창한 수목들도 하루아침에 기계와 불도저들에 의해 드러눕고 옮겨지고 파헤쳐지고 그 자리엔 위락시설, 청소년 수련원, 기타 이런 저런 시설로 자연은 파괴되어 가고 있다. 이 시대에 이룩한 성공적인 산업화는 국력의 신장을 가지고 왔다. 산업화를 통한 경제적 발전 또한 우리들로 하여금 빈곤에서 벗어나게 했고, 부를 축적하게 했다.
>
> ② 고층 건물이 들어서고 고층 아파트가 들어서고 초대형 백화점이 들어서고 … 원하는 것은 무엇이든지 백화점에 가면 다 있다. 아이가 있어도 기저귀를 빨 걱정이 없고, 비가와도 기저귀 말릴 걱정이 없다. 서울 주위만 조금 벗어나면 아름다운 풍광을 지닌 전원주택도 자연 속에 자리 잡고 있다. 낚시를 드리우고 싶으면 배를 타고 조그마한 섬으로 나아갈 수도 있고, 골프가 치고 싶으면 시원하게 확 트인 골프장으로 향할 수도 있다. 드라이브가 하고 싶으면 강변도로를 맘껏 달릴 수도 있다.
>
> ③ 이렇게 산업화에 따른 자연의 개발과 더불어 경제적 풍요와 생활의 편리함을 누리면서 문화생활을 즐기고 있는 가운데 서서히 한쪽에서는 그 반대 현상이 나타나고 있다. 하천은 오염되어 물고기가 죽어 가는 소리가 들려오고, 산더미같이 쌓여 가는 산업 쓰레기 속에서는 자연이 신음하는 소리가 들려오고, 골프장 주위에 위치한 농가에서는 농작물의 피해소리가 들려오고, 이렇게 자연이 파괴되고 오염된 환경 속에서 문명의 이기에 혼란을 가져오기도 한다. 오늘날과 같은 방향으로 그대로 나아간다면 미래는 어떻게 될까? 우리의 후손은?
>
> ④ 세계 각국에서는 21세기를 위한 찬란한 준비를 하고 있는 것으로 보도된다. 새로운 세기를 준비하는 우리는 무엇보다 환경문제에 주목하지 않을 수 없다. 이제는 찬찬히 뒤도 돌아보고 먼 앞을 바라보며 정책도 계획하고 추진해야 할 것이다. 아무리 전문가라도 완전할 수는 없다. 그렇다고 전문가도 못되는 사람이 그 자리에 있으면서 일을 그르쳐서도 안 될 것이다. 이제는 환경을 보전할 때이다. 모든 정책에서 환경을 우선해야 될 것이다. 지구는 현재 심각한 증후를 보이고 있다. 기형의 물고기가 나타나고, 기형의 생물과 동물이 태어나고…
>
> ⑤ 지난 한 세기를 돌아보면 곧 20세기로 접어들면서, 일제 침략 정책과 더불어 서양문물이 도입되면서 우리의 교육과 생활 방식 모든 것은 현대라는 오늘날의 문명으로 급속도로 전환되었다. 자연에 대한 우리의 생각도 바뀌었다. 원래 우리의 사고대로라면 자연에 순응하는 것이다. 그에 비해 자연에 대한 서양의 사고방식은 자연을 정복하는 것이다. 그리고 자연을 지배하는 것이다. 곧 산업화에 따른 과학 문명이라는 것은 인간에 의한 자연정복이요, 인간 중심적 자연관이다. 그 결과 지구는 환경오염, 생태계 파괴, 종국은 인류의 멸망이라는 심각한 위치에서 신열을 앓고 있다.
>
> ⑥ 이제 우리는 '자연 정복에서 자연 보호'로 나아가야 할 때이다. '사람은 자연 보호, 자연은 사람 보호'라는 표어가 뜻하는 바를 바로 깨닫고 모두가 실천해야 할 때이다. 자연은 인간이 정복해야 할 대상이 아니다. 우리 선인들이 그러했듯이 인간은 자연 속에서 자연을 바라보며 쉼을 얻고 그 아름다움을 노래해야할 관조의 대상이다. 자연은 위대하다. 사시사철 바라보는 자연의 아름다운 변화에서 우주의 진리를 생각하게 한다. 인간은 자연 속에서 순수해진다.
> (대책 방안은 각자 구체적으로 서술해 본다)

3 주제 표현의 원리

　　인간은 표현의 동물이다. 자기의 생각이나 느낌을 타인에게 알리고 싶은 욕구가 있다. 이를 널리 전달하기 위해서 결국은 글을 쓰는 것이다.

　　좋은 글이란 먼저 주제가 뚜렷이 나타나야 한다. 한 편의 글을 읽고도 무엇에 대하여 쓴 것인지 알 수 없다면 아무리 미사여구로 묘사가 뛰어나다 하더라도 실패한 글이다. 어떠한 글을 읽었을 때 이것은 무엇에 대하여 썼다는 주제가 확실히 드러나야 한다. 이것은 산문이나 시에 있어서나 마찬가지이다. 작자가 독자에게 주고자 하는 메시지가 확실히 드러나야 한다. 그리고 작자가 나타내고자하는 주제의 내용이 분산되지 않고 하나의 초점을 향해서 집중되어 나타나야 한다. 또 저자의 반짝이는 아이디어가 효율적으로 표현되어 독자에게 잘 전달되어야 한다.

　　이렇게 주제가 뚜렷이 드러나기 위해서는 다음과 같은 기본 원리를 알아야 한다.

1) 주제 경중의 원리

　　주제를 작성하고 글을 시작한다. 다루고자하는 여러 가지 소재 중 가장 중요하다고 생각하는 바를 주제로 하여 써야 주제가 분명한 글이 된다.

| 예문 |

　　사람은 첫째로 사람에게서 배운다. 사람의 스승은 우선 사람이다. 글을 읽는 것, 간접적이긴 하나 내용에 있어서 사람의 말을 듣는 것과 다를 바 없다. 우리는 글을 배운다면 먼저 책을 생각한다. 그러나 그때에도 사람에게서 배우고 있는 것이다. 소크라테스도 인간은 인간사회에서 배우는 것이 가장 많고 의의 있는 것이라고 하였다. 옛날부터 성현들이 仁(인)을 혹은 사랑을 혹은 자비를 가르쳤음은 한결같이 인간관계를 떠나서는 살아갈 수 없음을 의미하였던 것이다. 사람은 사람에게서 배우고 사람에 의하여 구실을 하게 마련이다.

　　　　　　　　　　　　　　　　　　　　　　　　　　　　　　－ 박종홍, '학문의 길'에서 －

2) 재료 선택의 원리

　　주제에 알맞은 재료만을 선택해야 한다. 주제와 관련되고 주제를 발전시킬 수 있는 재료만을 선택 곧 주제를 쉽게 풀이하는 설명, 주제를 합리화하고 증거 하는 사실, 주제를 실증하는 사례만 선택하여 서술한다.

| 예문 |

'성군 밑에 충신 난다'는 말이 있다. 세종 때 유난히 ⊠白吏(청백리)가 많았다. 천성이 검소한 황희는 정승의 자리에만 30년 있었지만 검약 생활은 벼슬하기 전과 조금도 다름이 없었다. 좌의정을 지낸 유관도 마찬가지였다 빗줄기가 방안으로 쏟아져 내리자 우산으로 가리며 부인에게 "우산도 없는 집에서는 어떻게 견딜고"하고 걱정했다 한다. 사육신 중 박팽년. 성삼문. 유응부도 청백리로 명성이 높았다. 이들은 모두 세종이 등용해 아끼던 분이다.

– 동아일보, '횡설수설'에서 –

3) 제재 배열의 원리

주제가 뚜렷이 드러나도록 모든 제재를 배열해야 한다. 제재 배열의 요건으로, '연결성의 원리'라고도 한다. 적절한 제재를 적지적소에 배치한다. 이는 시간적 공간적 논리적 순서에 따른다.

| 예문 | 시간적 순서

위트가 위기를 모면해 주는 일이 있다. 어느 날 저녁 때 임금이 대궐 안을 산책하고 있었다. 우연히 주방 앞을 지나다가 보니 수라상을 마련하는 여자가 홍시를 혀로 핥아서 닦고 있었다. 임금은 못 본 체 하고 그 앞을 지나갔다. 그 이튿날 아침에 수라상에 그 홍시가 올려 있었다. 임금은 은근히 화가 치밀어 그 여인에게 물었다. "음식은 어떻게 해야 깨끗한고?" 여인은 가슴이 철렁했다. 순간 기지를 발휘했다. "아니 보시면 깨끗하나이다."

– 임정현. '감의 맛'에서 –

| 예문 | 공간적 순서

밤은 역시 아름답다. 여기저기 켜진 등불들은 순박한 눈동자처럼 다정한 호기심으로 반짝거리고 멀리보이는 찻길에는 몇 대의 차들이 불을 밝히고 달리고 있다. 그 모습은 마치 신데렐라의 호박마차처럼 신기하게 느껴졌다. 어둠에 가려진 밤의 풍경은 희망에 찬 불빛만 보인다. 집들도 그렇다. 창마다 비치는 환한 불빛은 한결 아늑함과 따스함을 준다. 낮의 모습과는 다른 세계를 연상케 한다. 어두움에 가려진 밤의 풍경은 아름답기만 하다.

– 강은교. '문 앞에서'에서 –

4) 주제 강조의 원리

주제가 인상 깊게 드러나도록 충분한 재료를 활용한 보조문이 있어야 한다. 이를 '강조의 원리'라 한다.

┃예문┃

우리말을 고스란히 적을 수 있는 글자를 어느 때에 갑자기 만들어 냈다는 사실은 참으로 놀라운 기적이다. 단순하고 불완전한 어떤 기호에서 몇 십 년 또는 몇 백 년을 두고 조금씩 고치고 다듬어 오는 사이에 차차로 완전하게 이루어진 글자가 아니라 한 임금의 이끄심 밑에서 몇 사람의 학자들이 20년도 못 걸려 그처럼 훌륭한 글자를 만들어 낸 것은 하늘 아래 처음 있는 일이다. 그것도 뜻과 느낌과 소리를 완전히 갖춘 살아있는 말을 고스란히 적을 수 있는 '쉽고도 알뜰한' 글자를 몇 사람의 지혜로 만들어냈다는 것은 기적이라 하지 않을 수 없다.

– 김수업, '배달 문학의 길잡이'에서 –

 문제   논제 : 술의 장점과 단점에 대하여 논하시오.

개요 작성의 실례 –.술의 장점과 단점

1. 서론

2. 술의 장점
   ① 정신면 –. 괴로움의 망각, 상상력의 촉진
   ② 생활면 –. 기분 전환, 사교 및 향연의 흥취, 노동자의 작업능률 상승
   ③ 생리면 –. 혈액순환의 촉진, 피로회복

3. 술의 단점
   ① 정신면 –. 의지력 약화, 기억력의 감퇴
   ② 생활면 –. 과용과 시간낭비, 주벽발생, 사무의 지연
   ③ 생리면 –. 중독의 우려, 다른 질병과의 연쇄 반응

4. 결론
   ✎ 술에 대한 인식 태도와 실천 방안. - 4단 구상으로 서술하면서 개요정리

4 주제 전개의 방법

1) 구체화 방법에 의한 전개

주제는 글의 요지를 간추린 것이므로 대개는 추상적이고 포괄적인 개념이다. 이를 알기 쉽게 풀이 또는 쉬운 말로 해석해 나가기 위해서는 구체적으로 서술하거나 접속어구를 활용하여 쉽게 풀어 써야한다. 다음에서 추상적 서술과 구체적 서술에 대해서 알아보자.

(1) 추상적 서술과 구체적 서술

추상적 서술은 주로 다음과 같은 경우에 활용된다. 곧 ① 포괄적 명제 ② 사람이나 사물의 공통된 성질 ③ 사건이나 행동의 깊은 뜻 해석 ④ 일화나 실화의 뜻을 집약 ⑤ 상위 개념 ⑥ 결론이나 결과 ⑦ 조사 실험 결과를 간추려 나타낼 때 활용한다. 이에 비하여 구체적 서술은 다음과 같은 개념에 활용된다. 곧 ① 부분적 설명 ② 사람이나 사물 개개에 대해서 관찰 파악한 것 ③ 사건이나 행동을 있는 그대로 보여 주는 것 ④ 일화나 실화를 들려줌 ⑤ 하위 개념 ⑥ 이유나 원인 ⑦ 구체적인 요인을 보이는 것 등이다.

다음 각 번호에 따라 예문을 보면서 이해를 돕자.

| 예문 **추상적 서술과 구체적 서술**

① 추상적 서술 –.유럽을 여행하면서 느낀 것인데, 스위스는 깨끗하고 시원한 인상을 주었다.
　구체적 서술 –. 집들은 붉은 지붕에 흰 벽면으로 되어 있어 녹색의 자연 환경과 파란 하늘과 어울려 깨끗하고 시원한 느낌을 주었다.

② 추상적 –. 그들 형제는 매우 끈질긴 사람이다.
　구체적 –. 형은 취직을 하기 위해 3 개월 동안이나 끈질기게 그 사장을 쫓아다닌 끝에 드디어 그 회사에 취직하게 되었고, 동생은 아르바이트를 하면서도 끈질기게 도전에 도전을 거듭하여 이 번에 드디어 그 대학에 입학했다.

③ 추상적 –.드디어 김정일이 개방을 선언했다.

구체적 – 김정일은 신의주를 특별행정구역으로 정하고 신의주 행정장관에 중국인, 양빈(楊斌)을 임명했다. 또 특구 정부는 검찰 사법 제도를 관장할 특구 초대 법무국 수장에 유럽인을 임명 유럽식 사법제도 적용을 통해 외국인 투자 분위기를 적극 조성하고, 의회 역할을 하는 입법회원도 15명 중 절반 이상을 외국인들에게 배당하기로 했다.

④ 추상적 – 사람은 죽음의 상징인 무덤 앞에서 희망을 찾을 줄 아는 지혜를 가졌다.

구체적 – 아버지와 아들이 사막을 가고 있었다. 날씨는 타는 듯 뜨거웠고 길은 지루하기 한이 없었다. 아들이 아버지에게 말했다. "아버지, 목이 타서 죽겠어요" 그러자 그 아버지는 이렇게 격려를 했다. "아들아, 용기를 내라. 우리의 선조들도 이 고통의 길을 다 걸어갔단다. 이제 곧 마을이 나타날꺼야." 아버지와 아들은 계속 걸었다.

⑤ 추상적 – 황희 정승은 조선 초의 이름난 정치가로 청백리로 유명하다.

구체적 – 그가 정치가로서 수완을 발휘하게 된 것은 47세 때에 지신사(知申事)가 되면서부터이다. 그는 태종의 극진한 예우를 받고 육조의 판서를 역임하는 등 내외의 요직에 있으면서 문물과 제도의 정비에 노력하여 훌륭한 업적을 많이 남겼다. 세종 때에는 영의정이 되어 국정을 위임받아 꾸준히 정치에 힘쓰다가 86세로 은퇴하였다. 그는 평소에 관후(寬厚)인자(仁慈)하고 청백한 관원 생활을 한 것으로 유명하여 청백리의 귀감이 되었다.

⑥ 추상적 – 웃음은 건강과 젊음을 준다. 그러므로 웃음에 인색하지 않아야 한다.

구체적 – 생리현상에서 보면 웃음이란 호르몬 분비가 증가되고, 호르몬의 균형이 잡히고, 혈액 순환이 왕성해지고, 혈액의 산도가 알카리성으로 바 긴장 완화로 호흡이 길어지고, 소화가 잘 되는 따위의 이로운 효과를 낼 수 있어 웃음은 건강과 젊음을 준다고 한다.

⑦ 추상적 – 수명은 습관이 좌우한다.

구체적 – 미국 캘리포니아의 주민 6928명을 대상으로 한 5년간의 실험결과 생활관을 잘 지킨 사람이 그렇지 않은 사람보다 10년이나 넘게 오래 살았음이 밝혀졌 다. 그 7가지 습관은 ① 하루에 7,8시간씩 잠을 잔다. ② 아침식사를 거르지 않고 먹는다. ③ 간식은 하지 않는다. ④ 적당한 체중을 유지한다. ⑤ 규칙적으로 운동한다. ⑥ 담배를 피우지 않는다. ⑦ 술을 전혀 마시지 않거나 조금 마신다.

2) 풀이 방식에 의한 전개

글을 전개하는데 가장 많이 쓰이는 기본적인 전개법이다. 풀이 방식에 의한 글의 전개요령은 다음과 같은 '접속어구'를 마음속에 뇌이면서 글을 전개해 간다. 이러한 '접속어구는 문장 속에 꼭 드러날 필요는 없다. 생략하는 경우가 많다.

이를 예시해보면 다음과 같은 접속어들이다

세부적으로 말하면, 자세히 말하면, 또한, 특히, 구체적으로 말하면, 다시 말하면, 풀어서 말하면, 알기 쉽게 말하면 등등이다.

3) 합리화 방법에 의한 전개

주장이나 결과에 대해서 그 근거를 밝히고자할 때 이유나 원인을 밝힘으로써 주제문을 전개하고자할 때 쓴다. 주제문이 앞에 제시될 경우는 〈왜냐하면, 그 까닭은, 그 이유는 그 원인은〉을, 주제문이 맨 끝에 올 경우는 〈그러므로, 그래서, 그 결과로, 그리하여〉 등의 접속어를 속으로 뇌이면서 글을 전개한다.

 | 예문 |

텔레비전은 바보상자라 할만한 점이 분명히 있다. (왜냐하면) 텔레비전은 우리가 조용히 생각할 수 있는 시간, 곧 고독의 시간을 빼앗는다. (풀어서 말하면) 고독의 시간은 우리를 쓸쓸하게 만들기도 하지만 독자적인 생각을 많이 할 수 있게 만드는 기회가 된다. 그런데 텔레비전은 여러 가지 오락과 흥미꺼리를 가지고 우리를 유혹함으로써 그 앞에 멍하게 앉아 있게 만든다. 결국 우리로 하여금 스스로 탐구하고 창조하는 힘을 약화시킨다.

4) 예시 방식에 의한 전개

어떤 사건이나 행동, 또는 역사적 사실이나 전설 등을 예시하면서 전개한다.

 | 예문 |

우리는 아이들의 교육에서 가장 중요한 것을 저버리기 쉽다. 옛날 어떤 어머니가 아들의 장래에 관해서 의논하고 조언을 얻기 위해서 그를 데리고 마을의 현자(賢者)를 찾아갔다. "우리 아들은 누구보다도 열심히 공부를 하고 하루에도 몇 시간씩이나 책과 씨름을 하며, 무엇을 물어보아도 모르는 것이 없을 정도로 아는 것이 많습니다." 이 말을 들은 현자는 한참 있다가 입을 열었다. "아깝게도 바보가 되어 있겠군." 이 말을 들은 어머니와 아들은 서로 얼굴을 쳐다보며 의아해 했다. 현자는 다시 입을 열었다. "생각을 할 수 있는 여유가 없이, 지식을 얻는 일에만 골몰하고 있으니 바보가 될 수밖에 없지"

– 정원식, '생각하는 경험' 중에서 –

 문제   논제 : 운동의 여러 가지 의미를 논해 보시오.(위의 전개 방식을 활용)

5 문장 구성의 기본

몇 개의 단어를 문법에 맞추어 연결하여 하나의 의미를 표현하는 하나의 단위를 문장이라고 한다. 이러한 문장이 모여서 토막글이 되고, 토막글이 모여서 긴 글이 된다.

1) 토막글과 긴 글

토막글(단락)이 모여서 긴 글이 된다. 아래 〈예문〉은 토막글 5개로 이루어진 긴 글이다. 곧 5개의 단락으로 이루어진 장문(長文)이다. 이렇게 글은 몇 개의 토막글이 모여서 긴 글이 된다.

| 예문 **독서의 보람**

① 나는 요즈음 책이 우리에게 주는 참된 가치에 대하여 내 나름대로 깨닫게 되었다. 독서의 가치나 보람에 대해서는 많은 이들이 언급해 왔지만 나 자신이 깨닫지 못했을 때는 그것을 실감하지 못하였다. 그런데 최근에 독서에 취미가 붙어 틈만 있으면 책을 읽다 보니 독서가 우리에게 주는 의미를 실감하게 되었다. 우리는 독서를 통하여 새로운 세계를 발견하고, 알고자 하는 욕망을 채울 수 있고, 우리의 안목을 넓혀 준다. 독서는 우리로 하여금 정신적인 성장을 가져다준다. ─. 독서를 통한 정신적인 성장(주제)

② 나는 책을 통해서 늘 새로운 세계를 발견한다. 책의 저자들은 그가 살고, 느끼고, 생각한 바를 보여준다. 고전을 읽으면 선인들이 살았던 세상을 보게 되고, 외국 책에서는 그 나라의 모습과 생활 풍습까지도 엿볼 수 있다. 특히 문학 작품에서는 작가가 그리는 미지의 세계가 상상의 날개를 펼치게도 한다. 이렇게 책을 읽음으로써 우리는 나 자신이 경험할 수 없는 새로운 세계로 흥미진진하게 마음의 여행을 할 수 있다. ─.독서를 통하여 새로운 세계를 발견한다.

③ 책은 알고자 하는 욕구를 채워 준다. 나는 어렸을 때부터 호기심이 많은 편이다. 그래서 알고자 하는 욕구도 그만큼 컸다고 생각한다. 그럴 때마다 나는 백과사전을 뒤지거나 관련 책을 찾곤 한다. 책은 누구보다도 친절하고 자상한 선생이다. 나의 알고자 하는 욕구를 채워주는 것은 바로 책이다.─.알고자 하는 욕구를 채워준다.

④ 책이 나에게 가져다주는 또 한 가지 선물은 세상을 보는 안목을 넓혀 준다는 것이다. 어떤 문제에 부딪쳤을 때 그 해결책을 찾는데도 책에서 얻어진 지식이 활용되는 경우가 많다. 책을 읽으면서 여러 사람들의 인생 경험을 통해서 나를 돌아보고, 내 인생 길의 거울로 삼는 것도 많다. 이렇듯 책은 우리에게 세상을 바라보는 안목을 넓혀 준다. ─.안목을 넓혀 준다.

⑤ 이상에서 보았듯이 우리는 독서를 통해서 늘 새로운 세계를 발견하고, 알고자 하는 욕망을 채울 수 있다. 뿐만 아니라 세상을 보는 안목도 넓어진다. 그러므로 독서는 정신적인 성장을 가져다주어 우리의 삶을 풍요롭게 한다. −.독서는 우리의 삶을 풍요롭게 한다.

> **문제** 위의 〈예문〉을 토막 글로 분석하고, 다시 긴 글로 조합해 보자.

2) 문장의 일반적인 구성

(1) 단락의 기본적인 구성 요소

대개의 경우 글 전체의 주제는 소주제로 나뉘어 체계적으로 전개된다. 이 소주제는 글 전체의 주제를 받쳐주는 기둥 또는 골격의 구실을 한다. 일반적으로 글은 단락으로 나누어지고 단락은 소주제를 중심으로 이루어진다.

이를 〈예문1〉을 중심으로 분석하여 조직화해 보면 다음과 같다.

- **1단락** : 도입 문장(특수 단락), 주제 명시
- **2 · 3 · 4 단락** : 일반 단락. 소주제를 풀이하거나 입증하여 전개하고 구체화했다. 곧 골격에 살을 붙인 것이다.
- **5단락** : 마무리 문장 (특수단락) 일반 단락에서의 소주제를 조합하여 주제를 밝혔다.

(2) 단락의 소주제문과 받침문장(종속문장 또는 보조문장)

소주제는 토막글의 주제로서, 전체 글을 뒷받침하는 가장 핵심적인 요소이며 받침 문장은 소주제의 내용을 구체적으로 풀이하고 합리화 또는 실례를 들면서 알기 쉽게 풀이한다.

6 글의 구성 원리

1) 자료의 배열 순서에 따른 구성법

(1) 시간적 순서

자연 발생적 순서에 따라 전개(새벽, 아침, 저녁, 밤. 유년기, 소년기, 청년기, 장년기, 노년기)

(2) 공간적 순서

공간적 이동에 따른 전개 방법(집, 버스안, 거리, 직장)

(3) 논리적 순서

글을 쓰는 자료나 개념들 사이의 논리적인 관계나 순리적인 연결 관계에 따라 전개해 가는 것을 말함. (1) (2) 이 외는 모두 이에 속한다.

❶ 특수화의 순서-.글의 주제(일반사항)와 관련된 몇 개의 소항목(특수사항)으로 나누어 서술하는 방법

❷ 일반화의 순서-.일반사항을 마지막에 제시하는 구성 방법.(일반사항을 순리적으로 이끌어 낼 수 있도록 세부 사항을 먼저 나열하여 제시함, 특수화의 순서와 정반대임)

❸ 찬·반의 순서에 따른 구성-.서로 엇갈리는 내용을 절충하면서 제시하는 방법

2) 단락 전개 방법에 따른 구성법

(1) 단락의 소주제와 소주제문

일반 단락은 그 핵심 내용인 소주제가 반드시 있다. 소주제는 전체 주제의 일부를 이루는 요소가 됨과 아울러 단락이라는 토막글의 중심과제가 된다. 소주제는 대개 명제 형식으로 표현되는 소주제문을 가진다. 이것은 단락의 요지를 이해하는데 길잡이가 된다. 단락에서 소주제문을 뺀 나머지 문장을 뒷받침문장(supporting sentence)이라 한다.

(2) 소주제의 요건

❶ 글의 주제와 관련된 것이어야 한다.

❷ 알맞은 범주의 개념이라야 한다. (독서의 가치-.실용적, 취미, 오락적, 교양적 가치)

❸ 소주제는 단일한 것일수록 좋다.- 하나의 초점으로 모이는 것이 바람직

❹ 복합개념의 소주제는 특수한 경우에만 쓰인다.- 시는 회화성과 음악성을 지닌다.

(3) 소주제문의 요건

❶ 간결할수록 좋다.- 신사임당은 훌륭한 시적 재능을 지녔다(주재; 사임당의 시적 재능)

❷ 확실한 표현일수록 좋다.- 교양은 고독 속에서 자란다(주제; 고독의 정신)

(4) 바람직한 뒷받침 문장

❶ 소주제와 관련된 문장 -. 소주제를 풀이하거나 논술하여 전개하는 문장(무관하거나 반대되는 내용은 피해야 한다.)

 ∥예문∥

　국어 순화는 우리말을 순수하게 가꾸자는 것이다. 순화란 잡것을 걸러서 순수하게 한다는 뜻이며, 우리말을 잡스럽게 어지럽히는 온갖 독소들을 제거하여 깨끗하고 아름답게 다듬고 가꾸자는 것이 국어순화의 본뜻이다. …… 또 토박이말 가운데서도 발음하기 쉽고 듣기 좋은 말로 바꾸는 것도 국어순화의 길이다.

❷ 소주제를 충분히 발전시키는 뒷받침 문장 -.구체화와 합리화하여 이해시켜야 함

 ∥예문∥

　한국의 미는 한 마디로 '자연의 미'라고 할 것이다. 한국의 산수는 요란스럽지 않다. 산은 둥글고, 물은 잔잔하며 산줄기는 멀리 남쪽으로 중첩하지만 둥근 산 뒤에 초가 마을이 있고, 산봉이 높은 것 같아도 초동이 다니는 길 끝에는 조그만 산사가 있다. 봄이 오면 진달래가 피고, 가을이 오면 맑은 하늘 아래 단풍이 든다. ……

3) 단락의 구조 유형에 따른 구성법

(1) 두괄식 단락

-. 소주제문이 먼저 서술되고 이어 뒷받침문장들로 이루어진다.

 | 예문 |

산불은 그 마을을 휩쓸어 버렸다. 한 집도 제대로 남아 있지 않았다. 울타리도 담도 쓸어져 버렸다. 가구도구도 하나 제대로 건지지 못했다. 이재민들은 멀리 떨어진 마을 회관에 모여 넋을 잃고 있었다. 火魔(화마)가 할퀴고 간 마을은 폭격을 맞은 것보다 더 처참했다.

(2) 미괄식 단락

-. 뒷받침문장들이 먼서 서술되고 단락 마지막에 소주제문으로 이루어진다.

 | 예문 |

산불로 인하여 그 마을은 한 집도 제대로 남아있지 않았다. 울타리도 담도 쓸어져 버렸다. 가구도구도 하나 제대로 건지지 못했다. 이재민들은 멀리 떨어져 있는 마을 회관에 모여 넋을 잃고 있었다. 화마가 할퀴고 간 마을은 폭격을 맞은 것 보다 더 처참했다. 이렇게 산불은 그 마을을 휩쓸어 버렸다.

(3) 양괄식 단락

소주제문이 먼저 진술되고 뒷받침문장들로 설명이 이어지다가 마지막에 소주제문으로 마무리를 한다.

4) 특수단락에 의한 글의 구성법

도입단락, 전환단락, 종결단락, 주 단락, 종속단락 등으로 나눈다.

(1) 도입단락의 구실

글의 첫머리에 놓이는 단락으로서 글의 성패를 결정짓는 열쇠의 구실을 한다. 도입단락은 독자의 관심과 흥미를 불러 일으켜서 읽도록 만들어야 한다.

(2) 도입단락의 구성 요령

❶ 문제의 제기 -. 다루어질 문제를 내세움으로써 독자의 관심을 불러일으킨다.

ㅣ 예문 ㅣ

'사랑'이라는 말보다 보편적이면서도 매력적인 말도 드물 것이다. 좁은 의미의 사랑에서부터 넓은 의미의 사랑이 있고, 깊은 사랑이 있나하면 얕은 사랑도 있다. 남녀간의 사랑이 있나하면 형제간의 사랑이 있고 부모와 자식간의 사랑이 있다. 그런가하면 나라사랑이 있고 인류사랑 자연사랑 …… 헤아릴 수 없이 많이 있다.

❷ 주제의 제시 -. 도입부에서 주제를 제시하여 관심을 집중시키는 경우이다.

ㅣ 예문 ㅣ

종교는 인간을 확실히 변화시킨다. 그 변화에는 여러 유형이 있다. 긍정적인 면과 부정적인 면이 있다. 또 종교의 유형에 따라서 그 변화에도 적극적인 면과 소극적인 면도 있다. 어떻든 종교의 힘이 크다는 것을 요즈음 몇 가지 사건에 접하면서 더욱 실감하게 된다.

❸ 주제의 구분 제시 -.본문에서 다루어질 주제를 몇 개로 구분해서 제시하는 경우이다.

ㅣ 예문 ㅣ

오늘 실시될 여야총재회담은 지금까지의 불신의 벽을 허물고 상호 신뢰를 회복하는 자리로서 다음 몇 가지 문제에 관해 깊이 있는 의견을 나눌 것으로 보인다. 첫째 새로운 여야관계설정. 둘째 남북정상회담의 성공적 성사를 위한 협력. 셋째 민생현안과 경제문제 등에 관해 폭 넓게 논의될 것으로 본다.

❹ 사건의 제시 -. 주제와 관련 있는 사건을 내세워 독자의 관심을 불러일으킨다.

ㅣ 예문 ㅣ

두 사람의 철학자가 같이 길을 걷고 있었다. 골목길을 들어섰는데 갑자기 갓난아이의 울음소리가 들렸다. 막 세상으로 나온 갓난아이의 우렁찬 울음 소리였다. 두 사람은 걸음을 멈추고 한참 동안 그 '울음소리'를 듣고 있었다. '아기는 태어나면서 왜 울까?'

❺ 인용문의 제시 -. 본문에서 다루어질 문제점이나 주제와 관련되면서도 참신한 맛이 있는 명언이나 명구가 효과적이다.

| 예문 |

운명이란 참으로 기묘한 것이다. "운명은 사소한 원인에서부터 결정된다."고 시저는 말했다.

(3) 전환단락 -. 긴 글의 중간 부분에서 서술방향을 제시하는 구실을 한다.

| 예문 |

이제까지 우리는 논술문을 포함한 글쓰기 전반에 대해서 강의해 왔고, 또 실제로 논술형식을 빌려서 글쓰기를 해 보기도 했다. 하지만 이론을 아는 것과 실제로 글로 표현하는 것과는 차이가 있다. 아무리 이론을 알아도 쓰지 않고는 소기의 목적을 달성하기가 어렵다. 그러면 그 목적 달성을 위해서 어떻게 하는 것이 효과적일까? 앞으로는 이 점을 바로 중심과제로 삼고자 한다.

(4) 종결단락 -. 내용전개나 뒷받침은 필요 없고 다만 맺는 말 정도로 그친다.

❶ 본문 내용을 간추려 주제를 다지는 경우 -. 글 전체의 주제가 되는 수도 있고, 그 주제를 여러 갈래로 하위 구분한 것일 수도 있다.

| 예문 |

이상에서 문장력 향상은 여러 가지 대상과 방법을 통하여 증진된다는 것을 밝혔다. 첫째로 책에서 배우며, 둘째로 자연의 교감에서 많은 것을 배운다. 셋째로 로고스와의 대화, 내면적 사유를 통하여 많은 것을 깨닫는다. 이 과정을 겪으면서 부단히 쓰는 작업을 통하여 문장력은 저절로 증진된다.

❷ 주제만을 상기시키고, 전망을 하는 경우 -. 주제를 마지막으로 상기시켜서 다짐하고, 전망한다.

| 예문 |

그러므로 '은근'은 한국의 미요, '끈기'는 한국의 힘이다. 은근하고 끈기 있게 사는 데에 한국의 생활이 건설 되어가고, 또 거기서 한국의 참다운 예술 문학이 생생하게 자라날 것이다.

❸ 글의 주제와 관련된 어구 등으로 여운을 남기는 경우 . 주제를 뚜렷이 상기시키는 대신에 관련된 표현으로 여운을 남기면서 끝맺는다.

 | 예문 |

스피노자는 "비록 내일 지구의 종말이 온다고 하더라도 오늘 한 그루의 나무를 심겠다."고 했다. 내일이 없고 미래가 없는 양 행동하는 저 어리석은 사람들은 깨어나야 한다.

❹ 본문 내용을 마무리하면서 전망하는 경우 . 글을 마무리하면서 남은 문제점을 가리키거나 전망을 하기도 한다. 또 본문 내용을 간추리지 않고 독자에게 바라는 점이나 전망만을 적고 끝맺는 경우도 있다

 | 예문 |

한국사회에 공업화 현상이 진전함에 따라 그것이 뿜어내는 거대한 생산력이 한국사회와 그 속의 구성원의 성격을 크게 바꾸어야 할 것이며 정치와 사회의 구별이 더 뚜렷해짐에 따라서 새로운 권력 구조의 형성이 불가피해질 것이다. 정치의 주체자로서의 민중의 힘이 자람에 따라 한국정치의 미래상도 크게 바뀌게 될 것으로 가늠해 보는 것이 희망적인 관측만은 아닐 것이다.

(5) 주단락과 종속단락

주단락은 소주제를 개괄하여 나타내고 종속단락은 주단락에 나타난 소주제를 좀 더 자세히 전개하는 뒷받침 구실을 한다. 그러므로 주단락과 종속단락은 함께 따라다닌다.

 | 예문 |

미국평화봉사단의 목적은 두 가지로 볼 수 있다. 하나는 상대국가에 대한 봉사를 통한 우호의 증진을 꽤하는 것이다. 다른 하나는 미국 젊은이로 하여금 외국 문화권에 접촉을 하도록 하는 것이다. 이 두 가지는 세계에 대한 지도력을 유지하고 발전시키려는 미국이 노리고 있는 일거양득의 목표이다.

봉사를 통한 우호의 증진은 미국의 평화적이고 문화적인 원조계획의 하나이다. 이차 대전 후 미국은 세계의 여러 나라에 경제적으로나 군사적으로 원조를 해 왔다. ⋯⋯

외국문화권에 대한 접촉은 미국젊은이로 하여금 경험과 시야를 넓혀서 미래 지도자의 자질을 갖추게 하는 계획의 하나이다. 사람이란 자신을 바로 알고, 또 바른 인생관이나 세계관을 세우려면 남을 알고 세계를 두루 경험해야 한다. ⋯⋯

7 논술법과 논술문

1) 논술법(argument)

논술법이란 어떤 문제에 대하여 자기의 견해나 주장을 내세우는 글이다. 그래서 주장하는 글이라고도 한다. 곧 합당한 근거를 바탕으로 해서 자기의 독자적인 견해나 해석에 대한 근거를 밝히고 독자를 합리적으로 설득하는 글로서 논리적인 추론을 기본으로 하는 서술법이다.

2) 논술문

논술문은 논리적 사고 능력을 기르는 글로서 논설문과 논문을 쓰는데 요구되는 서술법이다. 논설문이란 신문의 '사설'에서 보듯이 시사적인 문제에 대하여 독자적인 주장을 내세우고 그 근거를 밝혀 독자를 설득시키려는 글이다.

3) 논리적 推論(추론)

논리적 추론의 시발점은, 어떤 일에 대하여 먼저 '합당한 근거'가 세워져야 한다. 어떤 사안(事案)에 대하여 의견이나 주장을 내세워서 논술하는 데는 독자가 납득할 만한 이유 곧 근거가 있어야 한다. 예를 들면 '정치인이 변해야 사회가 바로 선다.'라든지 '남자가 변해야 사회가 밝다' 또는 '주부가 변해야 가정이 밝다'라는 주장이 독자에게 설득력을 발휘하려고 하면 '왜?'에 해당하는 합리적인 근거가 제시되어야 한다. 그렇지 못하면 그 주장은 뿌리 없는 나무에 지나지 않는다.

논리학에서는 '왜?'에 해당하는 합리적인 근거를 '전제'라 한다. 이런 '전제' 위에 전개되는 주장은 결론에 해당한다. 그리고 추론이란 이러한 전제를 바탕으로 해서 합당한 결론을 이끌어 내는 논리적 사고 방법이다.

〈추론 1〉: 연역법, 연역적 추론

(1) 현대인은 자유 민주주의를 원한다. – 대전제, 보편적 진리, 추론의 일차적 근거

(2) 우리는 현대인이다 – 소전제, 대전제와 결론을 논리적으로 이어줌.

(3) 그러므로 우리는 자유 민주주의를 원한다. – (1), (2)를 바탕으로 합리적으로 이끌어 낸 주장.

일반화된 사실을 전제로 하여 특수한 사실을 추정해 내는 것을 연역법deductive method이라 한다.

〈추론 2〉: 귀납법, 귀납적 추론

(1) – ① 미국인의 특징은 코가 높고 얼굴이 희다.

② 영국인도 그러하다

③ 독일인도 그러하다

④ 불란서인도 그러하다

(2) 이로 미루어 볼 때 서양인의 특징은 코가 높고 얼굴이 희다.

개별적인 특수 사실을 바탕으로 해서 일반화된 사실을 추리해 내는 것을 귀납법inductive method이라 한다.

4) 추론의 명제

논리적 추론은 합당한 전제와 결론으로 성립된다는 것을 위에서 살폈다. 이때 전제나 결론을 문장으로 표현한 것을 命題(명제)라 한다. 〈추론1〉에서 제시한 대전제, 소전제, 결론의 문장들은 모두 명제이다. 그러므로 추론은 몇 개의 관련된 명제로 이루어진다고 할 수 있다.

(1) 명제의 서술 형식

우리가 일상생활이나 사회활동 가운데에서 내리는 판단을 문장으로 표현하면 명제가 된다. 이러한 명제는 서술문 형식으로 이루어진다. 왜냐하면 우리의 판단을 그대로 나타내면 서술문이 되기 때문이다. 의문문, 명령문, 감탄문, 청유문 따위는 명제를 직접 나타내지 못한다. 이들을 명제 형식으로 나타내려면 서술문으로 바꾸어야 한다.

(2) 전칭 명제와 특칭 명제

전칭 명제는 '모든 사람은 자유를 원한다.'라든지 '모든 생물은 수분을 필요로 한다.' 등에서 보듯, 주어가 사물 전체의 부류를 가리키는 경우를 말한다.

특칭 명제는 '어떤 사람은 매우 이상적이다'라든가 또는 '어떤 여자들은 남자보다 힘이 세다' 등에서 보듯이 주어가 사물의 일부를 가리키는 경우를 말한다.

(3) 사실 명제와 당위 명제

사실 명제는 '우리는 서울 사람이다' '훈민정음은 한국인의 글이다' '세종대왕은 성군이다'등과 같이 사실의 단순한 서술로써 사실을 밝히는 것이다.

당위 명제는 '자식은 부모를 공경해야 한다.', '우리는 하나님을 믿어야 한다.' 등에서 보듯이 말하는 이의 적극적인 의도를 표현하여 실천이 이루어지도록 설득력 있는 근거를 제시하여 밝히는 것을 말한다.

논술법에서는 사실 명제와 당위 명제를 구분해서 써야 한다. '한글은 우리의 가장 위대한 보배다'처럼 사실을 밝히거나 주장하는 것으로 그칠 경우는 사실 명제가 된다. .그런데 '한글은 세종대왕이 창제한 자랑스러운 우리글이다. 그러므로 우리는 그것을 더욱 가꾸고 사랑해야 한다.'처럼 어떤 행동을 요구하는 주장을 하고자 할 때는 사실 명제를 전제로 하여 당위 명제를 성립시켜야 한다.

(4) 바람직한 명제의 요건

추론은 전제 명제를 바탕으로 결론 명제를 이끌어 내는 것이다. 따라서 명제가 타당한 것이어야 추론이 합당하게 이루어진다. 이 때 명제는 간단하고 명료하게 한 문장으로 표현하는 것이 좋다. 곧 문장 형식은 간결하게 하고, 뜻은 뚜렷하게 하며 문장은 단문으로 표현하는 것이 효과적이라는 것이다.

 논제 ; 교육 현실(특수적, 또는 일반적)에 대한 자신의 소견을 논하시오

8 논술법과 명제

논술법의 추론에서는 명제를 독자로 하여금 설득시키는 것이 목표이다. 그러므로 결론이나 전제로 내세운 명제의 타당성을 논증하여야 한다. 그러기 위해서 명제마다 확고한 근거 제시를 하면서 논술해야 한다. 특히 결론에 도달하기 위한 전제명제나 쟁점(issue)이 되는 명제는 확고하게 논증되어야 한다. 예를 들면 '(1) 독서는 교양인이 되는 지름길이다. (2) 우리는 교양인이 되어야 한다. (3) 그러므로 우리는 독서를 해야 한다.'에서 (1)과 (2)는 (3)을 위한 전제임과 동시에 쟁점을 이룬다. 여기서 쟁점이란 결론을 이끌어내는데 결정적인 구실을 한다.

논증의 자료에는 사실자료와 소견자료가 있다. 사실자료는 사실 그 자체를 말하고 소견자료는 타인의 의견 곧 인용된 자료이다. 증언, 전문가의 말, 글, 논문 등에서 인용한 것은 이에 속한다. 다음에서 좀 더 자세히 알아보자.

1) 사실자료

사실 자료란 누구나 인정할 수 있는 확고한 사실을 말한다. 여기에는 실험을 통하여 알게된 실험적 사실과 우주 자연 법칙에 따른 자연적인 사실과 보편적으로 누구나 인정하고 알고 있는 보편적 사실, 또 역사적이나 현실적 사실이 있다.

(1) 실험에 의한 사실

| 예문 |

'흡연은 백해무익(百害無益)하다'고 한다. 하지만 사람들은 그래도 많이 피운다. 실험에 의하면 흡연은 폐에 치명적인 영향을 주어 폐암과 직결된다고 한다. 그래서 국민 건강 차원에서 정부에서는 2002년도에 들어서 범국민적으로 금년운동이 일어났다. 흡연으로 인한 폐암에 걸려 암과 사투하고 있던 고 코미디안 이주일씨가 직접 금연운동 홍보가로 TV에서 금연을 호소하기도 했다. 이렇게 흡연은 백해무익하고 무엇보다 폐암의 주원인이 된다는 것을 충분히 알 수 있다. 그러므로 자기 건강 뿐 아니라 가족의 건강을 위해서도 흡연은 하지 않아야 한다.

(2) 자연 법칙에 따른 사실

가장 보편성을 띤 확고한 사실이다.

▎예문 ▎

재판정에서 어떤 사건에 대한 증인과 변호사의 대화이다.

증인 분명히 그 날 밤 그 사건을 이 두 눈으로 확실히 보았습니다.

변호사 무엇으로 어떻게 볼 수가 있었어요?

증인 달빛으로 볼 수 있었습니다.

변호사 그 날이 며칠이오?

증인 15일입니다.

변호사 달이 밝았나요?

증인 네! 환하게 밝았습니다.

변호사 그 날은 음력으로는 그믐날로 달이 없는 날입니다.

증인 ……

변호사 이로써 증인의 증거가 거짓임이 밝혀졌습니다.

(3) 보편적으로 인정되는 사실

곧 '사람은 사회적 동물'이라든지 '생각하는 갈대'라는 것들이다.

▎예문 ▎

자기중심이 아닌 사람은 한 사람도 없다. 한 사람이 이 세상에서 살아가기 위해서는 스스로 자기를 중하게 여길 필요가 있다. 그러나 '자기를 중하게 여기는 것'과 '자기중심'과는 다르다. 자기중심으로 사는데 집착하게 되면 '다른 사람은 어떻게 되어도 좋다'는 것과 마찬가지가 되어 자기 자신이 헌법이고, 자기에게는 편리하고 이로운 것이 옳고 그렇지 못하면 옳지 않은 것이 된다. 이러한 이기주의적인 자기중심적 사고방식은 사회의 악이고, 죄의 온상이다.

– 미우라, 〈빛 속에서〉 중에서 –

(4) 널리 알려진 역사 또는 현실적 사실

'논술문'에서 많이 인용되는 입증자료이다. 예를 들면 '한자어에 밀린 우리말의 실태'에서 뫼 → 산, 가람 → 강, 어버이 → 부모, 언니 → 형님으로 많이 쓰고 있는 것 등이다.

ㅣ예문ㅣ

확실한 문자상의 뚜렷한 기록은 없지만 여러 가지 자료와 정황으로 미루어보아 한자는 기원 전 2세기 경에 우리나라에 들어온 것으로 보고 있다. 그로 인해 한자의 영향권 안에서 우리역 사는 이어져 왔다. 15세기에 와서 우리의 글이 발명되었지만 우리말은 한자의 영향으로 제대로 피어나지 못하였다. "1500여 년 전부터 써 오던 한자는 우리 국어에 지대한 영향을 끼쳐서 우 리말은 한자에 쫓기고 밀리는 결과를 가져왔다. '가람'은 '강'에게 '뫼'는 '산'에게, '어버이'는 '부 모'에게, '언니'는 '형님'에게, '아우'는 '동생'에게 자리를 넘겨주고 말았다. …… 그 결과 『우리말 큰 사전』에 실린 낱말의 60~70% 정도가 한자말이 되었다."고 최기호는 〈외국말 홍수의 실태와 그 대책〉에서 지적하고 있다.

2) 소견자료 –.제3자로부터 얻은 자료이다.

(1) 목격자의 증언

어떤 사건이나 사태를 직접 보고 확인한 사람의 말이나 기록을 가리킨다. 이런 경우 먼저 신빙성을 확인해야 한다. (어떤 여건에서 어떤 방식으로 목격했나? 사실이라 하더라도 이해 관계가 있거나 진실이 왜곡된 자료는 안 된다.)

ㅣ예문ㅣ

꽃동네는 오웅진 신부가 일궈낸 사랑의 공동체이다. 입구에 들어서자 오웅진 신부의 마음을 감동시킨 최귀동 할아버지의 입상이 먼저 눈앞에 들어왔다. 매일같이 사랑의 기적이 현실로 나 타나는 곳이다. 이 꽃동네는 최귀동 할아버지의 순수한 사랑의 뜻에 따라 '의지할 곳 없고, 얻어 먹을 수 있는 힘조차 없어 길가와 다리 밑에서 말없이 죽어갈 수밖에 없는 가장 가난한 사람들' 에게 주어진 따뜻한 보금자리이다. 그 운영은 매월 1000원씩 납부하는 전국의 수십만 회원들 의 사랑의 힘과 전국에서 찾아오는 자원 봉사자의 사랑의 손길로 이 큰사랑을 오늘도 풍성하게 일구어 가고 있다.

(2) 경험자의 증언

경험자가 들려주는 말이나 기록을 가리킨다. 이러한 경험에 따른 증언도 환경과 조건에 따라 그 결과가 달라질 수 있으므로 주관이 개입되지 않은 위치에서 채택해 야 한다.

| 예문 |

일반적으로 어른은 아이들보다 이해는 잘하지만 외우는 것은 잘 안 된다. 초, 중등학교 때 외운 것은 어른이 되어서도 기억을 많이 한다. 반면에 어른이 되어서 외운 것은 곧 잊어버리게 된다. 특히 외국어의 경우는 더욱 그렇다. 얼마 전 일본어를 배워볼 기회가 있어서 배우기로 작정하고 '히라가나'와 '가타가나' 오십음도를 외우기 시작했다. 생각대로 쉽지 않았다. 중학교 때 영어 알파벳은 어렵지 않게 외운 것으로 기억하는데 일본어 문자는 외우기가 힘들었다. 비슷비슷한 글자에 혼돈이 왔다. 우리말과 어순이 같아서 일본어는 배우기에 쉽다고 해서 시작을 했는데 단어 외우기도 쉽지 않음을 느꼈다. 나에게는 차라리 영어를 하는 것이 낫겠다는 생각이 간절했다. 수 십 년 간 해 온 영어 공부, 이제는 듣고 말하는 습관을 길러야 되겠다. 살아있는 영어 공부를 다시 해야겠다.

(3) 전문가 또는 권위자의 의견

1), 2) 보다 신빙도가 높은 것으로 인정. 전문가이므로 사실의 관찰이나 판단에 정확성을 기한다. 어떤 문제를 논술할 때 그 방면의 권위자나 전문가의 말이나 글, 논문, 저서를 인용하는 것은 권위나 신빙도가 높기 때문이다. 동서고금의 성인, 철인, 학자, 정치가, 예술가, 종교가 등의 말이나 글은 명제를 뒷받침하는 데 매우 유익한 자료가 되는 것도 이에 속한다. 하지만 때와 장소, 시대와 상황에 따른 만능과 완벽에는 차이가 있으므로 관련된 사실 자료로 보충해야 한다.

| 예문 |

'비가 오겠다. 안 오겠다.'던 일기 예보 보다는 '비가 올 확률이 70%'라고 숫자를 나타내는 요즘음의 일기 예보가 우산을 준비할 것인지 말 것인지에 대한 결정을 보다 쉽게 해주고 있다. 실제로 세상의 모든 문제를 이처럼 수치화 할 수 있느냐에 대해선 이론이 적잖다. …… 19세기 초의 엔지니어이며 수학자이자 물리학자인 켈빈은 '아는 바를 숫자로 나타내는 노력이 과학적인 사고방식의 시작이다'고 갈파한 바 있다.

– 김성인, 〈과학적 사고와 수치화〉 중에서 –

논술법에 따른 글의 전개법

1) 귀납법에 의한 글의 전개

귀납법은 적어도 두 개의 개별 사실이 있어야만 이루어진다. 예를 들면 '(1)국문과에는 두 명의 여교수가 있다. (2) 모두 서울 출신이다. (3) 국문과의 모든 여교수는 서울 출신이다'가 성립된다.

하지만 실제적으로는 이렇게 단순하게 이루어지는 경우는 극히 드물다. 더 많은 개별 사실을 통하여 일반화가 이루어진다.

▮ 예문 1 ▮

(1) 서울에는 '불우이웃돕기' 아주머니들이 많은 것 같다. 나는 충주에 거처를 옮긴 후 대중교통을 이용하여 서울에 자주 올라가는 편이다.

(2) 처음 올라갔을 때 지하철역 입구에서 '불우이웃돕기'상자를 든 아주머니를 만났다.

(3) 지하철을 타고 건대역에서 내려서 학교 입구로 들어가는 건널목에서 또 '불우이웃돕기' 상자를 든 아주머니를 만났다.

(4) 그 뒤 친척집에 가기 위해 구의동 택시 정류장에서 택시를 기다린 적이 있었다. 그 때도 내 앞에는 '불우이웃돕기' 상자를 든 아주머니가 나타났다.

(5) 나는 그 뒤에도 이런 아주머니들을 여러 번 만났고, 그들은 한결같이 웃으면서 다가와 '불우이웃돕기'에 동참해줄 것을 무언중 바랐다.

(6) 뿐만 아니라 때로는 그들의 미소 속에서 동참해줄 것을 강요하는 것 같았고 나는 그들의 눈길 속에서 강요당하는 느낌을 받았다. 어쩌다 그들에 동참하지 못할 때는 무언가 잘 못한 것 같은 느낌마저 가지게 되었다.

(7) 그래서 이제는 아예 서울에 갈 때는 호주머니에다가 잔돈을 듬뿍 가지고 가는 준비성과 여유로움을 가지게 되었다. 그리고 '불우이웃돕기' 상자를 든 아주머니들은 사람이 많이 다니고 기다리는 전철역 입구나 정류장 같은 곳에서 주로 활동하고 있다는 것도 알게 되었다.

▮ 예문 2 ▮

(1) 나는 어릴 때 거리에서 아주 이상하게 생긴 사람을 만났다.

(2) 키도 크고 코가 아주 큰 사람이었다. 그 사람은 우리와 다른 사람임에는 틀림없다.

(3) 그 뒤 서울에 와서 그와 비슷한 외국 사람을 만났는데 그도 그와 비슷했다. 그도 키가 크고 유난히 코가 컸다.

(4) 그와 함께 가는 여자도 그와 비슷하게 생겼다.

(5) 그 뒤 나는 그와 비슷한 사람들을 많이 만났는데 그들은 모두 서양 사람이었다.

(6) 서양 사람들은 모두 코가 유난히 높은 것 같다.

(7) 그래서 서양 사람들을 '코쟁이' '코 큰 사람'이라고 하는 모양이다.

(8) 영화의 한 장면이 생각난다. '키스를 할 때는 코를 어떻게 하죠?' (누구를 위하여 종은 울리나) 그들의 코가 유난히 컸던 것으로 기억된다.

(1)-(5) 경험적 특수 사실

(6) 추정적인 일반화가 확고하게 됨

(7) (8) 보완자료 제시

귀납법이란 한정된 경험을 바탕으로 보편적 지식(진리)을 밝혀보려는 논리적 기반이다. 그러므로 불확실한 추정 단계에서 확고한 일반 명제를 꾀하는 것은 삼가야 한다. 왜냐하면 이러한 경우는 논리적 비약을 초래하기 때문이다. 예를 들면 한 두 사람의 행동을 보고 '그 집단의 사람들은 예의가 없다'는 등의 표현이다.

귀납법에서 특수 사실로 든 사항들은 전형성 내지 대표성을 띤 것이어야 한다. 곧 통계적 조사 결과나 실험적 사실, 많은 사람들의 직관적 관찰 등을 바탕으로 해야 한다.

예를 들면 민족성을 말할 때 한국인은 은근과 끈기를, 일본인은 조급성과 잔인성을 중국인은 대륙성과 느긋함을, 미국인은 개척정신을 영국인은 신사도를 얘기하는 것 등이다.

2) 類推(유추)를 바탕으로 한 글의 전개

유추는 (1)하나의 특수 사실에서 (2)또 다른 특수 사실을 이끌어내는 추론이다. 이 경우 (1)과 (2)는 유사성이 있다는데 근거한다.

- 특수 사실 〈갑〉 : 이 약은 쥐에게 90%의 효력이 있다.

- 특수 사실 〈을〉 : 이 약은 사람에게도 비슷한 효력이 있을 것이다. 그 근거는 쥐와 사람은 유사성이 있기 때문이다. -. 추정적인 단계임

여기서 일반화된 결론을 얻으려면 이러한 유추적 추정을 근거로 해서 귀납적인 추론 과정을 밟아야 한다. 곧 하나의 특수 사실에 그치지 않고 여러 특수 사실을 검토하여 모든 경우에 적용될 수 있는 일반적 추론을 이끌어내야 한다. 그러므로 유

추는 귀납적 추론의 출발점 또는 계기를 줌으로 '약식 귀납법'이라고도 한다.

일상생활 속에서 유추할 수 있는 것을 예로 들어 보면 동사의 어간에다 '었'을 붙이면 과거형이 된다, 곧 '먹었다, 입었다, 울었다'가 이에 해당한다. 하지만 그렇지 않은 경우도 있다. '졸다, 사다'는 안 된다.

▎예문 2 ▎

두 번의 총리 인준 부결이 국회에서 있었다. 가장 큰 이유는 도덕성 부족이다. 이로 미루어 볼 때 도덕성이 지도자에게 얼마나 중요하다는 것을 알 수 있다. 이러한 과정을 거치다보면 지도자의 자격 규준이 자연적으로 정립되어 갈 것 같다. 윗물이 맑아야 아랫물이 맑다는 말이 있듯이 사회 각층의 지도자들부터 불의와 부정과 비도덕적인 일들을 하지 않아야 이 사회가 정화되리라고 본다.

3) 연역법에 따른 글의 전개

연역법이란 일반적 사실(대전제)을 전제로 하여 특수 사실을 이끌어 내는 것을 말한다.

(1) 3단 논법

연역법은 기본적으로 3단 논법(syllogism)의 형식에 따라 결론을 이끌어 낸다. 3단 논법은 두 개의 전제와 하나의 결론으로 이루어지는 연역법적 추론 형식이다.

3단 논법의 기본 형식

> (1) 사람은 생각하는 갈대이다. – 대전제
> (2) 우리는 사람이다 – 소전제
> (3) 그러므로 우리는 생각하는 갈대이다. – 결론

 생각하는 갈대 : 대개념 / 우리 ; 소개념 / 사람 ; 중개념 또는 媒(매)개념

▎예문 2 ▎

사람은 생각하는 갈대이다. 파스칼(1623-1662)의 팡세Pensees 에 나오는 말이다. 곧

인간은 갈대와 같이 약한 존재이나 생각을 하는 존재라는 것이다. 이 말은 데카르트 Descartes(1596-1650)가 '나는 생각한다. 그러므로 존재한다.cogito, ergo sum'는 것과 같은 맥락에서 생각할 수 있다. 이 생각의 덩어리를 분출해내는 사고하는 인간은 그것으로 인류 사회의 유익한 모든 문화를 창조해내고 계발해 내고 있다. 그러므로 만물의 영장으로서의 사람은 생각하는 갈대이다.

4) 변증법에 따른 글의 전개

변증법이란 동일율(同一律)을 근본원리로 하는 형식논리에 대하여 모순 또는 대립을 근본원리로 하여 사물의 운동을 설명하려고 하는 논리이다. 원래 이 용어는 그리스어의 dialektike에서 유래된 말로 대화술 문답법이란 뜻이었다. 일반적으로 변증법의 창시자라고 하는 엘레아학파의 제논은 상대방의 입장에 어떤 자기모순이 있는가를 논증함으로써 자기 입장의 올바름을 입증하려고 하였다. 이와 같은 문답법은 소크라테스에 의해 훌륭하게 전개되고 그것을 이어 받은 플라톤에 의해 변증법은 진리를 인식하기 위한 방법으로서 중시되었다. 그러던 것이 근세에 와서 변증법이란 용어에 다시 중요한 의의를 부여한 것은 칸트이다. 칸트는 변증법을 우리의 이성이 빠지기 쉬운, 일견 옳은듯하지만 실은 잘못된 추론, '선험적 가상(假象)'의 잘못을 폭로하고 비판하는 '가상의 논리학'이라는 뜻으로 썼다.

이와 같이 칸트에 이르기까지의 변증법이란 말은 어느 경우에서나 진리를 인식하기 위해 직접 또는 간접으로 유효한 기술 내지 방법이라는 의미를 갖고 있어 오늘날 일반적으로 생각되고 있는 것처럼 모순율을 부정하는 특별한 논리로 생각되지는 않았다.

이에 비해 변증법이란 것을 인식뿐만 아니라 존재에 관한 논리로 생각한 것은 헤겔이다. 헤겔은 인식이나 사물은 정(正)·반(反)·합(合) - '즉자'·'대자'·'즉자겸 대자'라고도 한다. -의 3단계를 거쳐서 전개된다고 생각하였거니와 이 3단계적 전개를 변증법이라고 생각하였다. 정의 단계란 그 자신 속에 실은 암암리에 모순을 포함하고 있음에도 불구하고 그 모순을 알아채지 못하고 있는 단계이다. 반의 단계란 그 모순이 자각되어 밖으로 드러나는 단계이다. 그리고 이와 같이 모순에 부딪침으로써 제3의 합의 단계로 전개해 나간다. 이 합의 단계는 정(正)과 반(反)이 종합 통일된 단계이다. 여기서는 정과 반에서 볼 수 있었던 두 개의 규정이 함께 부정되면서 또는 함께 살아나서 통일 된다.즉 지양(止揚)되는 것이다.

이와 같이 존재에 관해서도 변증법적 전개가 가능하다고 생각한다면 존재 그 자체에 모순이 실재한다는 결과가 되기 때문에, 변증법은 모순율을 부정하는 특별한 논리라고 생각된다. 오늘날 변증법은 이와 같은 의미로 해석되는 것이 일반적이며, 마르크스, 엥겔스의 유물변증법도 마찬가지이다.[1]

이상에서 보았듯이 변증법은 고대 그리스 시대부터 있어 온 것인데 이를 발전시켜 정리한 사람이 헤겔이라 했다. 헤겔은 대상을 정지 고정된 것으로 파악하지 않고 변화와 운동으로 파악했다. 헤겔 철학에서는 卽自 가 스스로의 발전에 의해 그 자신 속에 그 자신을 부정하는 對自를 낳고 다시 이 모순을 지양(止揚)함으로써 새로운 통일을 얻는다고 하였다. 〈즉자 : 정(正)〉, 〈대자 : 반(反)〉, 〈새로운 통일 : 합(合)〉을 변증법의 삼계기(三契機) 라고 한다. 이를 구조화시켜 보면 다음과 같다.

- 정(正) : 개인이 가지고 있는 사상 – 있다.(有)
- 반(反) : 정과 모순· 대립되는 사상 – 없다(無)
- 합(合) : 통일 지양(止揚)된 새 사상 – 되다(爲)

▌예문 2 ▌

요즈음 386세대들은 자기의 견해나 사고를 강하게 주장한다. 사회를 비판하고 체제를 비판하며 권위에 도전하기를 서슴치 않는다. 그렇게 하는 것이 개혁이고 젊음의 상징이고 자주성이며, 기존의 인습이나 구습에서 벗어나는 길이고 사회발전의 계기가 된다고 생각한다.

하지만 개혁이라는 명분으로 일방적인 비판이나 독선적인 자기주장은 삼가야 한다. 기존의 제도를 인정하고 기성세대의 의견이나 주장을 진지하게 들으며, 미래의 나를 바라보는 마음으로 역지사지(易地思之)의 위치에서 생각해보는 태도도 비판정신 이상으로 중요하다. 이른바 지양(止揚)이라는 소중한 정신 훈련도, 실은 이런 사고하는 태도에서 생겨나는 것이다. 이러한 사고를 기르기 위해서 사상이나 견해가 상반되는 문학작품을 병독(竝讀)하는 것도 좋다.

▌예문 2 ▌

독서를 하는데. 다독을 할 것인가 정독을 할 것인가도 문제가 된다. '남아수독오거서(男兒須讀五車書)'는 다독의 필요성을 말한 것이나 자칫 박이부정(博而不精)으로 빠질 염려가 있고, '안광(眼光)이 지배(紙背)를 철(徹)함'은 정독의 지론(持論)이되 '나무를 보고 숲을 보지 못함'이 또 그 약점이다. 아무튼 독서의 목적이 '모래를 헤쳐 금을 캐어 냄'에 있다면 독서를 함에 있어서 필경은 다독과 정독을 겸하지 않을 수 없다. 이 역시 평범하나마 '박이정' 석 자를 새겨야 한다. 곧 박(博)과 정(精)은 변증법적으로 통일되어야 한다. 그래서 양자의 개념을 궁극적으로 초극할 필요가 있다.

---

1) 동아대백과사전 참조.

10 논설(논술)문을 쓰는 실제 요령

1) 논문과 논설

논문은 필자의 남다른 견해와 주장이 펼쳐지는 문장으로 논설문과 학술논문으로 나눈다. 논설문은 시사적인 문제에 관해서 소신을 펴서 독자를 설득하고 이끌어 가는 글이다. 논설은 일반대중을 상대하는 것이므로 어느 정도의 교양과 지식을 갖추면 가능하다. 이것은 신문의 논설에서 보듯이 쉽사리 접근할 수 있는 비교적 짧은 논술문이라 할 수 있다. 대중을 상대하기 때문에 효용가치도 넓다. 그러므로 학술논문의 기초가 되기도 한다.

학술논문은 학술적인 문제에 관해서 깊이 연구하고 독창적인 학설을 내세우는 글로서 특정한 전문분야의 학자를 대상으로 한다.

2) 논설문 소재의 특징

첫째, 해결을 보지 못한 문제점이나 우리의 생활과 당장 관계되는 일들에 관해서 다룬다. 예를 들면 빈번하게 바꾸는 '대입 시험 제도에 관한 재고'라 든지 '사고력 증진을 위한 논술 교육' 등을 들 수 있다.

둘째는 아직 확실히 밝혀지지 않은 문제나 의견이 엇갈리어 맞서 있는 문제를 다룬다. 예를 들면 '동성동본 혼인에 관한 견해'라든지 '주 5일제 근무에 관한 소견' 등을 논할 수 있다.

셋째는 우리의 삶에서 직접 관심을 가지고 해결해야할 과제 등을 소재로 한다. 예를 들면 '해외여행 문화에 따른 민간 외교'라든지 '서해 교전과 햇볕정책' 아시안 게임에서의 '한반도기 동시입장에 따른 찬반론에 관한 입장'등을 논술할 수 있다.

3) 논설문 주제의 특징

다른 많은 유형의 글쓰기 주제가 그렇듯이 논술을 하는데 있어서도 주제 선정이 중요하다. 첫째 주제가 독창적이어야 한다. 곧 주제를 바라보는 견해나 주장이 독창적이어야 한다는 것이다. 둘째는 그 견해와 주장은 문제점의 해결책과 관련된 것이어야 한다. 논설문은 소재가 안고 있는 미해결의 문제점에 대하여 어떤 견해나 주장을 펴기 위한 글이기 때문이다.

그러므로 세 번째는 주어진 소재의 문제점을 잘 분석하여 어떤 새로운 해결책을 찾아내어 그것을 주제로 삼아야 한다. 왜냐하면 새롭고 독창적인 것일수록 바람직하기 때문이다.

ㅣ예제ㅣ

'사회 윤리 도덕'과 관련된 소재를 갖고 논술문 쓰기에서의 주제문
① 사회윤리도덕은 어른들부터 지켜야 한다.
② 사회윤리도덕은 자신부터 행하자.
③ 사회윤리도덕은 우리 삶의 거울이다.

현실교육의 문제점과 관련된 주제 찾기
① 입시제도에 매달려 방향을 잃어버린 입시 교육
② 사고력 개발을 저하시킨 주입식 입시 교육
③ 창의력 개발에 역점을 둔 열린 교육의 허와 실
④ NEIS 실시에 따른 교육현장에서의 두 얼굴

– 그 문제점과 해결방안

4) 논설문의 형식상 특징

(1) 구성상의 요건 –. 서론, 본론, 결론

❶ 서론의 구실과 쓰는 법

본론을 위한 예비적 서술로서 본론을 향한 길잡이 역할을 한다. 곧 입문적 방향제시를 함으로써 글의 성격을 소개한다. 그 구실을 좀 더 구체적으로 제시하면

㉠ 논설문에서 지향하는 목표

㉡ 본론에서 다룰 문제점의 제시

㉢ 그 문제의 위치 설정

㉣ 다룰 범위의 설정 등이다.

❷ 본론의 구실과 쓰는 법

● 구실

㉠ 서론에서 제시된 문제점들을 짜임새 있게 논술하여 결론에 도달한다.

㉡ 서론에서 제시된 문제점 별로 주어진 자료를 분석, 종합하여 논문의 내용을 펼쳐나간다.

㉢ 논문에서 가장 중요한 가운데 토막이다.

● 쓰는 법(본론전개에서의 유의 사항)

㉠ 서론에서 제시된 목표, 문제점, 범위 등을 좇아서 전개되어야 한다.

㉡ 체계적인 하위 구분을 해서 줄거리를 미리 만드는 것이 바람직하다.

㉢ 본론 줄거리의 각 항목에 대해서는 충분한 논의와 짜임새 있는 뒷받침이 있어야 한다. 곧 항목별로 소주제로 나누고 소주제별로 단락을 나눈다.

㉣ 소주제별 전개과정에서는 적절한 자료와 논거를 되도록 충분히 활용해야 한다.

㉤ 이상을 바탕으로 조리 있는 추론과 설득력 있는 결론이 나오도록 해야한다.

❸ 결론의 구실과 쓰는 법

㉠ 본론 부분의 논술과정에서 밝혀진 주요골자를 간추려 한 눈에 볼 수 있도록 한다.

㉡ 본 논문에서 못다 다룬 점 등을 지적하고 다음 기회에 해결되기를 바라는 뜻을 덧붙이기도 한다.

㉢ 본론에서 다루어지지 않은 문제를 덧붙여 논의해서는 안 된다.

㉣ 다루어진 문제는 본론에서 충분히 논의되었음으로 구체적인 논술이나 설명은 피한다.

5) 양식상의 특징

항목부호, 인용법, 각주법, 참고문헌 목록 등을 말한다.

(1) 항목부호의 체계적인 사용 -. 장, 절, 항. 또는 1-1, 1-2, 1-1-1. 1-1-2 등

(2) 인용법, 각주법, 참고문헌 목록의 작성 양식

11

입사 시험 논문의 작성 요령

입사, 입시 시험에서 논술을 쓰게 하는 이유는 2가지 목적이 있다. 내용적인 측면에서는 사고력 측정으로서 수험자의 지식과 판단력 등의 사고력을 알아보자는 것이고, 논술능력의 측면에서는 표현력 테스트로서 갖고 있는 지식을 얼마만큼 조리 있게 표현하며 논술하는 능력을 가졌느냐 이다.

1) 시험논문의 내용을 충실히 갖추는 길

시험논문은 다룰 문제가 주어질 뿐 아니라 수험생의 머리속에 간직된 자료(평소의 지식, 사고력)만으로 한정된 시간 안에 써야 한다. 그러므로 그 제약 조건을 충분히 고려하여 써야 한다. 다룰 문제가 미리 주어진다는 것은 쓸거리의 범위가 한정되고 주제의 성격도 거의 정해짐을 뜻한다. 따라서 수험자 입장에서 보면 내용적 틀이 미리 정해진 글을 써야 한다. 그러므로 가능한 범위 안에서 가장 효율적인 예비 방법을 강구해야 한다. 곧

(1) 예상되는 문제의 경향을 살필 것
(2) 생활 주변 문제를 다룬 논문을 찾아 읽을 것
(3) 평소에 많은 지식과 교양을 쌓을 것
(4) 독서를 통하여 얻은 주요 내용을 기억해 둘 것
(5) 평소 매사에 관심을 가지고 생각을 하는 습관을 기를 것

2) 시험 논문의 논술 능력을 가다듬는 일

수험자는 먼저 주어진 제목이 가리키는 논제 핵심을 정확히 파악해야 한다. 제목으로 주어지는 문제는 줄거리의 범위와 주제를 한정하여 나타낸다. 그러므로 주어진 문제의 뜻을 정확히 파악하여야만 쓸거리와 주제를 설정할 수 있다. 곧 출제자가 그 문제를 낸 의도를 명확히 알아야 한다. 예를 들면 "지역할당제 입시제도의 특색을 논술하라"에서 그 핵심은 '지역할당제의 특색'이다.

두 번째는 논제와 관련된 주제를 알맞게 정해야 한다. 주제는 글을 펼치는 핵심이요 지배 원리이다. 그러므로 주제가 잘 설정되어야만 글의 초점이 올바르게 잡힌다. 논제가 주제가 되는 일은 드물다. 따라서 논제가 암시하는 테두리 안에서 주제를 적절히 설정해야 한다.

ㅣ예제 1 ㅣ

"우리나라 화장실 문화에 대하여 논술하라"에서 가능한 주제는
① 화장실 문화의 중요성
② 화장실 입구에서 줄서기
③ 선진 문화를 이루는 방법
④ 화장실 문화를 통한 일등국민 정신의 함양 등을 생각할 수 있다.

ㅣ예제 2 ㅣ

"고령화 시대에 따른 노인 문제에 대하여 논술하라"에서는 가능한 주제로서
① 현대 가족 제도의 특성
② 핵가족 제도의 장점과 단점
③ 현대 노인 복지 제도의 문제점
④ 실버타운 제도의 현대적 의미와 문제점 등을 제시할 수 있다. 출제자의 의도와 자기 능력을
   고려하여 하나를 선정한다.

세 번째는 주제를 중심으로 간단한 줄거리를 작성해야 한다. 이것은 주제를 몇 개의 하위 개념으로 분석해서 논술 진행의 징검다리를 삼도록 하면 된다.
이러한 순서를 익히며 연습하고 가다듬는 과정을 거치면서 시험 논문의 논술 능력을 기른다.

ㅣ예문 ㅣ

콜럼버스여, 달걀 값을 물어내라

어떤 광고에서 '콜럼버스의 달걀'을 소재로 삼아 상식이 뛰어넘는 발상의 전환을 강조하는 것을 보았다. 콜럼버스의 아메리카 대륙 상륙이 뭐 별거냐고 시비가 붙자 즉석에서 달걀 세우기 논쟁이 벌어졌는데, 콜럼버스가 달걀을 집어 들고 퍽 하니 그 밑둥을 깨고 세웠다는, 소문으로 전해들은 유명한 이야기이다.
이 이야기에는 일이라는 것이 해 놓고 보면 별것 아닌 듯싶지만 언제나 '최초의 발상 전환'이 어렵다는. 매우 자존심 강한 메시지가 담겨 있다. 그런데 이 콜럼버스의 달걀에 대하여 문제성

을 느껴 본 적은 없는가. 그 기업과 광고 작성자에 대해 비판하려는 것이 아니라 우리의 문명사적 의식 전반에 깔린 무의식의 성격에 문제를 제기해 보려는 것이다.

여기서 주목하고자 하는 점은, 콜럼버스의 달걀이 이제는 상식을 넘은 발상이라기보다는 도리어 그것이 상식이 되어 버린 역사적 과정과 현실이다. 달걀의 겉모양은 어떻게 생겼는가? 그것은 타원형이다. 애초에 세울 이유가 없도록 설계되어 있는 것이다. 둥지에서 구르더라도 그 둥지의 반경을 벗어나지 않도록 고안된 생명의 섭리가 담겨 있다. 만일 원형이었다면 굴렀을 경우 자칫 둥지에서 멀리 이탈되어 버리기 십상이다. 각이 졌다면 어미 새가 품기 곤란했을 것이다. 타원형은 그래서 생명을 지키는 원초적 방어선이다. 따라서, 달걀을 세워 보겠다는 것은 그런 생명의 원칙과 맞서는 길밖에 없다. 먹기 위해서가 아니라면 둥지에서 벗어나지 않도록 만들어진 생명체를 자신이 원하는 자리에 고정시켜 장악하겠다는 생각이 콜럼버스의 달걀을 가능하게 만드는 뿌리이다.

그래서 그것은 상식을 깬 발상의 전환의 모델이 아니라, 생명을 깨서라도 자신의 구상을 달성하겠다는 탐욕적·반생명적 발상으로 확대된다. 실로 콜럼버스와 그의 일행은 카리브 해안과 아메리카 대륙에 상륙해서 자신들이 원하는 금과 은을 얻기 위해 무수한 생명을 거리낌 없이 살육했다. 결국 콜롬버스의 달걀은 서구의 제국주의적 팽창 정책을 뒷받침하는 사고의 원형이 된다. 그것이 전개되는 과정에서 아시아·아프리카·중동 등지 등에서 얼마나 많은 생명이 이런 식으로 무지막지하게 달걀 세우기를 당했는지 모른다. 우리도 그 가운데 하나이다. 콜럼버스의 손에서 달걀이 지표면에서 내리쳐지기까지의 거리는 짧고 그 힘은 개인에게 한정되어 있지만, 그 거리와 힘 속에는 제국주의라는 문명사적 탐욕이 압축되어 있었던 것이다.

오늘날 이 달걀 세우기는 콜럼버스 시대 이후 여러 가지 변형된 모습으로 우리의 삶을 지배하고 있다. 그래서 가령 인간의 탐욕을 채우기 위해서는 지구의 생명이 파괴되는 것이 문제가 아니며, 지식수준만 높이면 된다는 교육관이 아이들의 정신 생명을 시들게 해도 무감각하며, 기득권을 독점하려는 생각은 국민의 정치 생명을 상처 내는 현실을 끊임없이 만들어 내고 있다. 또한 팔아먹기만 하면 된다는 발상들은 음란물을 양산하여 인류의 문화 생명 그 밑둥을 으스러뜨려 놓고 있다. 폐수로 범벅이 되었다는 한탄강의 비극은 이런 달걀 세우기의 상식이 도달하는 운명적 종착역이다.

정작 오늘날 필요한 발상의 전환은, 달걀을 어떻게 하면 세울 수 있을 것인가라는 질문에 갇혀 그 답을 모색하는 일에서 가능한 것이 아니라, 달걀의 모양새가 왜 타원형인가를 진지하게 묻는 일에서 시작된다. 원래의 타원형을 지키는 새로운 노력이 '오늘의 상식'을 깨지 못할 때 생명의 신음 소리는 도처에서 계속 들리게 될 것이다. 그리고 그것은 다름 아닌 우리 자신의 죽음으로 다가오게 된다. 바로 이러한 문명사적 위기를 극복하려는 마음이야말로 진정한 발상 전환의 출발점이 아닌가.

－ 김민웅, 「콜럼버스의 달걀에 대한 문명사적 반론」에서 －

Chapter 2

논문 작성법

1 논문의 정의

인류 사회에 있어서 우연의 발견이나 발명이 없는 것은 아니지만 그래도 현대 문명에 있어서 가치 있는 발명이나 발견은 계획적인 연구를 통해서만 가능하다. 이러한 연구란 인류사회의 지식의 진전에 보탬을 주는 가장 확실한 수단이다. 그러한 의미에서 논문이란 이러한 연구의 기록이며 과학적인 문서이다. 각 전공분야에서 학문적 업적에 따른 연구결과를 일정한 양식에 맞추어 논리적으로 서술하는 글로서 자기의 의견과 주장 견해를 서론 본론 결론의 3단계 형식을 취하여 쓴 논술문이다.

논문이나 보고서는 다같이 [알린다는 공통적인 성격을 가지고, 또 기술하는 방식에 있어서도 유사한 점이 많다. 하지만 구성 양식과 체제에 있어서는 논문의 종류에 따라 상당한 차이가 있다. 일반성에 근거를 둔 양식과 체제를 모를 때는 당황하게 된다. 그럴 때는 자기의 주제와 가장 유사한 논문들을 참고로 하여 양식과 체제를 모방하는 경우가 있다. 이 때 주의할 일은 그것이 모범적인 것이 못될 경우는 피해를 보게 된다는 것이다.

일반적인 과제나 리포트는 논문 체제가 아닌 산문적인 것으로서 양식과 체제보다는 과학적 사실의 전달을 가장 효과적이고 정확하게 할 수 있는 표현법에 중점을 둔다.

1) 논문을 쓰는 이유

학자는 자기가 이룩한 연구 내용을 학회지 논문집 등에 발표하여 공인을 받기 위해서 쓴다. 실무자들은 맡은 바 직무에 관한 기술적인 상황을 알리기 위해서 쓴다. 그리고 대학이나 대학원에서는 학위 논문을 위해 쓴다. 그런가하면 학생들은 이수 과목에 대한 과제물로서 리포트 작성을 위해 쓴다.

2) 논문의 의도와 발표 기관

자기가 연구하여 알고 있는 것을 혼자 보관하는 것은 지식의 진전에 기여하지 못한다. 이를 발표하기 위해서 학회나 연구기관이 구성되었다.

일단 완성된 논문은 연구의 선취권 확보를 위해서도 보다 빨리 같은 분야의 모든 연구자들에게 알려서 공인 받아야 한다. 이러한 절차의 필요를 위해서 학회나 연구기관에 발표한다. 그러므로 정보의 교환을 신속하고도 효율적 연구를 위해, 학회를 구성하여 단행본에서 받는 불편을 제거해 주며 그 분야에 보다 큰 흥미를 갖고 있는 제한된 독자층을 상대로 집중적으로 정보를 전달할 수 있는 정기적 간행물이 보편화되는 계기가 되었다.

이러한 연구기관이나 학회 등에서 간행하는 논문집이 그 방면의 전문분야에서는 효과적으로 활용된다. 그 분야의 독자들에게 가장 편리하게 전달할 수 있는 방편을 위해 논문 작성의 양식과 체제를 편리한대로 규격화하기도 한다.

3) 논문 작성법의 필요성

좋은 논문을 쓰기 위해서는 다른 모든 기술과 마찬가지로 그에 필요한 지식과 실제적인 많은 연습을 통해 숙달한다. 논문의 양식과 체제가 바르게 안 되었으면 내용이 아무리 우수하더라도 빛을 보기가 어렵다. 그러므로 논문 작성법을 바르게 알아야 한다.

4) 논문 작성을 위한 10가지 단계

❶ 연구주제의 정립 -. 구체적이고 특정한 문제를 선정

❷ 이미 이루어진 연구의 정리와 요약 -. 문헌 조사, 선행연구의 개관.

❸ 유사한 현상과의 비교 -. 비슷한 자료 찾기, 어떤 것 또는 새로운 것의 원인을 알기 위해서는 이미 알려진 비슷한 다른 것의 원인을 찾아 유추하고 실험하여 해결함.

❹ 가설의 형성 -. 조사한 기록으로 가설을 구상 → 상상력과 직관력의 활용이 요청되는 단계이다.

❺ 가설에 대한 실험 -. 관찰과 실험을 통하여 그의 작업가설에 대한 진위 확인.

❻ 가설의 확충과 조정 -. 반복 실시, 새로운 실험을 案出(안출)하고 실시한다.

❼ 성과의 출판 -. 최종적인 가설에 대한 결론을 철저하게 검토하여 만족할 만한 확증이 났을 때 출판.

❽ 가설의 최종 공인을 위한 제출(6,7은 비슷한 단계로 순서가 바뀔 수도 있다.)
     -. 발표된 성과를 수긍 강조.

❾ 정리의 확정 -. 학계가 만족할 수 있는 정도까지 재검토

❿ 재실험이 이루어져 비로소 가설은 학설로서의 권위를 지님.

논문의 요건과 종류

1) 논문의 요건

(1) 독창성

  독창성은 논문에서뿐 아니라 문학작품이나 상품의 디자인 하나에 까지도 적용되는 중요한 요소이다. 아무리 심혈을 기울어 작성한 방대한 논문이라 할지라도 그것이 기존의 것과 별반 다름이 없는 결과라면 그것은 논문으로서의 가치를 인정받지 못한다. 뭔가는 새로운 면을 보여야 한다. 기존의 논문에서 다루어지지 않은 새로운 주제이어야 한다. 그렇지 않으면 적어도 다음 중 한 가지는 독창적이라야 논

문으로서 인정을 받는다.

❶ 새로운 연구 방법으로 이루어져 독창적일 것.

❷ 연구 재료가 새롭고 독창적일 것.

❸ 연구 결과가 기존의 것과는 달리 새롭고 독창적일 것.

❹ 새로운 이론적 배경으로 기존의 것과는 다른 해석으로 새롭고 독창적일 것.

(2) 정확성

진리에 충실하고 학문적으로 정직하게 써야 한다. 특히 과학 논문에서는 숫자 하나에서 수식에 이르기 까지 본문 하나하나의 기술에 있어서도 잘못이 없어야 한다. 타인에 의한 실수나 오기(誤記)에 있어서까지도 책임은 결국 당사자에게 돌아오는 것이다. 그러므로 발표하기까지 신중을 기해야 한다.

(3) 객관성

어떤 경우나 객관성을 유지해야 한다. 저자 개인의 의견을 기술하는 경우에 있어서는 반드시 그 근거나 출처를 밝혀야 한다. 특히 과학 논문에 있어서는 객관적인 관점에서 기술되어야 한다. 논점이 주관적으로 흘러서는 안 된다. 더구나 연구 결과에 있어서의 기술은 객관성에 근거해야 한다. 뚜렷한 사실에 근거를 두지 못하는 주관적인 견해는 가설을 제외하고는 성립할 수 없다. 그래서 과학 논문에서는 어떤 경우에 있어서나 객관성은 절대적인 필요조건이다.

(4) 불편성

논문을 서술함에 있어서 기존 학설에 대한 부정적인 선입견이나 기존 감정이 개입되어서는 안 된다. 어디까지나 객관적인 위치에서 냉정하고 공평하게 써야 한다. 자기에게 의도적으로 유리하게 기술해서도 안 되고, 타인의 학설에 부정적인 견해를 펼치며 부당한 언사를 사용해서도 안 된다. 반대로 선배나 지인이라고 해서 당연한 주장을 회피해서도 안 된다. 어디까지나 공평(公平)하고 무사(無私)해야 한다.

(5) 추증성

후진을 위해서, 또 재 인용자를 위해서 문장은 명확하고 친절하게 설명해야 한다. 특히 과학 논문에서는 그 논문에서 다룬 재료나 실험 방법을 필요에 따라 타인이 재차 활용하고 실험할 수 있도록 친절하게 설명해 두는 것이 좋다.

(6) 평이성

어려운 용어는 삼가고. 쉬운 말로 서술한다. 문장의 기술이나 용어로 인한 어려움을 독자에게 주지 않는 것이 좋다. 독차로 하여금 부담을 최소한으로 줄이는 것이 바람직하다.

2) 일반 논문의 종류

(1) 연구논문

어떤 논제에 대하여 연구한 결과를 정리하여 발표하는 것으로 그 결과에 대한 새로운 결론을 내린 것을 말한다. 보고서와는 다르다. 논문과 비논문의 구분에서 로스(Audrey J. Roth)는 다음과 같은 것은 논문이 아니라고 규정했다.[2]

❶ 남이 쓴 단행본이나 논문의 요약문
❷ 타인의 아이디어를 비판 없이 반복 기술한 글
❸ 아주 교묘하게 인용문만으로 구성해 놓은 글
❹ 입증되지 않은 개인적인 견해를 주장하는 글
❺ 출판물이나 미출판물을 불문하고, 전문가의 것이든 비전문가의 것이든 남의 것을 복사한 것 등이다.

(2) 보고서

사실의 기재를 주로 한다. 그 종류는 다양하다. 정기, 경과, 시험, 조사, 관측 보고서 등이 있다. 이러한 보고서는 자료 자체의 이용가치에 있으므로 사실의 정확한 기재가 무엇보다 중요하다. 그러므로 그러한 보고서를 통하여 알게 된 사실에 대하여 요점이나 결론을 서술해 두는 것은 바람직한 것이다. 그 외에 연구 보고서가 있지만 이것은 논문 속에 포함시킨다.

---

2) 정길생 외. 논문작성법(자연과학편), 건국대출판부, 2001. p.23.

(3) 총설

특정한 주제에 대하여 지금까지 발표된 중요한 연구 업적을 소개하는 것이다. 이것은 폭넓게 조사하여 그 주제에 관한 한 전문적 지식을 갖고 객관적인 입장에서 정당하게 비판하고 논평한다. 그 범위는 현재까지 진전된 연구 실적과 내용, 그 상황을 한눈에 들어오도록 기록해 둔다. 총설은 후진 연구자를 위하여 그 출처를 반드시 명시해야 한다. 총설의 유형은 본인의 연구를 중심으로 한 것이 있고, 주제별 모든 연구를 통괄하여 쓰는 것도 있다. 또 그 기간은 최근 5년, 10년, 또는 그 이전의 기간을 중심으로 연구의 목적에 따라 총설을 쓸 수도 있다.

(4) 단행본

학술서적으로 나오는 단행본의 경우, 독자의 수준에 따라 일반 대중용, 대학생용, 전문가용으로 다루어지는 것이 일반적이다. 어느 경우나 참고 자료의 취급에 있어 객관성을 유지해야 한다. 자기의 논리와 다를 경우도 이를 소개하고 의견을 부드럽게 제시하는 것이 좋다.

(5) 기타

이상의 네 가지 외에 초록과 속보를 들 수 있다. 초록은 논문을 간략하게 소개한 것이고 속보는 논문이 완료되어 인쇄에 들어갔는데 새로운 사실이 밝혀졌다거나 다음 논문까지는 기일이 있어 발표에 시간이 걸릴 경우 그 때까지 나온 결과를 간단하게 요약 정리하여 학회나 기관에 미리 알려 둔다. 이렇게 하는 이유는 그것에 대한 선취권을 확보하려는데 그 목적이 있다.

3) 졸업 논문과 학위논문

❶ 졸업논문

학부 4학년생들이 졸업을 위해 쓰는 논문으로 자주적으로 학문을 연구하는 능력과 태도를 기르기 위해 그 기초를 다지는데 있다. 이 경우는 학생의 독자적인 연구라기보다는 지도교수와의 공동적인 작업으로 지도교수의 지시에 따라 작성하는 것이 일반적이다.

이것은 졸업학년 초에 학과의 전임 교원을 중심으로 논문의 특성에 따라 학생별로 지도 교수를 정하여 논문 작성을 지도한다. 논문은 최종 학기가 끝나기 전에 제출한다. 제출된 논문은 2인 이상의 교수가 심사하여 통과 여부를 결정한다. 통과하지 못할 경우는 수료 후 2회까지 기회를 준다.

이 제도의 목적은 학생들이 논문 작성 과정을 통하여 연구방법과 재료의 수집 방법 및 정리방법, 논문의 작성 방법 등을 터득하여 앞으로의 진로에 큰 보탬을 주기 위해서이다. 곧 대학원 진학을 하는 학생에게는 대학원에서 행해지는 각종 보고서나 논문을 쓰는데 바로 직결될 것이며 기타 실무에 종사하는 사람에게도 이론적인 바탕위에서 큰 자산이 될 것이기 때문이다. 시험을 위해 외운 것은 시간이 지나면 그대로 잊어버리는 경우가 많지만 내가 자료를 찾아 가면서 쓴 한 편의 논문 내용은 그대로 간직하게 된다. 사실 논문 한 편을 제대로 쓴다는 것은 쉬운 일이 아니다. 그러기에 이러한 훈련을 통하여 더 많은 것을 배우게 된다.

❷ 학위논문

대학원생들이 쓰는 논문으로 석사 학위, 박사 학위 논문이 있다. 졸업 논문이 지도 교수와의 공동적인 작업이라면 학위논문은 독자적인 연구에 바탕을 둔 것으로 학생 개개인의 역량이 충분히 발휘되며 개인적인 책임 하에 이루어지는 작업이다. 그러므로 학위논문은 전공하는 분야에서 지식의 발전에 기여할 수 있는 능력이 구비되어 있는가를 가름하는 능력의 척도가 되기도 한다. 학위논문이 일반 연구논문과 다르다면 보다 구체적으로 기술되어야 한다는 것이다. 곧 연구사적인 고찰이나 충분한 자료를 제시하여 많은 시간과 노력을 기울인 흔적이 그대로 논문에 드러나야 한다. 학위논문은 어디까지나 학생 자신의 창의성과 독자성에 바탕을 두어야 한다. 그러므로 지나치게 지도 교수의 지시를 받거나 기대해서도 안 된다.

3. 논문 작성을 위한 준비

1) 주제 선정

무엇에 대하여 쓸 것인가? 곧 연구 과제로서 주제가 먼저 정해져야 한다. 그리고 그 주제에 따라 자료를 찾으면서 선행 연구자가 있는지 없는지도 찾아보아야 한다. 그래서 주제를 선정할 때 다음 사항을 먼저 고려해야 한다.

❶ 가능성

아무리 좋은 주제라도 충분하게 해결할 수 없다면 그림의 떡이다. 선정한 주제에 대해 해결할 수 있는 역량이 자기에게 있는가를 점검해야 한다. 그리고 시간적 여유도 충분한가를 따져봐야 한다.

❷ 발전성

선택한 주제에 대한 결과가 다음의 더 큰 주제를 해결하는데 도움이 될 수 있는 주제인가를 살펴봐야 한다. 왜냐하면 아무리 잘했다 하더라도 한 번의 연구로서 끝나버리면 연구 성과가 미약해지기 때문이다. 반면에 현재의 연구는 좀 부족하더라도 다음의 연구에 많은 도움을 줄 수 있다면 그 결과는 크고 의미가 있기 때문이다.

❸ 독창성

미해결의 주제인가를 확인해야 한다. 아무리 좋은 주제를 가지고 논문을 훌륭하게 끝내었다 하더라도 남이 이미 해버린 주제라면 자기의 연구는 의미가 없어진다. 아무리 기존연구자의 것을 보지 않았다 하더라도 이것은 말이 되지 않는다. 왜냐하면 연구자는 먼저 선행연구를 샅샅이 뒤져봐야 되기 때문이다. 그래서 선행연구 개관이 필요한 것이기도 하다. 주제 선정을 중요하게 생각하는 것도 바로 여기에 있다. 곧 독창성을 가장 중요시하기 때문이다.

❹ 흥미성

그 주제에 대한 타인의 흥미도 고려해야 한다. 논문이 발표되어도 자기가 쓴 논문에 관심이 적다면 그 업적을 인정받기가 힘이 든다. 이미 다 알려진 내용이나 이미 지나간 주제에 대해서는 다른 모든 조건이 부여되었다 하더라도 관심을 받기가 어렵다. 그러므로 주제를 선정할 때는 흥미도도 고려해야 한다.

이상의 4가지 조건에 부합하면 주제선정은 성공한 것이다. 그러면 그 주제를 가지고 연구 계획을 세워야 한다.

2) 연구계획

주어진 시간을 어떻게 활용하여 어떻게 계획을 세울 것인가에 대해 세부적 계획을 세운다. 자료 수집은 어떻게 할 것이며 실험과 방법은 어떠한 방식으로 어디서 어떻게 할 것인가에 대해서도 점검하여야 한다. 전공분야에 따라 연구 계획은 다르게 해야 할 것이다. 곧 인문계와 자연계는 논문체제 자체가 다르게 진술된다. 그러므로 이러한 경우는 각 기관이나 학회의 논문 규준에 따르면 된다. 연구 결과와 정리에 대해서도 적절히 시간을 배정하여 활용하도록 한다.

3) 자료의 수집과 평가

❶ 자료란? 논문의 기초가 되는 실험 결과나 관찰결과 혹은 조사 결과를 말한다.
❷ 기초적인 자료로서 연구에 착수한 다음 연구 도중에 수시로 자료를 점검 보충한다.
❸ 처음부터 완벽은 없다.

4 참고문헌 수집 방법

1) 문헌의 중요성

발표된 논문을 모르는 것은 공부가 부족하다는 증거이다. 문헌의 탐색을 넓게 해야 한다. 그러나 논문 인용은 최소한으로 한다.

2) 문헌을 찾는 방법

자기가 찾고자 하는 자료의 저자명이나 제목, 및 표제만 알면 다음 각 사이트에서 쉽게 찾을 수 있다.

❶ 구글 (http://scholar.google.co.kr)

❷ 국회도서관 (http://www.nanet.go.kr)

❸ 한국교육학술정보원 (http://www.riss.kr)

❹ 국립중앙 도서관(http://www.nl.go.kr)

❺ 각 대학 도서관

3) 문헌수집 방법

2)에서 찾고자하는 문헌을 찾았다면 목록을 작성하여 온라인상에서 필요한 부분, 복사를 의뢰해도 되고 도서관에 직접 가서 대출하여 복사할 것은 복사해도 된다.

4) 문헌의 정리와 보관

열람된 문헌은 카드나 노트북에 기록하거나 한글 파일에 저장한다. 문헌카드에는 저자명, 논제, 잡지명, 권수, 호수, 페이지 수, 발행년도, 발행지, 발행자를 기록한다. 그리고 논문의 요점을 기록해 둔다. 정리방법은 저자명 알파벳순, 공저인 경우 처음 저자명을 기준으로 한다.

논문의 구성

1) 논제(표제)

(1) 논문의 주된 내용을 명확하게 나타내는 것이어야 한다.

논제만 보아도 어떠한 내용의 논문인지 알 수 있는 것이 좋다. 그러므로 논제 중에 논문의 내용을 드러내 주는 단어가 들어가 있는 것이 바람직하다. 막연한 표현은 그 방면의 문헌을 조사할 때 빠뜨려 지는 경우도 있다. 예를 들면 〈고려 시가에 관한 연구〉보다는 〈고려 시가에 나타난 아니마 연구〉가 명확한 주제를 나타낸다. 명확하지 못한 논제는 다음 연구자가 자료를 찾는데도 곤란을 겪는다.

(2) 간결한 것이어야 한다.

논제는 가능하면 짧은 것이 좋다. 너무 길면 지면상에서 인용하기에도 번거롭고, 남들이 기억하는데도 불편하다. 〈…에 대한 연구〉, 〈…에 관한 연구〉, 〈…에 영향을 미치는 요인에 관한 연구〉…로 그 제목을 쓴다. 일률적으로 이렇게 할 필요는 없다. 〈…에 영향을 미치는 요인〉이라고 해도 무방하다. 꼭 '연구'란 말이 들어가지 않아도 된다.

(3) 주의를 끌 수 있는 것이어야 한다.

논제를 보고 호기심을 자아낼 수 있으면 좋다. 호기심은 읽고 싶은 충동을 주기 때문이다. 그렇다고 내용과 거리가 있는 논제를 해서는 안 된다. 논제의 끝에는 구두점을 찍지 않는다는 것도 기억해 두어야 한다.

2) 저자명

저자의 소속은 저자의 앞에 표시하거나 저자명 뒤에 괄호로 묶는 경우도 있고 각주로 표시하는 경우도 있다. 어떻게 하든 그것은 각 기관의 편집 방침에 따르면 된다.

영문표기의 경우는 처음 발표 때의 철자를 정확히 지키고, 외국인이 보았을 때 성과 이름을 혼동하지 않도록 잘 명시해야 한다.

공동 저자일 경우는 논문의 공헌도에 따른 순서로 이름을 나열하는 것이 원칙이다. 그 외에 공헌도가 비슷할 경우나 뚜렷하게 내세울 수 없을 경우는 성의 가나다 순으로 표기하기도 하고 연구자의 지위나 경력 순으로 표기하기도 한다.

3) 목차(내용)

논문이 길 때는 저자명 다음에 목차를 붙인다. 하지만 길지 않은 논문에서는 목차를 생략하기도 한다. 목차를 붙일 경우, 본문의 첫머리에 쓴다. 글자는 본문보다 1포인트 작게 쓰는 것이 통례이다. 목차의 표시는 장·절까지만 나타내면 된다. 단행본이 아닐 경우는 페이지 표시까지 할 필요는 없다. 페이지는 마지막 교정 때 표시하고 번호의 오른 쪽 끝이 일직선으로 배열하는 것이 원칙이다. 아래 보기를 살펴보자.

국문논문의 목차 (1)

목 차

1. 서 론

2. 향가와 그 배경설화

3. 내용분석

   1) 주술적인 것

   2) 교훈적인 것

   3) 神異적인 것

4. 동화적 요소 고찰

5. 결론과 제언

참고문헌

Abstract

국문논문의 목차 (2)

목 차

영어 논문의 목차

CONTENTS

4) 서론

서론은 한자로는 序論 또는 緒論이라고도 쓴다. 국어로는 머리말, 들머리, 들어가기 등으로도 많이 쓰고 있다.

서론은 논문의 첫인상이다. 첫인상이 좋아야 호감을 가지는 것과 똑 같다. 서론을 읽어보면 논문의 성격과 내용 기타 대부분을 알 수 있다. 그러므로 서론에서 주제에 대한 명확하고 완전한 해결을 제시해야 한다. 곧 ①주제의 성질, ②연구사, ③연구의 목적, ④범위, ⑤의의, ⑥동기 등을 서술한다. 이 때 각 항목을 따로 두는 경우도 있고 서론 안에 포함시키는 경우도 있다.

주제는 물론 논제와 부합되어야 한다. 학위논문은 물론이고, 긴 논문의 경우, 연구사는 별도의 장을 만드는 것이 바람직하다. 그래야만 제대로 공간을 확보하여 충분히 조사 섭렵하여 그 방면의 연구가 어느 정도 진전되었고, 어느 부분이 미약하고, 어느 부분이 확실히 연구되었으며 어느 분야가 보충되어야 하는 가를 훤히 볼 수 있기 때문이다. 그래야만 새로운 연구의 틀을 확실히 잡을 수 있기 때문이다.

연구사 검토가 미약하면 남이 이미 이루어 놓은 것을 다시 찾아 헤매는 경우가 있음을 본다. 그러므로 연구사 검토는 철저히 해야 한다. 분량이 많을 경우는 연대순으로 기록하되 직접 관계있는 것만 제한하여 제시하고 논한다. 연구자는 폭 넓게 많이 알고 있으되, 논문에서는 너무 상세하게 논할 필요는 없다. 연구의 목적과 범위는 함께 묶어서 논하면 되고, 연구의 의의와 동기도 묶어서 논하면 된다. 아니면 이 모두를 서론 안에 그냥 포함시켜 서술해도 된다. 논문의 분량에 따라 결정하면 된다. 요즈음은 서론이니 본론이니 하지 않고 그냥 1. 2. 3. 등의 번호만 붙여서 논문을 발표하는 것이 많다. 번거로움을 피하고 간단히 하기 위해서이다.

5) 재료 및 방법(연구 방법-실험방법-및 범위)

재료와 방법은 따로 문항을 정하여 서술할 수도 있고, 서론 안에서 기술할 수도 있다. 분량이 많고 복잡할 때는 따로 문항을 정하여 서술하는 것이 낫고, 재료와 방법이 간단한 경우는 서론의 끝부분이나 적절한 부분에 덧붙이면 된다. 재료 및 방법은 누구에게나 적용되는 것이므로 이를 확인할 수 있도록 정확히 기술하여야 한다.

연구하는 재료나 방법이 이미 알려진 것이라면 간단히 서술하고 그렇지 않은 경우는 주의 사항, 개선할 점, 새로이 착안한 점, 등에 대해서 상세하게 기술해야 한다. 이것은 차후에 발생할 지도 모르는 학술상의 논쟁과도 깊은 관계가 있다. 왜냐하면 새로운 연구 방법이나 재료가 다른데서 학술적인 논쟁이 생기기 때문이다.

6) 본론 - 연구과제 고찰 및 논제 진술(연구 성적-실험성적 · 결과, 고찰 논의)

논문의 가장 중요한 부분으로 논문의 핵심이 된다. 실험, 관찰 등의 종류와 성질 및 결과는 사실에 근거하여 충실하게 기록하되 표나 그림으로도 나타내어 이해하기 쉽게 해야 한다. 실험이나 그 결과에 대한 너무 장황한 설명은 피하는 것이 좋다. 어디까지나 객관적으로 기술한다.

연구 결과에 대한 이해와 究明, 예외적인 결과에 대한 설명, 다른 연구자와의 비교, 등을 한다. 연구 결과를 정리하고 실험결과가 기대치에 못 미치거나 어긋나게 나왔을 때에도 그 이유를 고찰하여 명기해 둔다. 많은 자료와 문헌을 참고하여 다른 연구자와의 차이점과 같은 점 등을 명확히 지적하고 그 원인도 검토한다.

7) 결론 및 제언

결론은 본론에서 다룬 제 문제에 대해 그 핵심을 요약정리하고, 미처 다루지 못

207

한 것이나 더 검토할 사항 및 더 연구할 분야에 대해 다음 연구자를 위해 제언 할 수도 있다.

본 연구가 그 방면의 학문에 미칠 영향과 의의 기여 방법 등을 서술한다. 결론에서 주의할 점은 불확실한 사실을 단정적으로 말하거나 독단적으로 추정하는 것은 피해야 한다.

결론이란 고찰에서 얻은 단안(斷案)으로 연구 결과의 보편화를 뜻한다. 그러므로 결론은 되도록 짧게 정리하고 이것이 적용될 수 있는 범위나 실험 조건을 명시한다.

8) 총괄(적요·요약)

적요 또는 요약이라고도 하는데 이것은 논문의 첫머리에 두기도 하고 끝으로 밀어 두기도 한다. 여기에서는 논문의 요점만을 간단히 쓴다. 누가 보아도 총괄만 읽으면 그 논문의 성격과 내용을 파악할 수 있도록 한다. 총괄은 국문 논문인 경우는 영어로 쓰고, 외국어 논문인 경우는 국문으로 쓴다. 그 길이는 본문 길이의 1-3%로 한다. 그 내용은 연구 결과에서 얻은 새로운 사실과 재료 및 실험 방법, 그리고 중점적으로 다룬 사항 등을 서술한다. 문헌 인용은 하지 않는다.

9) 謝辭(사사) -.조력자에 謝意(사의)를 표하는 것

사사는 본 논문 연구에 조력을 한 사람에게 사의를 표하는 말을 논문의 한 부분에 명기해 두는 글을 말한다. 그 위치는 서론의 끝부분이나 본문의 마지막에 실리기도 한다. 학위 논문의 경우, 대학에 따라 서론 앞부분에 〈사사〉의 란을 따로 두어 쓰는 것을 볼 수 있다.

사사의 글에서는 본문과는 달리 직함이나 존칭을 쓰는 것이 관례이다. 사사의 경우, 2인 이상일 때는 이 논문의 기여도에 따라 그 순서대로 기술하면 된다.

10) 참고문헌(인용 문헌·문헌)

참고문헌 정리는 국문인 경우는 자음 순으로 하고, 영어일 경우 알파벳순으로 기재한다. 외국인 이름은 주석에서는 불리는 그대로 쓰지만 참고문헌 정리에서는

Family name이 앞에 오도록 해야 한다. 예를 들면, 주석에서는 T.S.Eliot 로 하지만 참고문헌 정리에서는 Eliot.T.S 로 하라는 것이다. 기록 순서는 저자명, 논제, 출판사, 년도이다. 또는 저자명 뒤에 출판 년도를 쓰기도 한다. 보기를 든다면, 〈이정자, 한국시가의 아니마 연구, 백문사, 1996.〉 또는 〈이정자(1996), 한국시가의 아니마 연구, 백문사.〉로 하면 된다. 제목을 「 」 또는 『 』로서 묶기도 한다.

11) 부록 추가

자세한 자료표, 논문 제출 후 발견된 사항 등을 부록에 넣는다.

논문의 표현과 표기

문헌 조사에 의한 논문이든 실험에 근거한 논문이든, 조사에 의한 논문이든 간에 논문은 명확해야 하고 평이한 문장으로 이루어져야 한다. 내용이 같은 논문이라도 문장력과 표현력이 훌륭하면 논문은 훨씬 돋보인다. 또 논문의 문장은 무엇보다 그 표현과 표기를 올바르게 해야 한다.

1) 논문 문장의 기본 요건

(1) 명확성

논문의 문장은 무엇보다 명확해야 한다. 초보자가 읽어도 이해가 갈 정도로 명확하게 써야 한다. 그러기 위해서는 먼저 자신이 그 문제에 대해서 확실히 이해하고, 알고 있어야 한다. 또 문장으로 기술할 때는 명확한 단어를 선택하고, 술어에 대한 정의와 설명을 확실히 하고, 약자, 기호, 구두점 하나하나에도 마음을 기울이고, 구문과 문맥, 인용문, 기타 문법상으로 나타나는 문제에 이르기 까지 세심한 배려를 해야 한다. 이렇게 함으로써 더 고칠 곳이 없을 정도로 온전한 문장이 이루어지면 그 문장은 논문의 문장으로서 성공적이다.

(2) 간결성

논문의 문장은 복문보다 단문이나 중문이 효과적이다. 여기서 간결성이란 내용의 가결성도 요구하지만 그 내용을 진술함에 있어 문장을 간결체로 표현하라는 것이다. 간결체는 어려운 말이 있더라도 훨씬 이해가 빠르다. 쉬운 말을 쓰더라도 마냥 문장이 길어지면 이해가 느리다. 문장의 간결성을 유지하기 위해서는 말의 중첩과 부연을 피한다. 그리고 필요 이상의 형용사나 부사 등 수식어를 제거하여야 한다.

(3) 평이성

논문의 문장은 평이하게 기술해야 한다. 평이하다는 것과 논문의 내용이 쉽다는 것과는 다르다. 같은 내용이라도 어렵게 표현하는 사람이 있나하면 어려운 내용인데도 아주 이해하기 쉽게 표현하는 사람이 있다. 내가 확실하게 그 내용을 알면 쉬운 말로 표현할 수 있다. 그것이 평이성이다.

문장을 평이하게 만들기 위해서는 ① 어려운 말이나 술어는 쉬운 말로 대치하고 ② 구문은 가급적으로 간결체를 활용하며, ③ 문장은 수동형 보다는 능동형으로 기술한다.

2) 표현과 표기상 유의할 사항

(1) 문장의 단락

어떤 화제를 중심으로 관련성이 있는 여러 개의 문장으로 이루어진 묶음을 문장의 단락이라 한다. 또는 소주제를 중심으로 이루어진 문장들의 묶음. 들여 쓰기로 이루어진 단락이다.

(2) 어조

지나친 겸손은 비굴함을 나타내고, 독선적 어조는 불쾌감을 가지게 되고 강한 어조의 단정적 기술은 책임이 따른다 그러므로 논문의 문장은 '……에 따르면, ……에 의하면,'이 바람직하다.

(3) 구두점

❶ 문장의 간결성이나 명확성을 좌우한다.

❷ 논문의 논제, 연월일 성명에는 구두점이 필요 없다.

❸ 동일한 類의 단어 나열에는 가운데 점을 찍는다.

(4) 경칭

❶ 경칭이나 경어는 안 쓴다. 이름을 쓴다.

❷ 논문 중에는 자기를 지칭할 때는 필자 또는 저자라 하고 기존의 자기 논문 인용 때는 이름을 쓴다.

(5) 한자 혼용

❶ 최소한 억제

❷ 전문 용어는 한자 표기

❸ 한 번 한자로 표기한 단어는 한자로 통일

❹ 한 단어 안에서의 국 · 한 혼용은 금물이다. 예를 들면 '土月회'이라 하지말고 '토월회'라든지 '土月會'라 써야 한다. 아니면 土月會(토월회)로 쓴다.

(6) 외래어

❶ 외래어 표기법을 엄격히 준수한다.

❷ 외래어를 그대로 표기한다.

(7) 동의어나 동음어의 반복은 될수록 반복되지 않도록 유의한다.

자료의 수학적 처리와 표현

자연과학논문의 경우 실험이나 관찰, 관측에 의하여 나타난 수치를 그대로 논문에 기록하는 경우가 있다. 하지만 이들 수치가 도출된 일련의 사상(事象)간의 관계 및 원리나 법칙을 구명하기 위해서는 이들 수치를 수학적으로 정확하게 잘 처리해야 한다. 그렇지 않을 경우 계산의 오차로 헛수고를 하는 시례도 있다.

1) 수학적 처리에 관한 일반 사항

(1) 계산법 선택에서의 유의점

같은 수치를 구하는 데에도 그 계산 방법에는 여러 가지가 있다. 각종 수표를 활용하는 경우와 계산기나 컴퓨터를 활용하는 등 다양하다. 그래서 계산의 종류와 계산의 정확도를 고려하여 신중하게 그 계산법과 계산도구를 채택해야 한다.

(2) 계산 결과의 기록

숫자는 알아보기 쉽도록 정자로 쓰고, 숫자의 크기도 사용되는 유형에 따라 그 방법을 일정하게 통일한다.

(3) 유효숫자의 결정

계산을 할 때에는 유효숫자를 염두에 두고 적절히 한다. 숫자의 오차로 인한 노력의 낭비를 피하여야 한다.

(4) 검산

수치를 계산할 때는 반드시 검산을 해야 한다. 복잡한 계산일 때는 중간에서 끊어 검산하는 것도 좋은 방법이다.

2) 대표치

어떤 문제에 대해서 참여 수치를 다수 얻었을 때 그 수치들을 대표하는 수를 대표치라 한다. 대표치로 활용되는 것은 산술평균, 중앙치, 최빈치, 기하평균, 조화평균 등 여러 가지가 있다. 이들 중 어떤 것을 택할 것인가는 문제의 사안에 따라 가장 적절한 것을 택할 것이다.

3) 상관계수

2개 이상의 문제에 대해 그 관계를 알고자할 때 그 대표치만을 비교하여도 충분할 때가 있다. 하지만 그렇지 않은 경우도 있다. 그래서 이를 좀 더 정밀하게 검사하도록 한 것이 상관도표이고, 이들 사이의 관계의 심도를 표시하는 것이 상관계수이다.

8 표와 그림

표와 그림은 실험 및 설문 방법이나 재료, 연구 결과 등 논문의 내용을 간결하면서도 명료하게 나타내고 싶을 때 매우 효과적이다. 이것은 복잡한 설명이 없더라도 독자가 이해하기에 편리하다. 곧 그만큼 용이하다는 것이다. 그러므로 표와 그림을 잘 활용하면 설명하는 문장을 줄이면서도 독자의 이해는 높일 수 있다.

표는 활자나 기호, 또는 괘선만으로 조판할 수 있고, 그림은 원도(原圖)를 바탕으로 제판한다. 그림이 본문에 실릴 때에는 삽도(figure)라 하고, 독립하여 실릴 때에는 도판(plate)이라 한다

1) 표

표(table)는 수표 혹은 도수표(frequency table)라 한다. 표를 효과적으로 활용하면 표만으로도 실험결과나 기타 연구 결과를 일목요연하게 나타낼 수 있어 매우 편리하다. 그렇다고 지나치게 남용하면 도리어 논문의 품위를 손상시킨다.

(1) 표를 활용할 때의 유의 사항.

❶ 표가 많을 때는 부표(附表)로 처리하여 논문의 말미에 수록하고, 본문에는 결과를 요약한 표나 필요불가결한 것만을 선택하여 삽입한다.

❷ 논문의 논지를 강화시키는데 필요한 사항만을 표로서 작성한다.

(2) 표를 작성할 때의 유의 사항

표의 모양은 정방형에 가까운 것이 좋다. 가로로 사용할 경우는 가로와 세로의 비율이 3:2 정도로 하면 좋다. 한 페이지에 들어가지 않을 경우는 별도의 지면에 인쇄하여 이것을 접어서 삽입하는 것이 좋다.

❶ 표의 원안(原案)은 구성상에 제약을 받지 말고 개략적으로 만든다. 투고 규정에 의해서 하게 인쇄소에 맡긴다.

❷ 실험치 이 외에 통계치 평균치, 비율 및 기타 기초 자료를 표에 넣을 수 있다.

❸ 같은 종류의 데이터는 그 표현 양식을 통일하고, 그 배열에 있어서도 합리적으로 하여야 독자가 이해하기가 쉽다.

❷ 표는 공간을 적절하게 배분하여 여백에 균형을 이루어야 한다.

❺ 표 제목에는 반드시 번호를 붙여야 한다. 그 위치는 표의 위쪽 중앙에 둔다. 표의 제목이 구문(歐文)일 때는 제1어의 첫 자와 고유명사의 첫 자는 대문자로 하고 나머지는 모두 소문자로 한다. 마침표는 찍지 않는다.

2) 그림

여기서 말하는 그림(illustration)은 삽도(挿圖, figure)로서 도표(graph, chart), 사진(photograph), 도화(圖畵, drawing)를 일괄한 단어다. 같은 사진이나 도화라도 그것을 본문과는 별도로 독립한 페이지에 인쇄하여 논문 뒤에 첨부할 때에는 도판(圖板, plate)이라 한다고 앞에서 밝혔다.

(1) 도표의 종류[3]

도표에는 여러 종류가 있다. 표현하고자 하는 내용과 그 유형에 따라 적절히 선

---

3) 교재편찬위원회, 논문작성법(자연과학편), 건국대출판부, 2001, pp.75–81 참조.

택할 것이다.

❶ 내역도표

내역도표는 하나의 원을 방사선의 직선으로 절단하여 몇 개의 구성 요소의 비율을 표시하는 것이다. 이것은 360°를 100%로 하여 10%는 36°, 5%는 18°라는 식으로 할당한다. 이것을 파이도표, 또는 선형도표라고도 한다. 이 도표는 어떤 집단의 합계를 100으로 하고 그 중에서 각 구성분이 차지하는 비율을 나타내고자할 때는 주로 이 도표가 이용된다.

❷ 경과 도표

경과 도표는 시간의 경과에 따라 변화하는 상태를 나타낼 때 적용한다. 종류에는 몇 가지가 있다. 기둥 모양으로 그 길이의 차이로 나타내는 기둥도표 또는 봉도표라고도 한다. 그리고 연속적인 변화감이 부족한 봉도표의 단점을 보완한 절선경과도표, 또 주기성을 갖고 순환하는 통계를 표시하고자할 때 사용하는 원형경과도표가 있다. 이것도 어느 선에서 나누어 펼치면 일반적인 경과 도표가 된다.

❸ 도수도표와 히스토그램

어떤 조사 범위의 급간 간의 도수의 분포를 표시하고자할 때 도수도표를 이용한다. 예를 들면 한 학급의 학생 신장 분포를 나타낼 때 131-135까지 10명, 136-140까지 15명, 140 이상 5명이라는 것을 경과 도표의 경우와 마찬가지로 절선도표와 봉도표가 있다.

도수 절선은 변이 다각형 · 도수다각형 등을 불린다. 그림 a와 같이 다각형 속에 전혀 선을 넣지 않는 경우와, b처럼 세로선만을 넣는 경우가 있고, c처럼 모눈 눈금을 넣는 경우가 있다.

도수 도표를 봉도표로 할 때는 기둥과 기둥 사이를 접착시키는 것이 보통이다. 이렇게 만든 도수도표를 특히 히스토그램(histogram)이라 한다. 히스토그램은 내부선을 생략하고 윤곽만을 그리기도 한다.

❹ 대수도표

대수에 따라 도축(圖軸)에 눈금을 매겨 그린 도표를 대수 도표라 한다. 일반적으로 세로축이나 가로축만을 대수 눈금으로 표시하고 그 직각축은 보통의 등분 눈금으로 표시한 도표를 반대수 도표(semi-logarithmic chart)라 하고, 세로축과 가로축을 다 같이 대수 눈금으로 표시하여 작성한 도표를 전대수도표(全對數圖表)라 한다.

보통의 도표에서는 곡선으로 나타나는 경과가 반대수 도표에서는 직선으로 표시되기 때문에 편리하다. 시간의 경과에 소비되는 유충의 성장률, 약물의 용량과 작용과의 관계 등을 나타낼 때에 이 도표가 사용된다.

❺ 대도표와 회도표

대도표는 경과 절선 도표의 내용을 색이나 선을 달리하여 그 내용을 일목요연하게 구분할 수 있게 만든 것이다. 이것은 각 구분이 띠모양으로 보이기 때문에 대도표라 한다.

회도표(繪圖表)는 사람을 그린 그림의 크기나 숫자로서 인구를 표시하는 도표로 인구 조사 등에 활용한다. 대도표 보다 더 통속적이다.

9 인용과 각주

1) 인용법

남의 글을 인용할 때는 출처를 정확히 밝혀야 한다. 짧은 문장을 그대로 인용할 때에는 글 속에서 따옴표로서 인용하고, 좀 긴 문장을 인용할 경우는 본문과 분리하여 별행으로 제시하는 것이 일반적이다.

 보기

> ① 문장 속에서 짧은 문장을 인용할 경우 –.
> 논문을 작성할 때 선학들의 논문을 참고하고 인용하는 것은 필수적이다. 이럴 경우 주의할 점은 "인용문은 되도록 짧은 것이 좋다"[4]고 한다.
>
> ② 긴 글을 인용할 경우 –.
> 긴 글을 인용할 경우에는 줄을 바꾸어 다른 단락으로 인용문을 제시하되 따옴표는 빼고 인용문 전체를 외쪽에서 두 세간의 간격을 두고 본문의 글자 크기보다 작은 글씨로 적는다.[5]고 한다.

4) 교재편찬위원회, 대학작문, 건국대출판부, 1998. p. 175.
5) 상계서 p.176.

③ 시를 인용하는 경우 -.

시는 행을 함부로 바꾸면 시의 운율이 바뀌기 때문에 시에서 2행 이상 인용할 때에는 긴 산문을 인용하는 경우와 마찬가지로 딴 줄을 잡아서 원문의 행과 똑 같이 연을 이루어 인용하는 것이 원칙이다.[6] 라고 한다. 하지만 지면의 제약을 받거나 번거로움을 피하기 위해서는 행을 빗금(/)으로 나타내고 연은 쌍빗금(//)으로 표시하여 나타내기도 한다. 곧 산에는 꽃피네/ 꽃이 피네/ 갈 봄 여름 없이 / 꽃이 피네 //산에/ 산에/ 피는 꽃은 /저만치 혼자서 피어 있네 ...와 같다.

④ 생략 인용을 하는 경우

생략 인용이란 원문 전부를 그대로 인용하지 않고 일부를 생략하여 꼭 필요한 부분만을 따서 인용하는 것을 말한다. 이 때 주의해야 할 점은 ...... 생략 부호〔3점 혹은 6점을 찍는다.〕를 쓴다는 것이다. ...... 생략하는 부분에 구두점이 나타나는 경우는 구두점을 표시하는 것이 관례이다. 또 끝 부분을 생략할 때에는 생략 부호를 찍고 마침표를 찍는다....... 또 문장의 한 단락이나 시의 한 연을 생략하는 경우에는 〈중략〉 혹은 한 행을 .... 이렇게 점선으로 생략을 표시하기도 한다.[7]

⑤ 가필 인용의 경우

원문에 인용자가 어떤 설명을 더하여 인용하는 방법이다.......원문의 일부 표현에 대해 주석을 달거나 해석을 할 때에는 〔 〕를 써서 〔 〕안에 가필하는 것이 좋다.[8]

곧 "그 〔C.G.Jung〕의 설에 의하면 ...... 과 같이 하면 된다.

2) 각주법

참고문헌이나 주석을 나타낼 때 본문 하단에 그 출처를 밝히는 것으로 후주와 대립되는 말이다. 각주가 각 페이지의 하단에 표시함에 비해 후주는 논문의 끝부분에 일괄해서 밝히는 것이다. 그 표시하는 요령은 같다.[9]

---

6) 상계서,p.177.

7) 상계서

8) 상계서 p.179.

9) 상계서, pp.184-193 참조

⭐ **보기**

① 전집류의 경우 -.

조동일, 『한국문학통사4』, 지식산업사, 1989. 또는 조동일
(1986), 『한국문학통사4』, (서울:지식산업사), 또는 지식산업사.

② 정기간행물의 경우-.

유치진, 「못다부른 노래의 아쉬움」『현대연극』,1973.5. 또는
유치진, "못다 부른 노래의 아쉬움", 『현대연극』, 1973.

③ 일반서적 게재물의 경우 -.

이정자, 한국시가의 아니마 연구, 백문사, 1996.pp.125-127. 또는
이정자(1996), 「한국시가의 아니마연구」, (서울: 백문사), pp.125 -127.

④ 약식 각주의 경우-.

바로 앞에 나왔던 문헌을 다시 인용할 때. "상게서(위의 책, 같
은 책) p.15." 또는 "ibid, p.15 "로 나타낸다. 'ibid'는 라틴어
ibidem(in the same place)의 약자이다.

같은 책이라도 페이지 수가 다를 경우는, "이정자, 전게서(앞의
책), p.5" 또는 "이정자, op. cit, p.5" 하면 된다. 'op. cit'는 라틴어
opere citato(in the work cited)의 약자이다.

🖌 라틴어는 약자로 많이 활용된다. a.m, p.m, AD 등도 라틴어의 약자이다. a.m은
ante meridiem(before noon)이고 p.m은 post meridiem(afternoon)이다. 그리고
AD는 Anno Domini(in the year of our Lord)이다. 곧"우리들의 주님과 함께하는
시대'로서 예수 그리스도와 함께하는 시대라는 의미이다. 이것은 BC가 Before
Christ로서 기원전을 말하듯 AD는 예수 탄생이후를 말한다. 그래서 부활한 예수
와 함께하는 시대라는 뜻으로 AD를 쓴다.

10 참고 문헌 목록과 배열

학술 논문의 경우 논문을 쓸 때 참고가 된 모든 참고문헌을 뒤에 밝히는 것이 원칙이
다. 이렇게 함으로서 그 논문에 대한 신뢰도와 타당성을 부여하고 또 저자에 대한 예
의를 표시하며 다음 연구자를 위한 문헌적 길잡이의 역할을 하는 이유이기도 하다.

참고문헌의 목록은 각주 형식과 같이 하되 페이지 표시는 하지 않는다. 순서
는 한글의 경우는 자음 순서대로 하고 영어일 경우는 알파벳 순서로 한다. 저자가

같은 경우는 출판 년도 순서로 하고 같은 해에 출판된 경우는 일반적으로 2000a, 2000b, 2000c로 년도 옆에 알파벳 소문자로 표시한다.

국어로 된 문헌을 먼저 배열하고 외국어의 경우는 동양 문헌을 먼저하고 서양 문헌을 뒤로 돌리는 것이 일반적이다. 서양 문헌일 경우 각주에서는 이름을 먼저 썼지만 참고 문헌 배열에서는 성을 먼저 제시하는 것이 일반적이다. 이것은 동서를 막론하고 성(family name)을 중심으로 배열하기 위해서이다.

1) 참고문헌 배열은 먼저 동양서와 서양서로 구분하여 동양서를 먼저 쓰고 서양 서를 쓴다.

2) 한서는 가, 나, 다 순으로 하고, 양서는 알파벳 순으로 한다.

3) 동일한 저자의 책이 여러 권 있을 때는 연대순으로 하고, 다음 권부터는 저자 명을 생략하고 '_____'와 같이 표시함으로써 저자명을 반복하지 않는다.

김대행, 『한국시가 구조 연구』, 삼영사, 1984.

_____, 『북한의 시가 문학』,문학과 비평사, 1990.

4) 참고문헌 목록은 저자명, 도서명, 출판사 항으로 나누어지는데 이들 각 부분 을 마침표로 구분한다. 둘째 줄 이하로 이어질 때는 첫 번째 줄의 첫 번째 단 어를 기점으로 해서 세 칸을 들여 쓴다.

방정복, 『대화와 인간관계: 청소년의 인간성 계발을 중심으로』, (서울: 아세아문 화사), 1980.

　　　출판사 명을 ( )로 묶지 않아도 무방하다.

5) 양서는 저자명을 기록할 때 성(last name), 이름(first name), 순으로 기록하며, 성 다 음에 콤마(,)를 찍는다.

Jung,C.G. Aion Researches into the Phenomenology of the self. Princeton University Press, 1975.

6) 저자명이 둘 이상일 때 한서는 저자 이름 사이에 가운데 점(·)을 찍거나 콤마 를 사용하기도 한다. 양서일 경우는 콤마를 찍고 맨 마지막 저자명 앞에서만 'and'를 붙인다.

이정자 · 한종구, 『대화와 화술』, 국학자료원, 2003.

김열규, 신동욱, 『고려시대의 가요문학』, 새문사, 1986.

7) 저자명이 둘 혹은 셋일 때 양서는 맨 처음의 저자명만을 성, 이름순으로 적고,

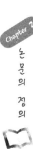

나머지 저자명은 이름 성 순으로 기재하거나 혹은 모든 저자명을 성, 이름순으로 일관되게 적어도 무방하다.

Doerksen,H.R., and J.c. Pierce. Citizen Infruence in Water Policy Dicision, Ann Arbor Science, 1976.

Einhorn, H.J., and Hogarth, R.M. "Quality of Group Judgement." Psychological Bulletin, 1977, 84$^{(1)}$, pp.158-172.

8) 저자명이 넷 이상일 때 모든 저자명을 기입하는 것이 원칙이다. 그러나 맨 처음의 저자명만을 기록하는 경우도 있다. 이때는 한서의 경우, 맨 처음의 저자명 다음에 '외 O인' 이라고 쓰며, 양서의 경우, 맨 처음의 저자명 다음에 콤마(,)를 찍은 다음 'et al' 혹은 'and others'라고 쓴다.

이동인 외 3인, 『새사회학통론』, 형설출판사, 1985.

Robertson, David, et al. Eco-Logic: Logic-Based Approaches to Ecological Modelling. Cambridge, Mass.,:MIT Press, 1991.

9) 편집자명만 있을 경우, 한서에서는 저자명 '(편)'이라고 쓰며, 양서일 때에는 저자명 다음에 '(Ed)'라고 쓴다. 편집자명이 여러 명일 때는 '(Eds.)'라고 쓴다.

박은구 · 이연구(편), 『14세기 유럽사』, 탐구당, 1985.

Grant, W., et al (Ed.). The Political Economy of Corporatism. London: Macmillian, 1985.

10) 원저자명과 번역자 명을 모두 기입할 경우, 원저자의 이름, 도서명을 차례로 적은 다음, 도서명 다음에 역자명을 쓰고, '(역)'이라고 쓰기도 하고, 원저의 서명과 번역서명을 함께 기재하기도 한다. 양서의 경우에는 도서명 다음에 'Trans'를 쓰고 역자명을 이름, 성 순으로 기록한다. 이때 'Trans'는 반드시 대문자로 시작하며, 'Trans'와 역자명 사이에 (,)를 찍지 않는다.

버터필드, 허브터. 『근대과학의 기원』 차하순(역), 탐구당, 1986.

Ferry, Luc and Renaut Alain. French Philosophy of the Sixties : an Essay on Antihumanism. Trans. Mary H. S. Cattani Amherst: Univ. of Massachusetts Press, 1990.

11) 판 수 표시를 할 경우에는 도서명 다음에 마침표(.)를 찍고, 한서의 경우에는 '제O판', '제O개정판', '개정정보판', '제O개정정보판', 등이라고 쓰며, 양서의 경우는 제목 다음에 마침표를 찍은 다음 'Rev. ed.' 혹은 '2nd ed.' 등으로 쓴

다. 이때 'Rev.ed.'를 쓸 때에는 반드시 대문자로 시작해야 한다.

박동서, 한국행정론, 제3개정판. 법문사, 1990.

Authur, B. Gallison and Simon Eismen. The Urban Pattern. 3ed ed. New York: D. Van Nostrand, 1975.

12) 출판사 지명, 출판사, 출판연도를 기록할 때는 괄호 속에 묶지 않으며 '출판사 지명: 출판사, 출판연도'순으로 나타내거나, 출판연도를 저자명 다음에 쓴다. 이때는 저자명 다음에 출판연도를 쓰고 이를 ( )로 묶는다. 저자명 다음에 출판연도를 적든 출판연도를 출판사 다음에 적든 어느 한 가지를 일관성 있게 사용해야 한다.

김용숙(1989), 『한국여속사』, 민음사.

최일성 외, 『한국여성사』, 백산자료원, 2003.

Aron, Henry J. 쐐 Pays the Property Tex?: A New-view. The Bookings Institution, 1975.

Adams, G.B., and R.L. Schuler(1951. Constitutional History of England. New York: Henry Holt.

13) 외국문헌의 참고문헌 작성시 주요어는 모두 대문자로 시작하는 것이 일반적이다. 하지만 때로는 첫 번째 단어만 대문자로 시작하는 경우도 있으니 어떤 경우든 일관되게 사용하면 된다.

Parsons, T. "The School Class as a Social System." Harvard Education Review, 29. pp. 297-318. 또는

Parson, T. "The school class as a social system." Harvard education review, 29. pp. 297-318.

외국 문헌일 경우 제목 밑에 줄을 치는 경우도 있고 줄을 치지 않아도 무관하다. 기관에서 요구할 때는 그 규정에 따른다.

일반적인 상례는 아래 보기를 참고해도 무방하다.

 보기

권혁래, 조선후기 역사 소설의 성격, 박이정, 2000.
박혜숙, 「한국 현대시 흐름의 양면 탐구」, 국학자료원, 2001.
이정자, 『한국시가의 아니마 연구』, 백문사, 1996.
이정자, 『대화와 화술』, 국학자료원, 2003.
莊周, 김학주 (역), 『莊子』, 을유문화사, 1990.

Chapter 2
논문의 정의

Eliot, T.S, Seiected Prose, Penguin Book. 1956.

Frye. N. 고부영 역, 문학에의 길, 심지, 1984.

　🖋 년도를 이름 뒤에 쓰기도 한다.

한종구(2006), 『말과 글』, 한올출판사.

이정자(2003), 『시조문학연구론』, 국학자료원.

🖋 참고 문헌 목록 정리를 함에 있어 조금씩 차이가 나게 정리해 보았다. 일반적으로 어느 형태로 하든 무관함을 보이기 위해서이다. 하지만 각 기관이나 학회의 규정이 있으면 거기에 따르면 된다. 외국 서적의 경우 제목에 밑줄을 긋기도 하고, 위의 보기와 같이 고딕체로 쓰기도 한다.

🖋 특별한 낱말이나 제목은 〈 〉나 ' '로 묶고, 서적은 『 』로 표시하고, 신문이나 월간지는 「 」로 표시하여 구별하기도 한다. 그런가하면 일반 서적은 「 」로 묶고, 전집류나 백과사전을 『 』로 묶어 구별하기도 한다. 어느 것이든 무방하다.

MEMO

글쓰기와 프레젠테이션

부 록

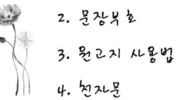

한글맞춤법

일러두기

1. 이 한글 맞춤법은 개정된 규정에 따라 표기하였다.
2. 이 한글 맞춤법은 본문 6장과 '부록'으로 되어 있다.
   제1장 총칙
   제2장 자모
   제3장 소리에 관한 것
   제4장 형태에 관한 것
   제5장 띄어쓰기
   제6장 그 밖의 것
   (부록) 문장 부호
3. 각 장은 절로 나누고 각 절은 다시 항으로 나누어, 각기 원칙에 따르는 예시어들을 제시하였다.
4. 문법 체계와 용어는 '학교 문법 용어'(문교부 제정)에 따랐다.
5. 의미의 혼동을 줄 우려가 있는 경우에 한하여 한자를 병기하였다.
6. '다만'과 [붙임]은 다음과 같은 경우에 썼다.
   다만 : 규정의 본문에 해당되지 않는 예외 사항을 제시하는 경우
   붙임 : 규정의 본문에 포함하여 설명하기 어려운 사항을 보충할 경우

제1장 총 칙

제1항 한글 맞춤법은 표준어를 소리대로 적되 어법에 맞도록 함을 원칙으로 한다.
제2항 문장과 각 단어는 띄어 씀을 원칙으로 한다.
제3항 외래어는 '외래어 표기법'에 따라 적는다.

제2장 자 모

제4항 한글 자모의 수는 스물넉 자로 하고 그 순서의 이름은 다음과 같이 정한다.

ㄱ(기역) ㄴ(니은) ㄷ(디귿) ㄹ(리을) ㅁ(미음) ㅂ(비읍) ㅅ(시옷) ㅇ(이응) ㅈ(지읒)
ㅊ(치읓) ㅋ(키읔) ㅌ(티읕) ㅍ(피읖) ㅎ(히읗)
ㅏ(아) ㅑ(야) ㅓ(어) ㅕ(여) ㅗ(오)
ㅛ(요) ㅜ(우) ㅠ(유) ㅡ(으) ㅣ(이)

[붙임1] 위의 자모로써 적을 수 없는 소리는 두개 이상의 자모를 어울러서 적되, 그 순서와
       이름은 다음과 같이 정한다.

ㄲ(쌍기역) ㄸ(쌍디귿) ㅃ(쌍비읍) ㅆ(쌍시옷) ㅉ(쌍지읒)

ㅐ(애) ㅒ(얘) ㅔ(에) ㅖ(예) ㅘ(와) ㅙ(왜)

ㅚ(외) ㅝ(워) ㅞ(웨) ㅟ(위) ㅢ(의)

[붙임2] 사전에 올릴 적의 자모 순서는 다음과 같이 정한다.
　　자음 : ㄱ ㄲ ㄴ ㄷ ㄸ ㄹ ㅁ ㅂ ㅃ ㅅ ㅆ ㅇ ㅈ ㅉ
　　　　　ㅊ ㅋ ㅌ ㅍ ㅎ (19)
　　모음 : ㅏ ㅐ ㅑ ㅒ ㅓ ㅔ ㅕ ㅖ ㅗ ㅘ ㅙ ㅚ ㅛ ㅜ
　　　　　ㅝ ㅞ ㅟ ㅠ ㅡ ㅢ ㅣ (21)

제3장 소리에 관한 것

제1절 된소리
제5항 한 단어 안에서 뚜렷한 까닭이 없이 나는 된소리는 다음 음절의 첫소리를 된소리로 적는다.

　1. 두 모음 사이에서 나는 된소리
　　- 소쩍새 어깨 오빠 으뜸 아기다 기쁘다 깨끗하다
　　　어떠하다 해쓱하다 가끔 거꾸로 부쩍 어찌 이따금
　2. 'ㄴ, ㄹ, ㅁ, ㅇ' 받침 뒤에서 나는 된소리
　　- 산뜻하다 잔뜩 살짝 훨씬 담뿍 움찔 몽땅 엉뚱하다

다만 'ㄴ, ㅂ' 받침 뒤에서 나는 된소리는 같은 음절이나 비슷한 음절이 겹쳐나는 경우가 아니면 된소리로 적지 아니한다.

　국수 깍두기 딱지 색시 싹둑(~싹둑) 법석 갑자기 몹시

제2절 구개음화
제6항 'ㄷ, ㅌ' 받침 뒤에 종속적 관계를 가진 '-이(-)'나 '-히-'가 올 적에는 그 'ㄷ, ㅌ'이 'ㅈ, ㅊ'으로 소리 나더라도 'ㄷ, ㅌ'으로 적는다. (ㄱ을 취하고 ㄴ을 버림)

ㄱ	ㄴ	ㄱ	ㄴ
맏이	마지	핥이다	할치다
해돋이	해도지	걷히다	거치다
굳이	구지	닫히다	다치다
같이	가치	묻히다	무치다
끝이	끄치		

제3절 'ㄷ' 소리 받침
제7항 'ㄷ' 소리로 나는 받침 중에서 'ㄷ'으로 적을 근거가 없는 것은 'ㅅ'으로 적는다.

　덧저고리 돗자리 엇셈 웃어른 핫옷 무릇 사뭇 얼핏
　자칫하면 뭇(衆) 옛 첫 헛

제4절 모음

제8항 '계, 례, 몌, 폐, 혜'의 'ㅖ'는 'ㅔ'로 소리 나는 경우가 있더라도 'ㅖ'로 적는다. (ㄱ을 취하고 ㄴ을 버린다.)

다만 다음 말은 본음대로 적는다.

ㄱ	ㄴ	ㄱ	ㄴ
계수(桂樹)	계수	연메(連袂)	연메
사례(謝禮)	사레	폐품(廢品)	페품
혜택(惠澤)	혜택	핑계	핑게
계집	게집	계시다	게시다

* 게송(偈頌) 게시판(揭示板) 휴게실(休憩室)

제9항 '의'나 자음을 첫소리로 가지고 있는 음절의 'ㅢ'는 'ㅣ'로 소리 나는 경우가 있더라도 'ㅢ'로 적는다. (ㄱ을 취하고 ㄴ을 버림)

ㄱ	ㄴ	ㄱ	ㄴ
의의(意義)	의이	닁큼	닝큼
본의(本義)	본이	띄어쓰기	띠어쓰기
무늬	무니	씌어	씨어
보늬	보니	틔어	티어

ㄱ	ㄴ	ㄱ	ㄴ
오늬	오니	희망	히망
하늬바람	하니바람	희다	히다
닁리리	닁리리	유희	유희

제5절 두음 법칙

제10항 한자음 '녀, 뇨, 뉴, 니'가 단어 첫머리에 올 적에는 두음 법칙에 따라 '여, 요, 유, 이'로 적는다.(ㄱ을 취하고 ㄴ을 버림)

ㄱ	ㄴ	ㄱ	ㄴ
여자(女子)	여자	유대(紐帶)	뉴대
연세(年歲)	년세	이토(泥土)	니토
요소(尿素)	뇨소	익명(匿名)	닉명

다만 다음과 같은 의존 명사에서는 '냐, 녀'음을 인정한다.
냥(兩) 냥쭝(兩) 년(年)(몇 년)

[붙임1] 단어의 첫머리 이외의 경우에는 본음대로 적는다.
남녀(男女) 당뇨(糖尿) 결뉴(結紐) 은닉(隱匿)

[붙임2] 접두사처럼 쓰이는 한자가 붙어서 된 말이나 합성어에서 뒷말의 첫소리가 'ㄴ' 소리가 나더라도 두음 법칙에 따라 적는다.
신여성(新女性) 공염불(空念佛) 남존여비(男尊女卑)

[붙임3] 둘 이상의 단어로 이루어진 고유명사를 붙여 쓰는 경우에도 붙임2에 준
하여 적는다.
한국여자대학   대한요소비료회사

제11항 한자음 '랴, 려, 례, 료 류, 리'가 단어의 첫머리에 올 적에는 두음 법칙에 따라 '야,
여, 예, 요, 유, 이'로 적는다. (ㄱ을 취하고 ㄴ을 버림)

ㄱ	ㄴ	ㄱ	ㄴ
양심(良心)	량심	용궁(龍宮)	룡궁
역사(歷史)	력사	유행(流行)	류행
예의(禮儀)	례의	이발(理髮)	리발

다만 다음과 같은 의존 명사는 본음대로 적는다.

리(里) : 몇 리냐?
리(理) : 그럴 리가 없다.

[붙임1] 단어의 첫머리 이 외의 경우에는 본음대로 적는다.
개량(改良)   선량(善良)   수력(水力)   협력(協力)
사례(謝禮)   혼례(婚禮)   와룡(臥龍)   쌍룡(雙龍)
하류(下流)   급류(急流)   도리(道理)   진리(眞理)

ㄱ	ㄴ	ㄱ	ㄴ
나열(羅列)	나렬	진열(陳列)	진렬
치열(齒列)	치렬	선율(旋律)	비률
비열(卑劣)	비렬	비율(比率)	비률
규율(規律)	규률	실패율(失敗率)	실패률
분열(分裂)	분렬	전율(戰慄)	전률
선열(先烈)	선렬	백분율(百分率)	백분률

다만, 모음이나 'ㄴ' 받침 뒤에 이어지는 '렬, 률'은 '열, 율'로 적는다. (ㄱ을 취하고 ㄴ을
버림)

[붙임2] 외자로 된 이름을 성에 붙여 쓸 경우에도 본음대로 적을 수 있다.
신립(申砬)   최린(崔麟)   채륜(蔡倫)   하륜(河崙)

[붙임3] 준말에서 본음으로 소리 나는 것은 본음대로 적는다.
국련(구제연합)   대한교련(대한교육연합회)

[붙임4] 접두사처럼 쓰이는 한자가 붙어서 된 말이나 합성어에서 뒷말의 첫소리
가 'ㄴ'또는 'ㄹ'소리로 나더라도 두음 법칙에 따라 적는다.
역이용(逆利用)   연이율(年利率)   열역학(熱力學)   해외여행(海外旅行)

[붙임5] 둘 이상의 단어로 이루어진 고유명사를 붙여 쓰는 경우나 십진법에 따라
쓰는 수(數)도 붙임4에 준하여 적는다.
서울여관   신흥이발관   육천육백육십육(六千六百六十六)

229

제12항 한자음 '라, 래, 로, 뢰, 루, 르'가 단어의 첫머리에 올 적에는 두음법칙에 따라 '나, 내, 노, 뇌, 누, 느'로 적는다. (ㄱ을 취하고 ㄴ을 버림)

ㄱ	ㄴ	ㄱ	ㄴ
낙원(樂園)	락원	뇌성(雷聲)	뢰성
내일(來日)	래일	누각(樓閣)	루각
노인(老人)	로인	능묘(陵墓)	능묘

[붙임1] 단어의 첫머리 이 외의 경우에는 본음대로 적는다.

쾌락(快樂)	극락(極樂)	거래(去來)	왕래(往來)
부로(父老)	연로(年老)	지뢰(地雷)	낙뢰(落雷)
고루(高樓)	광한루(廣寒樓)	가정란(家庭欄)	동구릉(東九陵)

[붙임2] 접두사처럼 쓰이는 한자가 붙어서 된 단어는 뒷말을 두음법칙에 따라 적는다.
내내월(來來月) 상노인(上老人) 중노동(重勞動)

제6절 겹쳐 나는 소리

제13항 각 단어 안에서 같은 음절이나 비슷한 음절이 겹쳐 나는 부분은 같은 글자로 적는다. (ㄱ을 취하고 ㄴ을 버림)

ㄱ	ㄴ	ㄱ	ㄴ
딱딱	딱닥	꼿꼿하다	꼿곳하다
쌕쌕	쌕색	놀놀하다	놀롤하다
씩씩	씩식	눅눅하다	눙눅하다
똑딱똑딱	똑닥똑닥	밋밋하다	민밋하다
쓱싹쓱싹	쓱싹쓱싹	싹싹하다	싹삭하다
연연불망 (戀戀不忘)	연련불망	쌉쌀하다	쌉살하다
유유상종 (類類相從)	유류상종	씁쓸하다	씁슬하다
누누이	누루이	짭짤하다	짭잘하다

제4장 형태에 관한 것

제1절 체언과 조사

제1항 체언은 조사와 구별하여 적는다.

떡이	떡을	떡에	떡도	떡만
손이	손을	손에	손도	손만
팔이	팔을	팔에	팔도	팔만
밤이	밤을	밤에	밤도	밤만
집이	집을	집에	집도	집만
옷이	옷을	옷에	옷도	옷만
공이	공을	공에	공도	공만
낮이	낮을	낮에	낮도	낮만

꽃이	꽃을	꽃에	꽃도	꽃만
밭이	밭을	밭에	밭도	밭만
앞이	앞을	앞에	앞도	앞만
밖이	밖을	밖에	밖도	밖만
넋이	넋을	넋에	넋도	넋만
흙이	흙을	흙에	흙도	흙만
삶이	삶을	삶에	삶도	삶만
여덟이	여덟을	여덟에	여덟도	여덟만
곬이	곬을	곬에	곬도	곬만
값이	값을	값에	값도	값만

제2절 어간과 어미

제15항 용언의 어간과 어미는 구별하여 적는다.

먹다	먹고	먹어	먹으니
신다	신고	신어	신으니
믿다	믿고	믿어	믿으니
울다	욱고	울어	울으니
넘다	넘고	넘어	넘으니
입다	입고	입어	입으니
웃다	웃고	웃어	웃으니
찾다	찾고	찾어	찾으니
좇다	좇고	좇어	좇으니
같다	같고	같어	같으니
높다	높고	높어	높으니
좋다	좋고	좋아	좋으니
깎다	깎고	깎어	깎으니
앉다	앉고	앉어	앉으니
많다	많고	많어	많으니
늙다	늙고	늙어	늙으니
젊다	젊고	젊어	젊으니
넓다	넓고	넓어	넓으니
훑다	훑고	훑어	훑으니
읊다	읊고	읊어	읊으니
옳다	옳고	옳아	옳으니
없다	없고	없어	없으니
있다	있고	있어	있으니

［붙임1］ 두 개의 용언이 어울려 한 개의 용언이 될 적에 앞 말의 본 뜻이 유지되고 있는 것은 그 원형을 밝히어 적고 그 본 뜻에서 멀어진 것은 밝히어 적지 아니한다.

(1) 앞말의 본 뜻이 유지되고 있는 것

넘어지다 늘어나다 늘어지다 돌아가다 되짚어가다
들어가다 떨어지다 벌어지다 엎어지다 접어들다
틀어지다 흩어지다

(2) 본뜻에서 멀어진 것

　　드러나다　　사라지다　　쓰러지다

〔붙임2〕 종결형에서 사용되는 어미 '-오'는 '-요'로 소리나는 경우가 있더라도 그 원형을 밝혀 '-오'로 적는다. (ㄱ을 취하고 ㄴ을 버림)

ㄱ	ㄴ
이것은 책이요.	이것은 책이오.
저것은 붓이요.	이리로 오시오.
이것은 책이 아니오.	이것은 책이 아니요.

〔붙임3〕 연결형에서 사용되는 '-이요'는 '이요'로 적는다.(ㄱ을 취하고 ㄴ을 버림)

ㄱ	ㄴ
이것은 책이요,	이것은 책이오,
저것은 붓이요,	저것은 붓이오,
또 저것은 먹이다.	또 저것은 먹이다.

제16항 어간의 끝음절 모음이 'ㅏ, ㅗ'일 때는 어미를 '-아'로 적고 그 밖의 모음일 때는 '-어'로 적는다.

1. '-아'로 적는 경우

나아	나아도	나아서
막아	막아도	막아서
얇아	얇아도	얇아서
돌아	돌아도	돌아서
보아	보아도	보아서

2. '-어'로 적는 경우

개어	개어도	개어서
겪어	겪어도	겪어서
되어	되어도	되어서
베어	베어도	베어서
쉬어	쉬어도	쉬어서
저어	저어도	저어서
주어	주어도	주어서
피어	피어도	피어서
희어	희어도	희어서

제17항 어미 뒤에 덧붙는 조사 '-요'는 '-요'로 적는다.

읽어	읽어요.
참으리	참으리요.
좋지	좋지요.

제18항 다음과 같은 용언들은 어미가 바뀔 경우, 그 어간이나 어미가 원칙에 벗어나면 벗어

나는 대로 적는다.

1. 어간의 끝 'ㄹ'이 줄어질 적

   갈 다 : 가 니　간　갑니다.　가시다　가오
   놀 다 : 노 니　논　놉니다.　노시다　노오
   불 다 : 부 니　분　붑니다.　부시다　부오
   둥글다 : 둥그니　둥근　둥급니다　둥그시다.　둥그오.
   어질다 : 어지니　어진　어집니다 .　어지시니　어지오

        [붙임] 다음과 같은 말에서도 'ㄹ'이 준 대로 적는다.
              하지못하다　마지않다　(하)다마다　(하)자마자
              (하)지마라　(하)지 마(아)

2. 어간의 끝 'ㅅ' 이 줄어질 적

   긋 다 : 그 어　그으니　그었다.
   낫 다 : 나 아　나으니　나았다.
   잇 다 : 이 어　이으니　이었다.
   짓 다 : 지 어　지으니　지었다.

3. 어간의 끝 'ㅎ'이 줄어질 적

   그 렇 다 : 그러니　그럴　그러면　그립니다　그리오
   까 맣 다 : 까마니　까말　까마면　까맙니다　까마오
   동그랗다 : 동그라니　동그랄　동그라면　동그랍니다　동그라오
   퍼 렇 다 : 퍼러니　퍼럴　퍼러면　퍼럽니다　퍼러오
   하 얗 다 : 하야니　하얄　하야면　하얍니다　하야오

4. 어간의 끝 'ㅜ ㅡ'가 줄어질 적

   푸 다 : 퍼　펐다　　뜨 다 : 떠　떴다
   끄 다 : 꺼　껐다　　크 다 : 커　컸다
   담그다 : 담가　담갔다　고프다 : 고파　고팠다
   따르다 : 따라　따랐다　바쁘다 : 바빠　바빴다

5. 어간의 끝 'ㄷ' 이 'ㄹ' 로 바뀔 적

   걷다 [步] : 걸어　걸으니　걸었다
   듣다 [聽] : 들어　들으니　들었다
   묻다 [問] : 물어　물으니　물었다
   싣다 [載] : 실어　실으니　실었다

6. 어간의 끝 'ㅂ' 이 'ㅜ' 로 바뀔 적

   깁 다 : 기워　　기우니　　기웠다
   굽다 [炙] : 구워　구우니　　구웠다
   가 깝 다 : 가까워　가까우니　가까웠다
   괴 롭 다 : 괴로워　괴로우니　괴로웠다
   맵 다 : 매워　　매우니　　매웠다

무 겁 다 : 무거워　무거우니　무거웠다

밉　　다 : 미워　　미우니　　미웠다

쉽　　다 : 쉬워　　쉬우니　　쉬웠다

다만 '돕-, -곱'과 같은 다음절 어간에 어미 '-아'가 결합되어 '와'로 소리 나는 것은 '-와'로 적는다.

돕다:　　　도와　도와서　도와도　도왔다

곱다 [麗] : 고와　고와서　고와도　고왔다

7. '하다'의 활용에서 어미 '-아'가 '-여'로 바뀔 적

하다 : 하여　하여서　하여도　하여라 하였다

8. 어간의 끝 음절 '르' 뒤에 오는 어미 '-어'가 '-러'로 바뀔 적

이르다 [至] : 이르러 이르렀다　　누르다 : 누르러 누르렀다

노르다 :　　노르러 노르렀다　　푸르다 : 푸르러 푸르렀다

9. 어간의 끝 음절 '르'의 'ㅡ'가 줄고, 그 뒤에 오는 어미 '-아/-어' 가 '-라/-러'로 바뀔 적

가르다 : 갈라 갈랐다　부르다 : 불러 불렀다

거르다 : 걸러 걸렀다　오르다 : 올라 올랐다

구르다 : 굴러 굴렀다　이르다 : 일러 일렀다

벼르다 : 별러 별렀다　지르다 : 질러 질렀다

제3절 접미서가 붙어서 된 말

제19항 어간에 '-이'나 '-음/-ㅁ'이 붙어서 명사로 된 것과 '-이'나 '-히'가 붙어서 부사로 된 것은 그 어간의 원형을 밝히어 적는다.

1. '-이'가 붙어서 명사로 된 것

길이　깊이　높이　다듬이　땀받이　달맞이

먹이　미닫이　벌이　벼훑이　살림살이　쇠붙이

2. '-음/-ㅁ' 이 붙어서 명사로 된 것

걸음　묶음　믿음　얼음　엮음　울음

웃음　졸음　죽음　앎　만듦

3. '-이'가 붙어서 부사로 된 것

같이　굳이　길이　높이　많이　실없이

좋이　짓궂이

4. '-히'가 붙어서 부사로 된 것

밝히　익히　작히

다만, 어간에 '-이'나 '-음'이 붙어서 명사로 바뀐 것이라도 그 어간의 뜻과 멀어진 것은 원

형을 밝히어 적지 아니한다.

    굽도리   다리   목거리(목병)   무너리

    코끼리   거름(비료)   고름〔膿〕   노름(도박)

        〔붙임〕 어간에 '이'나 '음' 이외의 모음으로 시작된 접미사가 붙어서 다른 품사
            로 바뀐 것은 그 어간의 원형을 밝히어 적지 아니한다.

(1) 명사로 바뀐 것

    귀머거리   까마귀   너머   뜨더귀   마감   마개

    마중   무덤   비렁뱅이 쓰레기 올가미 주검

(2) 부사로 바뀐 것

    거뭇거뭇   너무   도로   뜨덤뜨덤   바투

    불긋불긋   비로소 오긋오긋 자주   차마

(3) 조사로 바뀌어 뜻이 달라진 것

    나마   부터   조차

제20항 명사 뒤에 '-이'가 붙어서 된 말은 그 명사의 원형을 밝히어 적는다.

1. 부사로 된 것

    곳곳이 낱낱이 몫몫이 샅샅이 앞앞이 집집이

2. 명사로 된 것

    곰배팔이 바둑이 삼발이 애꾸눈이 육손이 절뚝발이

                (절름발이)

        〔붙임〕 '이' 이외의 모음으로 시작된 접미사가 붙어서 된 말은 그 명사의 원형
            을 밝히어 적지 아니한다.

        꼬락서니 끄트머리 모가치 바가지   바깥 사타구니

        싸라기   이파리   지붕   지푸라기 짜개

제21항 명사나 혹은 용언의 어간 뒤에 자음으로 시작된 접미사가 붙어서 된 말은 그 명사나
    어간의 원형을 밝히어 적는다.

1. 명사 뒤에 자음으로 시작된 접미사가 붙어서 된 것

    값지다   홑지다   넋두리   빛깔   옆댕이   잎사귀

2. 어간 뒤에서 자음으로 시작된 접미사가 붙어서 된 것

    낚시   늙정이   덮개   뜯게질

    갉작갉작하다 갉작거리다   뜯적거리다   뜯적뜯적하다

    굵다랗다   굵직하다   깊숙하다   넓적하다

    높다랗다   늙수그레하다   얽죽얽죽하다

다만 다음과 같은 말은 소리대로 적는다.

(1) 겹받침의 끝소리가 드러나지 아니하는 것

할짝거리다	널따랗다	널찍하다	말끔하다
말쑥하다	말짱하다	실쭉하다	실큼하다
얄따랗다	얄팍하다	짤따랗다	짤막하다
실컷			

(2) 어원이 분명하지 아니하거나 본뜻에서 멀어진 것

넙치	올무	골막하다	납작하다

제22항 용언의 어간에 다음과 같은 접미사들이 붙어서 이루어진 말들은 그 어간을 밝히어
적는다.

1. '-기-, -리-, -이-, -구-, -우-, -추-, -으키-, -이키-, -애-'가 붙는 것

맡기다	옮기다	웃기다	쫓기다	뚫리다	울리다
낚이다	쌓이다	핥이다	굳히다	굽히다	넓히다
앉히다	얽히다	잡히다	돋구다	솟구다	돋우다
갖추다	곧추다	맞추다	일으키다	돌이키다	없애다

다만 '-이-, -히-, -우-'가 붙어서 된 말이라도 본뜻에서 멀어진 것은 소리대로 적는다.

도리다(칼로~)	드리다(용돈을 ~)	고치다	바치다(세금을~)
부치다(편지를~)	거두다	미루다	이루다

2. '-치-, -뜨리-/-트리-'가 붙는 것

놓치다	덮치다	떠받치다	받치다	밭치다	부딪치다
뻗치다	엎치다	부딪뜨리다/부딪트리다		쏟뜨리다/ 쏟트리다	
젖뜨리다/젖트리다		찢뜨리다/찢트리다		흩뜨리다/흩트리다	

〔붙임〕 '-업-,-읍-,-브-'가 붙어서 된 말은 소리대로 적는다

      미덥다 우습다 미쁘다

제23항 '-하다'나 '-거리다'가 붙는 어근에 '-이'가 붙어서 명사가 된 것은 그 원형을 밝히어
적는다. (ㄱ을 취하고 ㄴ을 버림)

ㄱ	ㄴ	ㄱ	ㄴ
깔쭉이	깔쭈기	살살이	살사리
꿀꿀이	꿀꾸리	쌕쌕이	쌕쌔기
눈깜짝이	눈깜짜기	오뚝이	오뚜기
더펄이	더퍼리	코납작이	코납자기
배불뚝이	배불뚜기	푸석이	푸서기
삐죽이	삐주기	홀쭉이	홀쭈기

〔붙임〕 '-하다'나 '-거리다'가 붙을 수 없는 어근에 '이'나 또는 다른 모음으로 시작되는 접미사
가 붙어서 명사가 된 것은 그 원형을 밝히어 적지 아니한다.

개구리	귀뚜라미	기러기	깍두기	꽹과리
날라리	누더기	동그라미	두드러기	딱따구리
매미	부스러기	뻐꾸기	얼루기	칼싹두기

제24항 '-거리다'가 붙을 수 있는 시늉말 어근에 '-이다'가 붙어서 된 용언은 그 어근을 밝히어 적는다.(ㄱ을 취하고 ㄴ을 버림)

ㄱ	ㄴ	ㄱ	ㄴ
깜짝이다	깜짜기다	속삭이다	속사기다
꾸벅이다	꾸버기다	숙덕이다	숙더기다
끄덕이다	끄더기다	울먹이다	울머기다
뒤척이다	뒤처기다	움직이다	움지기다
들먹이다	들머기다	지껄이다	지꺼리다
망설이다	망서리다	퍼덕이다	퍼더기다
번득이다	번드기다	허덕이다	허더기다
번쩍이다	번쩌기다	헐떡이다	헐떠기다

제25항 '하다'가 붙는 어근에 '히'나 '이'가 붙어서 부사가 되거나, 부사에 '이'가 붙어서 뜻을 더하는 경우에는 그 어근이나 부사의 원형을 밝히어 적는다.

1. '하다'가 붙는 어근에 '-히'나 '-이'가 붙는 경우
   급히 꾸준히 도저히 딱히 어렴풋이 깨끗이

   [붙임] '-하다'가 붙지 않는 경우는 소리대로 적는다.
   갑자기 반드시(꼭) 슬며시

2. 부사에 '-이'가 붙어서 역시 부사가 되는 경우
   곰곰이 더욱이 생긋이 오뚝이 일찍이 해죽이

제26항 '-하다'나 '-없다'가 붙어서 된 용언은 그'-하다'나 '-없다'를 밝히어 적는다.

1. '-하다'가 붙어서 용언이 된 것
   딱하다 숱하다 착하다 팁팁하다 푹하다

2. '-없다'가 붙어서 용언이 된 것
   부질없다 상없다 시름없다 열없다 하염없다

제4절 합성어 및 접두사가 붙는 말
제27항 둘 이상의 단어가 어울리거나 접두사가 붙어서 어우러진 말은 각각 그 원형을 밝히어 적는다.

국말이	꺾꽂이	꽃잎	끝장	물난리
밑천	부엌일	싫증	웃안	웃옷
젖몸살	첫아들	칼날	팥알	헛웃음

237

홀아비　홀몸　　흙내
값없다　겉늙다　굶주리다　낮잡다　맞먹다
받내다　벋놓다　빗나가다　빛나다　새파랗다
샛노랗다　시커멓다　싯누렇다　엇나가다　엎누르다
엿듣다　옻오르다　짓이기다　헛되다

［붙임1］ 어원은 분명하나 소리만 특이하게 변한 것은 변한대로 적는다.
　　　　 할아버지　할아범

［붙임2］ 어원이 분명하지 아니한 것은 원형을 밝히어 적지 아니한다.
　　　　 골병　골탕　끌탕　며칠　아재비　오라비
　　　　 업신여기다　부리나케

［붙임3］ ‘니〔齒〕’가 합성어나 이에 준하는 말에서 ‘니’ 또는 ‘리’로 소리 날 때에는 ‘니’로 적는다.
　　　　 간니　덧니　사랑니　송곳니　앞니　　어금니
　　　　 윗니　젖니　톱니　틀니　가랑니　머릿니

제28항　끝소리가 ‘ㄹ’인 말과 딴 말이 어울릴 적에 ‘ㄹ’ 소리가 나지 아니하는 것은 아니 나는 대로 적는다.

다달이(달-달-이)　따님(딸-님)　마되(말-되)
마소(말-소)　무자위(물-자위)　바느질(바늘-질)
부나비(불-나비)　부삽(불-삽)　부손(불-손)
소나무(솔-나무)　싸전(쌀-전)　여닫이(열-닫이)
우짖다(울-짖다)　화살(활-살)

제29항　끝소리가 ‘ㄹ’인 말과 딴 말이 어울릴 적에 ‘ㄹ’ 소리가 ‘ㄷ’ 소리로 나는 것은 ‘ㄷ’으로 적는다.

반짇고리(바느질~)　사흗날(사흘~)　삼짇날(삼질~)　섣달(설~)
숟가락(술~)　이튿날(이틀~)　잗주름(잘~)　푿소(풀~)
섣부르다(설~)　잗다듬다(잘~)　잗다랗다(잘~)

제30항　사이시옷은 다음과 같은 경우에 받치어 적는다.

1. 순 우리말로 된 합성어로서 앞 말이 모음으로 끝난 경우

(1) 뒷말의 첫소리가 된소리로 나는 것
고랫재　귓밥　나룻배　나뭇가지　냇가
댓가지　뒷갈망　맷돌　머릿기름　모깃불
못자리　바닷가　뱃길　볏가리　부싯돌
선짓국　쇳조각　아랫집　우렁잇속　잇자국
잿더미　조갯살　찻집　쳇바퀴　킷값
핏대　햇볕　혓바늘

(2) 뒷말의 첫소리 ‘ㄴ, ㅁ’ 앞에서 ‘ㄴ’소리가 덧나는 것
멧나물　아랫니　텃마당　아랫마을　뒷머리

잇몸   깻묵   냇물   빗물

(3) 뒷말의 첫소리 모음 앞에서 'ㄴㄴ'소리가 덧나는 것

도리깻열   뒷윷   두렛일   뒷일   뒷입맛
베갯잇   욧잇   깻잎   나뭇잎   댓잎

2. 순 우리말과 한자어로서 된 합성어로서 앞말이 모음으로 끝난 경우

(1) 뒷말의 첫소리가 된소리로 나는 것

귓병   머릿방   뱃병   봇둑   사잣밥
샛강   아랫방   자릿세   전셋집   찻잔
찻종   촛국   콧병   탯줄   텃세
핏기   햇수   횟가루   횟배

(2) 뒷말의 첫소리 모음 앞에서 'ㄴㄴ'소리가 덧나는 것

가욋일   사삿일   예삿일   훗일

3. 두 음절로 된 다음 한자어

곳간(庫間)   셋방(貰房)   숫자(數字)
찻간(車間)   툇간(退間)   횟수(回數)

제31항 두말이 어울릴 적에 'ㅂ'소리나 'ㅎ'소리가 덧나는 것은 소리대로 적는다.

1. 'ㅂ'소리가 덧나는 것

댑싸리(대ㅂ싸리)   멥쌀(메ㅂ쌀)   볍씨(벼ㅂ씨)
입때(이ㅂ때)   입쌀(이ㅂ쌀)   접때(저ㅂ때)
좁쌀(조ㅂ쌀)   햅쌀(해ㅂ쌀)

2. 'ㅎ' 소리가 덧나는 것

머리카락(머리ㅎ가락)   살코기(살ㅎ고기)   수캐(수ㅎ개)
수컷(수ㅎ것)   수탉(수ㅎ닭)   안팎(안ㅎ밖)
암캐(암ㅎ개)   암컷(암ㅎ것)   암탉(암ㅎ닭)

제5절 준 말

(본말)	(준말)	(본말)	(준말)
기러기야	기럭아	온가지	온갖
어제그저께	엊그저께	가지고, 가지지	갖고, 갖지
어제저녁	엊저녁	디디고, 디디지	딛고, 딛지

제32항 단어의 끝 모음이 줄어지고 자음만 남은 것은 그 앞의 음절에 받침으로 적는다.

제33항 체언과 조사가 어울려 줄어지는 경우에는 준대로 적는다.

(본말)	(준말)	(본말)	(준말)
그것은	그건	너는	넌
그것이	그게	너를	널
그것으로	그걸로	무엇을	뭣을/무얼/뭘
나는	난	무엇이	뭣이/무에
나를	날		

제34항 모음 'ㅏ, ㅓ'로 끝난 어미에 '-아,/-어, -았-/-었-' 이 어울 릴 적에는 준대로 적는다.

[붙임1] 'ㅐ, ㅔ' 뒤에 '-어, -었-'이 어울려 줄 적에는 준 대로 적는다.

(본말)	(준말)	(본말)	(준말)
개어	개	개었다	갰다
내어	내	내었다	냈다
베어	베	베었다	벴다
세어	세	세었다	셌다

[붙임2] '하여'가 한 음절로 줄어서 '해'로 될 적에는 준 대로 적는다.

(본말)	(준말)	(본말)	(준말)
하여	해	하였다	했다
더하여	더해	더하였다	더했다
흔하여	흔해	흔하였다	흔했다

제35항 모음 'ㅗ, ㅜ'로 끝난 어간에 '-아/ -어, -았-/-었-'이 어울려 'ㅘ/ㅝ, 놨/ 궜'으로 될 때 에는 준 대로 적는다.

(본말)	(준말)	(본말)	(준말)
꼬아	꽈	꼬았다	꽜다
보아	봐	보았다	봤다
꼬아	쏴	꼬았다	꽜다
두어	둬	두었다	뒀다
쑤어	쒀	쑤었다	쒔다
주어	줘	주었다	줬다

[붙임1] '놓아'기 '놔'로 줄 적에는 준 대로 적는다.

[붙임2] 'ㅚ' 뒤에 '-어, -었-'이 어울려 'ㅙ'로 될 적에도 준 대로 적는다.

(본말)	(준말)	(본말)	(준말)
괴어	괘	괴었다	괬다
되어	돼	되었다	됐다
뵈어	봬	뵈었다	뵀다
쇠어	쇄	쇠었다	쇘다
씌어	쐐	씌었다	쐤다

제36항 'ㅣ' 뒤에 '-어'가 와서 'ㅕ'로 줄 적에는 준 대로 적는다.

(본말)	(준말)	(본말)	(준말)
가지어	가져	가지었다	가졌다
견디어	견뎌	견디었다	견뎠다
다니어	다녀	다니었다	다녔다
막히어	막혀	막히었다	막혔다
버티어	버텨	버티었다	버텼다
치이어	치여	치이었다	치였다

제37항 'ㅏ, ㅕ, ㅗ, ㅜ, ㅡ'로 끝난 어간에 '-이-'가 와서 각각'ㅐ, ㅖ, ㅚ, ㅟ, ㅢ'로 줄 적에
는 준 대로 적는다.

(본말)	(준말)	(본말)	(준말)
싸이다	쌔다	누이다	뉘다
펴이다	폐다	뜨이다	띄다
보이다	뵈다	쓰이다	씌다

제38항 'ㅏ, ㅗ, ㅜ, ㅡ' 뒤에 '-이어'가 어울려 줄어질 적에는 준 대로 적는다.

(본말)	(준말)	(본말)	(준말)
싸이다	쌔어/싸여	뜨이어	띄어
보이다	뵈어/보여	쓰이어	씌어/쓰여
쏘이다	쐬어/쏘여	트이어	틔어/트여
누이어	뉘어/누여		

제39항 어미'-ㅁ지'뒤에 '않-'이 어울려 '-잖-'이 될 적과 '-하지' 뒤에 '않-'이 어울려 '-찮-'이
될 적에는 준 대로 적는다.

(본말)	(준말)	(본말)	(준말)
간편하게	간편케	다정하다	다정타
연구하도록	연구토록	정결하다	정결타
가하다	가타	흔하다	흔타

제40항 어간의 끝음절 '하'의 'ㅏ'가 줄고 'ㅎ'이 다음 음절의 첫소리와 어울려 거센소리로
될 적에는 거센소리로 적는다.

(본말)	(준말)	(본말)	(준말)
그러자 않은	그렇잖은	만만하지 않다	만만찮다
적지 않은	적잖은	변변하지 않다	변변찮다

[붙임1] 'ㅎ'이 어간의 끝소리로 굳어진 것은 받침으로 적는다.

않다	않고	않지	않든지
그렇다	그렇고	그렇지	그렇든지
아무렇다	아무렇고	아무렇지	아무렇든지
어떻다	어떻고	어떻지	어떻든지
저렇다	저렇고	저렇지	저렇든지

［붙임2］어간의 끝음절 '하'가 아주 줄 적에는 준 대로 적는다.

(본말)	(준말)	(본말)	(준말)
거북하지	거북지	생각하지 못하여	생각다 못해
생각하건대	생각건대	깨끗하지 않다	깨끗지 않다
넉넉하지 않다	넉넉지 않다	섭섭하지 않다	섭섭지 않다
못하지 않다	못지않다	익숙하지 않다	익숙지 않다

［붙임3］다음과 같은 부사는 소리대로 적는다.

결단코　결코　기필코　무심코　아무튼　요컨대
정녕코　필연코　하마터면　하여튼　한사코

제5장　띄어쓰기

제1절　조사

제41항 조사는 그 앞 말에 붙여 쓴다.

꽃이　　　꽃마저　　꽃밖에　　꽃에서부터　꽃으로만
꽃이나마　꽃이다　　꽃입니다　꽃처럼　　　어디까지나
저기도　　멀리는　　웃고만

제2절 의존 명사, 단위를 나타내는 명사 및 열거하는 말 등

제42항　의존명사는 띄어 쓴다.

아는 것이 힘이다.　　　나도 할 수 있다
먹을 만큼 먹어라.　　　아는 이를 만났다.
네가 뜻한 바를 알겠다.　그가 떠난 지가 오래다.

제43항　단위를 나타내는 명사는 띄어 쓴다.

한 개　　　　차 한 대　　　금 서 돈
소 한 마리　옷 한 벌　　　열 살
조기 한 손　연필 한 자루　버선 한 죽
집 한 채　　신 두 켤레　　북어 한 쾌

다만 순서를 나타내는 경우나 숫자와 어울리어 쓰이는 경우에는 붙여 쓸 수 있다.

두시 삼십분 오초　　제일과　　삼학년　　　　육층
1946년 10월 9일　　2대대　　제1어학실습실
16동 502호　　　　10개　　7미터

제44항　수를 적을 적에는 '만'단위로 띄어 쓴다.

십이억 삼천사백오십육만 칠천팔백구십팔
12억 3456만 7898

제45항　두 말을 이어 주거나 열거할 적에 쓰이는 말들은 띄어 쓴다.

국장 겸 과장　　　열 내지 스물

청군 대 백군　　　책상, 걸상 등이 있다.
이사장 및 이사들　　사과, 배, 귤 등등
사과, 배 등속　　　부산, 광주 등지

제46항　단음절로 된 단어가 연이어 나타날 적에는 붙여 쓸 수 있다.

　　그때 그곳　좀더 큰것　이말 저말　한잎 두잎

제3절 보조 용언

제47항　보조 용언은 띄어 쓸을 원칙으로 하되, 경우에 따라 붙여 씀도 허용한다. (ㄱ을 원칙
　　으로 하고, ㄴ을 허용함)

ㄱ	ㄴ
불이 꺼져 간다	불이 꺼져간다.
내 힘으로 막아 낸다	내 힘으로 막아낸다.
어머니를 도와 드린다	어머니를 도와드린다.
그릇을 깨뜨려 버렸다.	그릇을 깨뜨려버렸다.
비가 올 듯하다.	비가 올듯하다.
그 일은 할 만하다	그 일은 할만하다.
일이 될 법하다.	일이 될법하다.
비가 올 성싶다.	비가 올성싶다.
잘 아는 척한다.	잘 아는척한다

다만, 앞말에 조사가 붙거나 앞말이 합성 동사인 경우, 그리고 중간에 조사가 들어갈 적에
는 그 뒤에 오는 보조 용언은 띄어 쓴다.

　　잘도 놀아만 나는구나!　　책을 읽어도 보고……
　　네가 덤벼들어 보아라.　　강물에 떠내려가 버렸다.
　　그가 올 듯도 하다.　　잘난 체를 한다.

제4절 고유 명사 및 전문 용어

제48항　성과 이름, 성과 호 등은 붙여 쓰고, 이에 덧붙는 호칭어, 관직명 등은 띄어 쓴다.

　　김양수(金良洙)　　서화담(徐花潭)　　채영신 씨
　　최치원 선생　　박동식 박사　　충무공 이순신 장군

다만, 성과 이름, 성과 호를 분명히 구분할 필요가 있을 경우에는 띄어 쓸 수 있다.

　　남궁억/남궁 억　독고준/독고 준　황보지봉(皇甫芝峰)/황보 지봉

제49항　성명 이외의 고유 명사는 단어별로 띄어 씀을 원칙으로 하되, 단위별로 띄어 쓸 수
　　있다. (ㄱ을 원칙으로 하고 ㄴ을 허용함)

ㄱ	ㄴ
대한 중학교	대한중학교
한국 대학교 사범 대학	한국대학교 사범대학

제50항 전문 용어는 단어별로 띄어 씀을 원칙으로 하되, 붙여 쓸 수 있다. (ㄱ을 원칙으로 하고 ㄴ을 허용함)

ㄱ	ㄴ
만성 골수성 백혈병	만성골수성백혈병
중거리 탄도 유도탄	중거리탄도유도탄

제6장 그 밖의 것

제51항 부사의 끝음절이 분명히 '이'로만 나는 것은 '-이'로 적고, '히'로만 나거나 '이'나 '히'로 나는 것은 '-히'로 적는다.

1. '이'로만 나는 것

가붓이	깨끗이	나붓이	느긋이	둥긋이
따뜻이	반듯이	버젓이	산뜻이	의젓이
가까이	고이	날카로이	대수로이	번거로이
많이	적이	헛되이	겹겹이	번번이
일일이	집집이	틈틈이		

2. '히'로만 나는 것

극히	급히	딱히	속히	작히	족히
특히	엄격히	정확히			

3. '이', 히'로 나는 것

솔직히	가만히	간편히	나른히	무단히
각별히	소홀히	쓸쓸히	정결히	과감히
꼼꼼히	심히	열심히	급급히	답답히
섭섭히	공평히	능히	당당히	분명히
상당히	조용히	간소히	고요히	도저히

제52항 한자어에서 본음으로도 나고 속음으로도 나는 것은 각각 그 소리에 따라 적는다.

(본음으로 나는 것)	(속음으로 나는 것)
승낙(承諾	수락(受諾), 쾌락(快諾), 허락(許諾)
만난(萬難)	곤란(困難), 논란(論難)
안녕(安寧)	의령(宜寧), 회령(會寧)
분노(忿怒)	대로(大怒), 희로애락(喜怒哀樂)
토론(討論)	의논(議論)
오륙십(五六十)	오뉴월, 유월(六月)
목재(木材)	모과(木瓜)
십일(十日)	시방정토(十方淨土), 시왕(十王)
시월(十月)	팔일(八日) 초파일(初八日)

제53항 다음과 같은 어미는 예사소리로 적는다. (ㄱ을 취하고 ㄴ을 버림)

ㄱ	ㄴ	ㄱ	ㄴ
-(으)ㄹ거나	-(으)ㄹ꺼나	-(으)ㄹ지니라	-(으)ㄹ찌니라
-(으)ㄹ걸	-(으)ㄹ껄	-(으)ㄹ지라도	-(으)ㄹ찌라도
-(으)ㄹ게	-(으)ㄹ께	-(으)ㄹ지어다	-(으)ㄹ찌어다
-(으)ㄹ세	-(으)ㄹ쎄	-(으)ㄹ지언정	-(으)ㄹ찌언정
-(으)ㄹ세라	-(으)ㄹ쎄라	-(으)ㄹ진대	-(으)ㄹ찐대
-(으)ㄹ수록	-(으)ㄹ쑤록	-(으)ㄹ진저	-(으)ㄹ찐저
-(으)ㄹ시	-(으)ㄹ씨	-(으)올시다	-올씨다
-(으)ㄹ지	-(으)ㄹ찌		

다만 의문을 나타내는 다음 어미들은 된소리로 적는다.

(으)ㄹ까?   (으)ㄹ꼬?   (스)ㅂ니까?   (으)리까?   (으)ㄹ쏘냐?

ㄱ	ㄴ	ㄱ	ㄴ
심부름꾼	심부름군	지게꾼	지겟군
익살꾼	익살군	때깔	땟갈
일꾼	일군	빛깔	빛갈
장꾼	장군	성깔	성갈
장난꾼	장난군	귀때기	귓대기
볼때기	볼대기	이마빼기	이맛배기
판자때기	판자대기	코빼기	콧배기
뒤꿈치	뒤굼치	객쩍다	객적다
팔꿈치	팔굼치	겸연쩍다	겸연적다

제54항 다음과 같은 접미사는 된소리로 적는다. (ㄱ을 취하고 ㄴ을 버림)

제55항 두 가지로 구별하여 적던 다음 말들은 한 가지로 적는다. (ㄱ을 취하고 ㄴ을 버림)

ㄱ	ㄴ
맞추다(입을 맞춘다, 양복을 맞춘다)	마추다
뻗치다(다리를 뻗친다. 멀리 뻗친다)	뻗치다

제56항 '-더라, -던'과 '-든지'는 다음과 같이 적는다.

1. 지난 일을 나타내는 어미는 '-더라,-던'으로 적는다. (ㄱ을 취하고 ㄴ을 버림)

ㄱ	ㄴ
지난 겨울은 몹시 춥더라.	지난 겨울은 몹시 춥드라.
깊던 물이 얕아졌다.	깊든 물이 얕아졌다.
그렇게 좋던가?	그렇게 좋든가?
그 사람 말 잘하던데!	그 사람 말 잘하든데!
얼마나 놀랐던지 몰라.	얼마나 놀랐든지 몰라.

2. 물건이나 일의 내용을 가리지 아니하는 뜻을 나타내는 조사와 어미는 '(_)든지'로 적는다.(ㄱ을 취하고 ㄴ을 버림)

제57항 다음 말들은 각각 구별하여 적는다.

가 름	둘로 가름
갈 음	새 책상으로 갈음하였다.
거 름	풀을 썩인 거름
걸 음	빠른 걸음
거치다	영월을 거쳐 왔다.
걷히다	외상 값이 잘 걷힌다.
걷잡다	걷잡을 수 없는 상태
겉잡다	겉잡아서 이틀 걸릴 일

그러므로(그러니까)   그는 부지런하다. 그러니까 잘 산다.
그럼으로(써)(그렇게 하는 것으로)
그는 열심히 공부한다. 그럼으로(써) 은혜에 보답한다.

노름	노름판이 벌어졌다.
놀음(놀이)	즐거운 놀음
느리다	진도가 너무 느리다
늘이다	고무줄을 늘인다
늘리다	수출량을 더 늘린다
다리다	옷을 다린다
달이다	약을 달인다
다치다	부주의로 손을 다쳤다.
닫히다	문이 저절로 닫혔다.
닫치다	문을 힘껏 닫쳤다.
마치다	벌써 일을 마쳤다
맞혔다	여러 문제를 더 맞혔다.
목거리	목거리가 덧났다.
목걸이	금목걸이, 은 목걸이
바치다	나라를 위해 목숨을 바쳤다.
받치다	우산을 받치고 간다.
	책받침을 받친다.
받히다	쇠뿔에 받혔다.
밭치다	술을 체에 밭친다.
반드시	약속은 반드시 지켜라,
반듯이	고개를 반듯이 들어라.

부딪치다	차와 차가 마주 부딪쳤다.
부딪히다	마차가 화물차에 부딪혔다.

부치다	힘이 부치는 일이다
	편지를 부친다.
	논밭을 부친다.
	빈대떡을 부친다.
	식목일에 부치는 글
	회의에 부치는 안건
	인쇄에 부치는 원고
	삼촌 집에 숙식을 부친다.

붙이다	우표를 붙인다
	책상을 벽에 붙였다
	흥정을 붙인다.
	불을 붙인다.
	감시원을 붙인다.
	조건을 붙인다.
	취미를 붙인다.
	별명을 붙인다.

시키다	일을 시킨다.
식히다	끓인 물을 식힌다.
아 름	세 아름 되는 둘레
알 음	전부터 알음이 있는 사이
앎	앎이 힘이다.
안치다	밥을 안친다.
앉히다	윗자리에 앉힌다.

어 름	경계선에 어름해서 일어난 현상
얼 음	얼음이 얼었다.

이따가	이따가 오너라.
있다가	돈은 있다가도 없다.

저리다	다친 다리가 저린다.
절이다	김장 배추를 절인다.

조리다	생선을 졸인다. 통조림, 병조림
졸이다	마음을 졸인다.
주리다	여러 날을 주렸다.
줄이다	비용을 줄인다.

하노라고	하노라고 한 것이 이 모양이다.
하느라고	공부하느라고 밤을 새웠다.

느니보다(어미)	나를 찾아 오느니보다 집에 있거라.
–는 이보다(의존 명사)	오는 이가 가는 이보다 많다.
–(으)리만큼(어미)	그가 나를 미워하리만큼 내가 그에게 잘못한 일이 없다.
–(으)ㄹ	이만큼(의존명사) 찬성 할 이도 반대할 이만큼이나 많을 것이다.
–(으)러(목적)	공부하러 간다.
–(으)려(의도)	서울 가려 한다.
(으)로서(자격)	사람으로서 그럴 수는 없다.
(으)로써(수단)	닭으로써 꿩을 대신했다.
–(으)므로(어미)	그가 나를 믿으므로 나도 그를 믿는다.
–(ㅁ, -음)으로(써)(조사)	그는 믿음으로(써) 산 보람을 느꼈다.

문장부호

무장부호의 이름과 그 사용법은 다음과 같이 정한다.

1. 마침표 〔終止符〕

1) 온점(.), 고리점(｡)
가로쓰기에는 온점, 세로쓰기에는 고리점을 쓴다.

(1) 서술, 명령, 청유 등을 나타내는 문장의 끝에 쓴다.
젊은이는 나라의 기둥이다.
황금 보기를 돌같이 하라.
집으로 돌아가자.

다만, 표제어나 표어에는 쓰지 않는다.
압록강은 흐른다(표제어)
꺼진 불도 다시 보자(표어)

(2) 아라비아 숫자만으로 연월일을 표시할 적에 쓴다.
1919.3.1.(1919년 3월 1일)

(3) 표시 문자 다음에 쓴다.
1. 마침표　　ㄱ. 물음표　　가. 인명

(4) 준말을 나타내는데 쓴다.

　　서. 1987. 3. 5. (서기)

2) 물음표(?)

　　의심이나 물음을 나타낸다.

(1) 직접 질문할 때에 쓴다.

　　이제 가면 언제 돌아오니?

　　이름이 뭐지?

(2) 반어나 수사 의문(修辭 疑問)을 나타낼 때에 쓴다.

　　제가 감히 거역할 리가 있습니까?

　　이게 은혜에 대한 보답이야?

　　남북 통일이 되면 얼마나 좋을까?

(3) 특정한 어구 또는 그 내용에 대하여 의심이나 빈정거림, 비웃음 등을 표시할 때, 또는 적절한 말을
　　쓰기 어려운 경우에 소괄호 안에 쓴다.

　　그것 참 훌륭한(?) 태도야.

　　우리 집 고양이가 가출(?)을 했어요.

　　〔붙임1〕 한 문장에서 몇 개의 선택적인 물음이 겹쳤을 때에는 맨 끝의 물음에만 쓰지만, 각각 독
　　　　　　 립된 물음인 경우에는 물음마다 쓴다.
　　　　　　 너는 한국인이냐, 중국인이냐?
　　　　　　 너는 언제 왔니? 어디서 왔니? 무엇하러?

　　〔붙임2〕 의문형 어미로 끝나는 문장이라도 의문의 정도가 약할 때에는 물음표 대신 온점(또는
　　　　　　 고리점)을 쓸 수도 있다.
　　　　　　 이 일을 도대체 어쩐단 말이냐.
　　　　　　 아무도 그 일에 찬성하지 않을 거야. 혹 미친 사람이면 모를까.

3) 느낌표(!)

감탄이나 놀람, 부르짖음, 명령 등 강한 느낌을 나타낸다.

(1) 느낌을 힘차게 나타내기 위해감탄사나 감탄형 종결 어미 다음에 쓴다.

　　앗!

　　아, 달이 밝구나!

(2) 강한 명령문 또는 청유문에 쓴다.

　　지금 즉시 대답해!

　　부디 몸조심하도록!

(3) 감정을 넣어 다른 사람을 부르거나 대답할 적에 쓴다.

　　춘향아!

　　예, 도련님!

(4) 물음의 말로써 놀람이나 항의의 뜻을 나타내는 경우에 쓴다.

　　이에 누구야!

　　내가 왜 나빠!

　　〔붙임〕 감탄형 어미로 끝나는 문장이라도 감탄의 정도가 약할 때에는 느낌표 대신 온점(또는 고
　　　　리점)을 쓸 수도 있다.

　　　　개구리가 나온 것을 보니 봄이 오긴 왔구나.

2. 쉼표 〔休止符〕

1) 반점(,), 모점(,)

　　가로 쓰기에는 반점, 세로쓰기에는 모점을 쓴다.

　　문장 안에서 짧은 휴지를 나타낸다.

(1) 같은 자격의 어구가 열거될 때에 쓴다.

　　근면, 검소, 협동은 우리 겨레의 미덕이다.

　　충청도의 계룡산, 전라도의 내장산, 강원도의 설악산은 모두 국립공원이다.

　　다만, 조사로 연결될 적에는 쓰지 않는다.

　　매화와 난초와 국화와 대나무를 사군자라고 한다.

(2) 짝을 지어 구별할 필요가 있을 때에 쓴다.

　　닭과 지네, 개와 고양이는 상극이다.

(3) 바로 다음의 말을 꾸미지 않을 때에 쓴다.

　　슬픈 사연을 간직한, 경주 불국사의 무영탑

　　성질 급한, 철수의 누이동생이 화를 내었다.

(4) 대등하거나 종속적인 절이 이어질 때에 절 사이에 쓴다.

　　콩 심으면 콩 나고 팥 심으면 팥 난다.

　　흰 눈이 내리니 경치가 더욱 아름답다.

(5) 부르는 말이나 대답하는 말 뒤에 쓴다.

　　얘야, 이리 오너라.

　　예, 지금 가겠습니다.

(6) 제시어 다음에 쓴다.

빵, 빵이 인생의 전부이더냐?
용기, 이것이야말로 무엇과도 바꿀 수 없는 젊은이의 자산이다.

(7) 도치된 문장에 쓴다.

이리오세요, 어머님.
다시보자, 한강수야.

(8) 가벼운 감탄을 나타내는 말 뒤에 쓴다.

아, 깜빡 잊었구나.

(9) 문장 첫머리의 접속이나 연결을 나타내는 말 다음에 쓴다.

첫째, 몸이 튼튼해야 된다.
아무튼, 나는 집에 돌아가겠다.

다만, 일반적으로 쓰이는 접속어(그러나, 그러므로, 그리고, 그런데 등) 뒤에는 쓰지 않음을 원칙으로 한다.
그러나 너는 실망할 필요가 없다.

(10) 문장 중간에 끼어든 구절 앞뒤에 쓴다.

나는, 솔직히 말하면, 그 말이 별로 탐탁하지 않소.
철수는 미소를 띠고, 속으로는 화가 치밀었지만, 그들을 맞았다.

(11) 되풀이를 피하기 위하여 한 부분을 줄일 때에 쓴다.

여름에는 바다에서, 겨울에는 산에서 휴가를 즐겼다.

(12) 문맥상 끊어 읽어야 할 곳에 쓴다.

갑돌이가 울면서, 떠나는 갑순이를 배웅했다.
철수가, 내가 제일 좋아하는 친구이다.
남을 괴롭히는 사람들은, 만약 그들이 다른 사람에게 괴롭힘을 당해 본다면, 남을 괴롭히는 일이 얼마나 나쁜 일인지 깨달을 것이다.

(13) 숫자를 나열할 때에 쓴다.

1. 2. 3. 4. 5

(14) 수의 폭이나 개략의 수를 나타낼 때에 쓴다.

5, 6세기 6, 7개

(15) 수의 자릿점을 나타낼 때에 쓴다.

14,314

2) 가운뎃점(·)

열거된 여러 단위가 대등하거나 밀접한 관계임을 나타낸다.

(1) 쉼표로 열거된 어구가 다시 여러 단위로 나누어질 때에 쓴다.

철수 · 영이, 영수 · 순이가 서로 짝이 되어 윷놀이를 하였다.
공주 · 논산, 천안 · 아산 · 천원 등 각 지역구에서 2명씩 국회의원을 뽑는다.
시장에 가서 사과 · 배 · 복숭아, 고추 · 마늘 · 파, 조기 · 명태 · 고등어를 샀다.

(2) 특정한 의미를 가지는 날을 나타내는 숫자에 쓴다.

3 · 1운동   8 · 15광복

(3) 같은 계열의 단어 사이에 쓴다.

경북 방언의 조사 · 연구
충북 · 충남 두 도를 합하여 충청도라 한다.
동사 · 형용사를 합하여 용언이라고 한다.

3) 쌍점(:)

(1) 내포되는 종류를 들 때에 쓴다.

문장 부호: 마침표, 쉼표, 따옴표, 묶음표 등
문방사우: 붓, 먹, 벼루, 종이

(2) 소표제 뒤에 간단한 설명이 붙을 때에 쓴다.

일시: 1984년 10월 15일 10시
마침표: 문장이 끝남을 나타낸다.

(3) 저자명 다음에 저서명을 적을 때에 쓴다

정약용: 목민심서, 경세유표
주시경: 국어문법, 서울박물서관, 1910.

(4) 시(時)와 분(分), 장(章)과 절(節) 따위를 구별할 때나, 둘 이상을 대비할 때에 쓴다.

오전 10: 20(오전 10시 20분)
요한 3: 16(요한 3장 16절)
대비 65:60(65대 60)

4) 빗금(/)

(1) 대응 대립되거나 대등한 것을 함께 보이는 단어와 구, 절 사이에 쓴다.

남궁만/남궁   만 백이십오 원/125원
착한 사람/악한 사람   맞닥뜨리다/맞닥트리다

(2) 분수를 나타낼 때에 쓰기도 한다.

3/4분기   3/20

3. 따옴표(引用文)

1) 큰따옴표(" "), 겹낫표(『 』)

가로쓰기에는 큰따옴표, 세로쓰기에는 겹낫표를 쓴다.

대화, 인용, 특별 어구 따위를 나타낸다.

(1) 글 가운데서 직접 대화를 표시할 때에 쓴다.

"전기가 없었을 때는 어떻게 책을 보았을까?"

"그야 등잔불을 켜고 보았겠지"

(2) 남의 말을 인용할 경우에 쓴다.

"예로부터 민심은 천심이다"라고 하였다.

"사람은 사회적 동물이다"라고 말한 학자가 있다.

2) 작은따옴표(' '), 낫표(「 」)

가로 쓰기에는 작은따옴표, 세로쓰기에는 낫표를 쓴다.

(1) 따온 말 가운데 다시 따온 말이 들어 있을 때에 쓴다.

"여러분, 침착해야 합니다. '하늘이 무너져도 솟아날 구멍이 있다'고 합니다."

(2) 마음속으로 한 말을 적을 때에 쓴다.

'만약 내가 이런 모습으로 돌아간다면 모두들 깜짝 놀라겠지.'

　[붙임] 문장에서 중요한 부분을 두드러지게 하기 위해 드러냄표 대신에 쓰기도 한다.

지금 필요한 것은 '지식'이 아니라 '실천'입니다.

'배부른 돼지'보다는 '배고픈 소크라테스'가 되겠지.

4. 묶음표(括弧符)

1) 소괄호(( ))

(1) 원어, 연대, 주석, 설명 등을 넣을 적에 쓴다.

커피(coffee)는 기호 식품이다.

3ㆍ1운동(1919) 당시 나는 중학생이었다.

'무정(無情)'은 춘원(6ㆍ25때 납북)의 작품이다.

니체(독일의 철학자)는 이렇게 말했다.

(2) 특히, 기호 또는 기호적인 구실을 하는 문자, 단어, 구에 쓴다.

    (1) 주어   (ㄱ) 명사   (라) 소리에 관한 것

    (3) 빈 자리임을 나타낼 적에 쓴다.

    우리나라의 수도는 ( )이다.

2) 중괄호( )

여러 단위를 동등하게 묶어서 보일 때에 쓴다.

주격 조사 이, 가   국가의 삼 요소 {국토, 국민, 주권}

3) 대괄호([ ])

(1) 묶음표 안의 말이 바깥 말과 음이 다를 때에 쓴다.

    나이(年歲)   낱말(單語)   손발(手足)

(2) 묶음표 안에 또 묶음표가 있을 때에 쓴다.

    명령에 있어서의 불확실[단호(斷乎)하지 못함]은 복종에 있어서의 불확실[모호(模糊)함]을 낳는다.

5. 이음표(連結符)

1) 줄표(—)

이미 말한 내용을 다른 말로 부연하거나 보충함을 나타낸다.

(1) 문장 중간에 앞의 내용에 대해 부인하는 말이 끼어들 때에 쓴다.

    그 신동은 네 살에 —보통 아이 같으면 천자문도 모를 나이에 — 벌써 시를 지었다.

(2) 앞의 말을 정정 또는 변명하는 말이 이어질 때에 쓴다.

    어머님께 말했다가 — 아니, 말씀드렸다가 — 꾸중만 들었다.

    이건 내 것이니까 — 아니, 내가 처음 발견한 것이니까 — 절대로 양보할 수가 없다.

2) 붙임표 (—)

(1) 사전, 논문 등에서 합성어를 나타낼 적에, 또는 접사나 어미임을 나타낼 적에 쓴다.

    겨울-나그네   불-구경   손-발

    휘-날리다   슬기-롭다   -(으)ㄹ걸

(2) 외래어와 고유어 또는 한자어가 결합되는 경우를 보일 때에 쓴다.

    나일로-실   다-장조   빛-에너지   염화-칼륨

3) 물결표(〜)

(1) '내지'라는 뜻에 쓴다.

　　9월 15일〜9월 25일

(2) 어떤 말의 앞이나 뒤에 들어갈 말 대신 쓴다.

　　새마을 : 〜운동　　　〜노래
　　-가(家) : 음악〜　　　미술〜

6. 드러냄표(顯在符)

1) 드러냄표(˙, °)

　˙이나 °을 가로쓰기에는 글자 위에, 세로쓰기에는 글자 오른 쪽에 쓴다. 문장 내용 중에서 주의가 미쳐야할 곳이나 중요한 부분을 특별히 드러내 보일 때 쓴다.

　　한글의 본 이름은 훈 · 민 · 정 · 음 · 이다.
　　중요한 것은 왜˚ 사˚느˚냐˚가 아니라 어˚떻˚게˚ 사˚느˚냐˚이다.

　　[붙임] 가로 쓰기에서는 밑줄(-, 〜)을 치기도 한다.
　　　　　　다음 보기에서 명사가 _아닌 것은?

7. 안드러냄표(潛在符)

1) 숨김표(x x, O O)

　알면서도 고의로 드러내지 않음을 나타낸다.

(1) 금기어나 공공연히 쓰기 어려운 비속어의 경우, 그 글자의　수효만큼 쓴다.
　　배운 사람 앞에서 어찌 OOO란 말이 나올 수 있느냐?
　　그 말을 듣는 순간 x x x란 말이 목구멍까지 치밀었다.

(2) 비밀을 유지할 사람일 경우, 그 글자의 수효만큼 쓴다.
　　육군 OO부대 OOO명이 작전에 참가하였다.
　　그 모임의 참석자는 김 x x 씨, 정 x x 씨 등 5명이었다.

2) 빠짐표(□)

　글자의 자리를 비워둠을 나타낸다.

(1) 옛 비문이나 서적 등에서 글자가 분명하지 않을 때에 그 글　자의 수효만큼 쓴다.

大師爲法主ㅁㅁ賴之大ㅁ薦(옛 비문)

(2) 글자가 들어가야 할 자리를 나타낼 때에 쓴다.

훈민정음의 초성 중에서 아음(牙音)은 ㅁㅁㅁ의 석 자다.

3) 줄임표(……)

(1) 할 말을 줄였을 때에 쓴다.

"어다 나하고 한 번……"

(2) 말이 없음을 나타낼 때에 쓴다.

"빨리 말 해!"
"……"

원고지 사용법

1. 제목 : 한 줄 비우고 둘째 줄 가운데에 쓴다. (잘 어울리게)

(1) 제목이 짧을 때 → 두 칸 띄어 써도 좋다.

					축		제							

(2) 제목이 조금 짧을 때 → 한 칸씩 띄어 써도 좋다.

					운		동		회								

(3) 제목이 길 때 → 띄어쓰기 방법에 따라 쓴다.

					즐	거	운		동	아	리						

2. 소속(학교 · 학과) : 제목 밑줄에 **오른쪽에서 세 칸 비우고** 쓴다.

				호	박	떡	에		얽	힌		사	연				
						○	○	학	과			2	학	년			
										정		다		래			

3. 본문 쓰기 : 이름 밑줄을 비우고 쓰되 첫 칸은 비우고 쓴다.

				대	동	제		유	감								
					○	○	대	학	교		영	어	영	문	과		
											김		지		현		
	오	늘	은		유	난	히	도		고	운		햇	살	이		아	침	을
연	다	.															

(1) 오른쪽 끝에서 낱말과 낱말 사이를 띄워야 할지라도 **왼쪽 첫 칸은 절대 비워서는 안 된다.** (문단이 바뀔 때만 첫 칸을 비움)

※ 잘못 쓴 보기

잠	을		청	하	려	는	데	,	윗	층	에	서		수	근	거	리	는
소	리	가		났	다	.												

(2) 큰 따옴표와 작은 따옴표가 있는 문장은 **따옴표가 끝날 때까지 왼쪽 첫 칸은 모두 비운다.**

	"아	들	아	,		내	일		외	할	머	니		생	신	이	란	다	.
	같	이		가	지		않	겠	니	?	"								
	"네	~	,		학	원	을		빠	져	도		되	는		거	네	요	."

(3) 시 쓰기 : 따옴표와 마찬가지로 **시가 끝날 때까지 왼쪽 첫 칸은 모두 비운다.** (연과 연 사이도 한 줄 비운다.)

	얼	쑤	!																
	시	간	은		빨	리	도		가	는	구	나							
	국	가	가		나	를		부	른	다	.								
	공	부	는		뒤	로	하	고											
	국	방	의		의	무	부	터											
	현	역	은		국	가	가		인	정	하	는	…	…					

(4) 원고지 오른쪽 끝에서 | , | . | ? | ! | " " | ' ' | 의 유의점

① 까? → 다음의 경우는 다음 줄 첫 칸에 쓴다.

	착	한		아	이	가		어	쩌	다		저	렇	게		되	었	을	**까**
?																			

② 까?' → 다음의 경우는 작은 따옴표가 있기 때문에 첫 칸을 모두 비우고 쓴다. (큰 따옴표도 마찬가지)

	'착	한		애	가		어	쩌	다		저	렇	게		되	었	을	**까**
?	'																		

	"우	리	들	은		언	제		야	외		수	업	을		합	니	**까**
?	"																		

③ 봐! → 다음의 경우는 다음 줄 첫 칸에 쓴다.

	아	이	를		좀		봐	,		이	마	에		핏	방	울		좀	**봐**
!																			

	"그	것	을		이	미		했	다	니		무	척		좋	겠	구	**나**
!	"																		

④ 다. → 다음의 경우 **'다.'** 는 한 칸에 쓴다.
고, → **마찬가지로 한 칸에 씁니다.**

	어	서		준	비	하	고		약		먹	자		학	교		늦	겠	**다.**

	엄	마	는		아	이	의		두		눈	을		똑	바	로		보	**고,**
차	근	차	근		잘	못	을		지	적	하	셨	다.						

4. 지금까지 배운 것을 모두 이용하여 쓰고 싶은 글을 원고지에 정확히 써 보다.

5. 교정 부호

부 호	교정 내용	보 기
	사이를 붙임	3년 전 부터 배웠다.
	사이를 띔	살기좋은 우리나라
	글을 집어 넣음	협동을 우리는 생활하여야 한다.
	글을 고침	진지를 할머니께서 밥을 잡수신다.
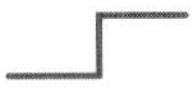	줄을 바꿈	"아! 하늘이 너무 푸르다." 철수는 손을 들면서 말했다.
	왼쪽으로 옮김	외래어를 쓰지 말자.
	오른쪽으로 옮김	운동을 하면 몸이 튼튼해진다.
	앞과 뒤의 순서를 바꿈	빨리 학교로 뛰어갔다.
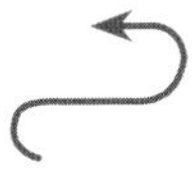	줄을 이음	철수는 집을 나섰다. 가방을 휘두르며 학교로 갔다.

6. 더 알아 보기

(1) 큰 따옴표(" "), 작은 따옴표 → 글이 온점(.)으로 끝날 때는 온점(.)과 따옴표를 **한 칸**에 쓴다.

	"	자	,		이	제		그	만	하	고		집	으	로		가	자	."
	'	하	늘	이		무	너	져	도		솟	아	날		구	멍	이		있
다	.'																		

(2) 큰 따옴표 : 대화글에서만 사용하고,

　작은 따옴표 : ☞ **마음속으로 한 말**이나 **생각**할 때

　　　　　　　 : ☞ 따온 말 가운데 **다시 따온 말**과 문장 속에 **제목을 따다 넣을 때** 쓴다.

(3) 줄임표(……) : 점을 6개 찍고, **한 칸에 3개씩** 두 칸에 찍으며 줄임표 끝에 끝났음을 알리는 온점을 반드시 찍는다.

	┄	┄	.	

(4) 가운뎃점(·):한 칸의 한 가운데에 쓴다.

	3	·	1	절

(5) 묶음표[( )] : 한 칸에 한 개씩 쓰되 숫자와 같이 쓸 때는 숫자 묶음표를 한 칸에 같이 쓴다.

(	문	예	)		(1)	

(6) '**제목**'에는 '다'로 끝나도 마침표(.)를 찍지 않는다.

　자연을 보호하자　　심청이는 효녀이다 등

4 천자문(千字文)

天(하늘 천)   地(땅 지)   玄(검을 현)   黃(누를 황)
하늘은 위에 있어 그 빛이 검고 땅은 아래 있어서 그 빛이 누르다.

宇(집 우)   宙(집 주)   洪(넓을 홍)   荒(거칠 황)
하늘과 땅 사이는 넓고 커서 끝이 없다. 즉 세상의 넓음을 말한다.

日(날 일)   月(달 월)   盈(찰 영)   昃(기울 측)
해는 서쪽으로 기울고 달도 차면 점차 이지러진다. 즉 우주의 진리를 말한다.

辰(별 진)   宿(잘(숙박) 숙)   列(주다,벌이다 열)   張(베풀 장)
성좌가 해 달과 같이 하늘에 넓게 벌려져 있음을 말한다.

寒(찰 한)   來(올 래)   暑(더울 서)   往(갈 왕)
찬 것이 오면 더운 것이 가고 더운 것이 오면 찬 것이 간다. 즉 사철의 바뀜을 말한다.

秋(가을 추)   收(거둘 수)   冬(겨울 동)   藏(감출 장)
가을에 곡식을 거두고 겨울이 오면 그것을 감춰 들인다.

閏(윤달 윤)   餘(남을 여)   成(이룰 성)   歲(해 세)
일년 이십사절기 나머지 시각을 모아 윤달로 하여 해를 이루었다.

律(가락 률)   呂(음률 려)   調(고를 조)   陽(볕 양)
천지간의 양기를 고르게 하니 즉 율은 양이요 여는 음이다.

雲(구름 운)   騰(오를 등)   致(이를 치)   雨(비 우)
수증기가 올라가서 구름이 되고 냉기를 만나 비가 된다. 즉 자연의 기상을 말한다.

露(이슬 로)   結(맺을 결)   爲(할 위)   霜(서리 상)
이슬이 맺어 서리가 되니 밤기운이 풀잎에 물방울처럼 이슬을 이룬다.

金(쇠 금)   生(낳을 생)   麗(고울 려)   水(물 수)
금은 여수에서 나니 여수는 중국의 지명이다.

玉(구슬 옥)   出(날 출)   崑(메 곤)   岡(메 강)
옥은 곤강에서 나니 곤강은 역시 중국의 산 이름이다.

劍(칼 검)　　　　號(이름 호)　　　　巨(클 거)　　　　闕(대궐 궐)
거궐은 칼이름이고 구야자가 지은 보검이다. 즉 조나라의 국보.

珠(구슬 주)　　　　稱(일컬을 칭)　　　　夜(밤 야)　　　　光(빛 광)
구슬의 빛이 밤의 낮 같은 고로 야광이라 칭하였다.

果(과실 과)　　　　珍(보배 진)　　　　李(오얏 리)　　　　柰(능금나무 내)
과실 중에 오얏과 능금나무의 그 진미가 으뜸임을 말한다.

菜(나물 채)　　　　重(무거울 중)　　　　芥(겨자 개)　　　　薑(생강 강)
나물은 겨자와 생강이 중하다.

海(바다 해)　　　　鹹(짤 함)　　　　河(물 하)　　　　淡(묽을 담)
바다 물은 짜고 밀물은 맛도 없고 맑다.

鱗(비늘 린)　　　　潛(잠길 잠)　　　　羽(깃 우)　　　　翔(높이 날 상)
비늘 있는 고기는 물 속에 잠기고 날개 있는 새는 공중에 난다.

龍(용 룡)　　　　師(스승 사)　　　　火(불 화)　　　　帝(임금 제)
복희씨는 용으로써 벼슬을 기록하고 신농씨는 불로써 기록하였다.

鳥(새 조)　　　　官(벼슬 관)　　　　人(사람 인)　　　　皇(임금 황)
소호는 새로써 벼슬을 기록하고 황제는 인문을 갖추었으므로 인황이라 하였다.

始(처음 시)　　　　制(지을 제)　　　　文(글월 문)　　　　字(글자 자)
복희의 신하 창힐이라는 사람이 새의 발자취를 보고 글자를 처음 만들었다.

乃(이에 내)　　　　服(옷 복)　　　　衣(옷 의)　　　　裳(치마 상)
이에 의상을 입게 하니 황제가 의관을 지어 등분을 분별하고 위의를 엄숙케 하였다.

推(밀 추)　　　　位(자리 위)　　　　讓(사양할 양)　　　　國(나라 국)
벼슬을 미루고 나라를 사양하니 제요가 제순에게 전위하였다.

有(있을 유)　　　　虞(헤아릴 우)　　　　陶(질그릇 도)　　　　唐(당나라 당)
유우는 제순이요 도당은 제요이다. 즉 중국 고대 제왕이다.

弔(슬퍼할 조)　　　　民(백성 민)　　　　伐(칠 벌)　　　　罪(허물 죄)
불쌍한 백성은 돕고 죄지은 백성은 벌주었다.

周(두루 주)　　　　發(필 발)　　　　殷(나라이름 은)　　　　湯(끓을 탕)
주발은 무왕의 이름이고 은탕은 왕의 칭호이다.

坐(앉을 좌)　　　　朝(아침 조)　　　　問(물을 문)　　　道(길/말할 도)

좌조는 천하를 통일하여 왕위에 앉은 것이고 문도는 나라 다스리는 법을 말한다.

垂(드리울 수)　　　拱(껴안을 공)　　　平(평평할 평)　　　章(글월 장)

밝고 평화스럽게 다스리는 길을 겸손히 생각함을 말한다.

愛(사랑 애)　　　　育(기를 육)　　　黎(검을 려)　　　首(머리 수)

明君이 천하를 다스림에 衆民을 사랑하고 양육함을 말한다.

臣(신하 신)　　　　伏(엎드릴 복)　　　戎(오랑캐 융)　　　羌(종족이름 강)

이상과 같이 나라를 다스리면 그 덕에 융과 강도 항복하고야 만다.

遐(멀 하)　　　　邇(가까울 이)　　　壹(한 일)　　　體(몸 체)

멀고 가까운 나라가 전부 그 덕망에 귀순케 하며 일체가 될 수 있다.

率(거느릴솔/비율 률)　賓(손 빈)　　　歸(돌아갈 귀)　　　王(임금 왕)

거느리고 복종하여 왕에게 돌아오니 덕을 입어 복종치 않음이 없음을 말한다.

鳴(울 명)　　　　鳳(봉황새 봉)　　　在(있을 재)　　　樹(나무 수)

명군 성현이 나타나면 봉이 운다는 말과 같이 덕망이 미치는 곳마다 봉이 나무 위에서 울 것이다.

白(흰 백)　　　　駒(망아지 구)　　　食(밥 식)　　　場(마당 장)

평화스러움을 말한 것이며, 즉 흰 망아지도 감화되어 사람을 따르며 마당 풀을 뜯어먹게 한다.

化(될 화)　　　　被(입을 피)　　　草(풀 초)　　　木(나무 목)

덕화가 사람이나 짐승에게만 미칠 뿐 아니라 초목에까지도 미침을 말한다.

賴(힘입을 뢰)　　　及(미칠 급)　　　萬(일만 만)　　　方(모 방)

만방이 극히 넓으나 어진 덕이 고루 미치게 된다.

蓋(덮을 개)　　　此(이 차)　　　身(몸 신)　　　髮(터럭 발)

이 몸의 털은 대개 사람마다 없는 이가 없다.

四(넉 사)　　　　大(큰 대)　　　五(다섯 오)　　　常(항상 상)

네 가지 큰 것과 다섯 가지 떳떳함이 있으니 즉 사대는 천지 군부요 오상은 인의예지신이다.

恭(공손할 공)　　　惟(오직 유)　　　鞠(국문할 국)　　　養(기를 양)

국양함을 공손히 하라. 이 몸은 부모의 기르신 은혜이기 때문이다.

豈(어찌 기)　　　敢(감히 감)　　　毁(헐 훼)　　　傷(상할 상)

부모께서 낳아 길러 주신 이 몸을 어찌 감히 훼상할 수 있으랴.

女(계집 녀)　　　　慕(사모할 모)　　　貞(곧을 정)　　　　烈(매울 렬)
여자는 정조를 굳게 지키고 행실을 단정하게 해야 함을 말한다.

男(사내 남)　　　　效(본받을 효)　　　才(재주 재)　　　　良(어질 량)
남자는 재능을 닦고 어진 것을 본받아야 함을 말한다.

知(알 지)　　　　　過(지날/허물 과)　必(반드시 필)　　　改(고칠 개)
누구나 허물이 있는 것이니 허물을 알면 즉시 고쳐야 한다.

得(얻을 득)　　　　能(능할 능)　　　莫(말 막)　　　　忘(잊을 망)
사람으로써 알아야 할 것을 배운 후에는 잊지 않도록 노력하여야 한다.

罔(없을 망)　　　　談(말씀 담)　　　彼(저 피)　　　　短(짧을 단)
자기의 단점을 말 안하는 동시에 남의 잘못을 욕하지 말라.

靡(아닐 미)　　　　恃(믿을 시)　　　己(몸 기)　　　　長(길 장)
자신의 특기를 믿고 자랑하지 말라. 그럼으로써 더욱 발달한다.

信(믿을 신)　　　　使(하여금 사)　　可(옳을 가)　　　覆(뒤집힐 복)
믿음은 움직일 수 없는 진리이고 또한 남과의 약속은 지켜야 한다.

器(그릇 기)　　　　欲(하고자할 욕)　難(어려울 난)　　　量(헤아릴 량)
사람의 기량은 깊고 깊어서 헤아리기 어렵다.

墨(먹 묵)　　　　　悲(슬플 비)　　　絲(실 사)　　　　染(물들일 염)
흰 실에 검은 물이 들면 다시 희지 못함을 슬퍼한다. 즉 사람도 매사를 조심하여야 한다.

詩(시 시)　　　　　讚(칭찬할 찬)　　羔(새끼양 고)　　　羊(양 양)
시전 고양편에 문왕의 덕을 입은 남국 대부의 정직함을 칭찬하였으니 사람의 선악을 말한 것이다.

景(경치 경)　　　　行(다닐 행/항렬 항)　維(벼리 유)　　　賢(어질 현)
행실을 훌륭하게 하고 당당하게 행하면 어진 사람이 된다는 것을 말한다.

克(이길 극)　　　　念(생각 념)　　　作(지을 작)　　　　聖(성인 성)
성인의 언행을 잘 생각하여 수양을 쌓으면 자연 성인이 됨을 말한다.

德(덕 덕)　　　　　建(세울 건)　　　名(이름 명)　　　　立(설 립)
항상 덕을 가지고 세상일을 행하면 자연 이름도 서게 된다.

形(모양 형)　　　　端(바를 단)　　　表(겉 표)　　　　正(바를 정)
몸 형상이 단정하고 깨끗하면 마음도 바르며 또 표면에 나타난다.

空(빌 공)　　　　谷(골 곡)　　　　傳(전할 전)　　　　聲(소리 성)
산골짜기에서 크게 소리치면 그대로 전한다. 즉 악한 일을 당하게 된다.

虛(빌 허)　　　　堂(집 당)　　　　習(익힐 습)　　　　聽(들을 청)
빈방에서 소리를 내면 울려서 다 들린다. 즉 착한 말을 하면 천리 밖에서도 응한다.

禍(재앙 화)　　　因(인할 인)　　　惡(악할 악/미워할오)　積(쌓을 적)
재앙은 악을 쌓음에 인한 것이므로 재앙을 받는 이는 평일에 악을 쌓았기 때문이다.

福(복 복)　　　　緣(인연 연)　　　善(착할 선)　　　　慶(경사 경)
복은 착한 일에서 오는 것이니 착한 일을 하면 경사가 온다.

尺(자 척)　　　　璧(구슬 벽)　　　非(아닐 비)　　　　寶(보배 보)
한 자 되는 구슬이라고 해서 결코 보배라고는 할 수 없다.

寸(마디 촌)　　　陰(그늘 음)　　　是(옳을/이 시)　　競(다툴 경)
한 자 되는 구슬보다도 잠깐의 시간이 더욱 귀중하니 시간을 아껴야 한다.

資(자료 자)　　　父(아비 부)　　　事(일/섬길 사)　　君(임금 군)
아비를 자료로 하여 임금을 섬길지니 아비 섬기는 효도로 임금을 섬겨야 한다.

曰(가로 왈)　　　嚴(엄할 엄)　　　與(더불 여)　　　　敬(공경할 경)
임금을 대하는 데는 엄숙함과 공경함이 있어야 한다.

孝(효도 효)　　　當(마땅할 당)　　　竭(다할 갈)　　　力(힘 력)
부모를 섬길 때에는 마땅히 힘을 다하여야 한다.

忠(충성 충)　　　則(곧 즉/법 칙)　　盡(다할 진)　　　命(목숨 명)
충성함에는 곧 목숨을 다하니 임금을 섬기는 데 몸을 사양해서는 안된다.

臨(임할 림)　　　深(깊을 심)　　　履(밟을 리)　　　薄(얇을 박)
깊은 곳에 임하듯 하며 얇은 데를 밟듯이 세심 주의하여야 한다.

夙(일찍 숙)　　　興(흥할 흥)　　　溫(따뜻할 온)　　淸(서늘할 정)
일찍 일어나서 추우면 덥게, 더우면 서늘케 하는 것이 부모 섬기는 절차이다.

似(같을 사)　　　蘭(난초 란)　　　斯(이 사)　　　　馨(향기 형)
난초같이 꽃다우니 군자의 지조를 비유한 것이다.

如(같을 여)　　　松(소나무 송)　　之(갈 지)　　　　盛(성할 성)
솔 나무같이 푸르러 성함은 군자의 절개를 말한 것이다.

川(내 천)　　　流(흐를 류)　　　不(아니 불)　　　息(쉴 식)
내가 흘러 쉬지 아니하니 군자의 행지를 말한 것이다.

淵(못 연)　　　澄(맑을 징)　　　取(취할 취)　　　暎(비칠 영)
못이 맑아서 비치니 즉 군자의 마음을 말한 것이다.

容(얼굴 용)　　　止(그칠 지)　　　若(같을 약)　　　思(생각 사)
행동을 덤비지 말고 형용과 행지를 조용히 생각하는 침착한 태도를 가져라.

言(말씀 언)　　　辭(말씀 사)　　　安(편안 안)　　　定(정할 정)
태도만 침착할 뿐 아니라 말도 안정케 하며 쓸데없는 말을 삼가라.

篤(도타울 독)　　　初(처음 초)　　　誠(정성 성)　　　美(아름다울 미)
무엇이든지 처음에 성실하고 신중히 하여야 한다.

愼(삼갈 신)　　　終(마지막 종)　　　宜(마땅 의)　　　令(하여금 령)
처음뿐만 아니라 끝맺음도 좋아야 한다.

榮(영화 영)　　　業(업 업)　　　所(바 소)　　　基(터 기)
이상과 같이 잘 지키면 번성하는 기본이 된다.

籍(호적 적)　　　甚(심할 심)　　　無(없을 무)　　　竟(마침내 경)
뿐만 아니라 자신의 명예스러운 이름이 길이 전하여질 것이다.

學(배울 학)　　　優(넉넉할 우)　　　登(오를 등)　　　仕(벼슬 사)
배운 것이 넉넉하면 벼슬에 오를 수 있다.

攝(잡을 섭)　　　職(벼슬 직)　　　從(좇을 종)　　　政(정사 정)
벼슬을 잡아 정사를 좇으니 국가 정사에 종사하니라.

存(있을 존)　　　以(써 이)　　　甘(달 감)　　　棠(해당화 당)
주나라 소공이 남국의 아가위나무 아래에서 백성을 교화하였다.

去(갈 거)　　　而(어조사 이)　　　益(더할 익)　　　詠(읊을 영)
소공이 죽은 후 남국의 백성이 그의 덕을 추모하여 감당시를 읊었다.

樂(풍류악/즐길락/좋아할요)　　　殊(다를 수)　　　貴(귀할 귀)　　　賤(천할 천)
풍류는 귀천이 다르니 천자는 팔일 제후는 육일 사대부는 사일 선일은 이일이다.

禮(예도 례)　　　別(다를 별)　　　尊(높을 존)　　　卑(낮을 비)
예도에 존비의 분별이 있으니 군신, 부자, 부부, 장유, 붕우의 차별이 있다.

上(위 상)　　　　和(화할 화)　　　下(아래 하)　　　睦(화목할 목)
위에서 사랑하고 아래에서 공경함으로써 화목이 된다.

夫(지아비 부)　　　唱(부를 창)　　　婦(며느리 부)　　　隨(따를 수)
지아비가 부르면 지어미가 따른다. 즉 원만한 가정을 말한다.

外(밖 외)　　　　受(받을 수)　　　傅(스승 부)　　　訓(가르칠 훈)
팔세면 바깥 스승의 가르침을 받아야 한다.

入(들 입)　　　　奉(받들 봉)　　　母(어미 모)　　　儀(거동 의)
집에 들어서는 어머니를 받들어 종사하라.

諸(모두 제)　　　姑(시어미 고)　　　伯(맏 백)　　　叔(아재비 숙)
고모. 백부, 숙부 등 집안 내의 친척 등을 말한다.

猶(같을 유)　　　子(아들 자)　　　比(견줄 비)　　　兒(아이 아)
조카들도 자기의 아들과 같이 취급하여야 한다.

孔(구멍 공)　　　懷(품을 회)　　　兄(맏 형)　　　弟(아우 제)
형제는 서로 사랑하여 의좋게 지내야 한다.

同(한가지 동)　　　氣(기운 기)　　　連(이어질 연)　　　枝(가지 지)
형제는 부모의 기운을 같이 받았으니 나무의 가지와 같다.

交(사귈 교)　　　友(벗 우)　　　投(던질 투)　　　分(나눌 분)
벗을 사귈 때에는 서로가 분에 맞는 사람끼리 사귀어야 한다.

切(끊을 절/모두 체)　　磨(갈 마)　　　箴(경계 잠)　　　規(법 규)
열심히 닦고 배워서 사람으로서의 도리를 지켜야 한다.

仁(어질 인)　　　慈(사랑할 자)　　　隱(숨을 은)　　　惻(슬플 측)
어진 마음으로 남을 사랑하고 또는 이를 측은히 여겨야 한다.

造(지을 조)　　　次(버금 차)　　　弗(아닐 불)　　　離(떠날 리)
남을 위한 동정심을 잠시라도 잊지 말고 항상 가져야 한다.

節(마디 절)　　　義(옳을 의)　　　廉(청렴 렴)　　　退(물러갈 퇴)
청렴과 절개와 의리와 사양함과 물러감은 늘 지켜야 한다.

顚(엎드러질 전)　　沛(자빠질 패)　　匪(아닐 비)　　　虧(이지러질 휴)
엎드려지고 자빠져도 이지러지지 않으니 용기를 잃지 말라.

267

性(성품 성)   靜(고요할 정)   情(뜻 정)   逸(편안할 일)

성품이 고요하면 뜻이 편안하니 고요함은 천성이요 동작함은 인정이다.

心(마음 심)   動(움직일 동)   神(귀신 신)   疲(피곤할 피)

마음이 움직이면 신기가 피곤하니 마음이 불안하면 신기가 불편하다.

守(지킬 수)   眞(참 진)   志(뜻 지)   滿(찰 만)

사람의 도리를 지키면 뜻이 차고 군자의 도를 지키면 뜻이 편안하다.

逐(쫓을 축)   物(만물 물)   意(뜻 의)   移(옮길 이)

마음이 불안함은 욕심이 있어서 그렇다. 너무 욕심내면 마음도 변한다.

堅(굳을 견)   持(가질 지)   雅(우아할 아)   操(잡을 조)

맑은 절조를 굳게 가지고 있으면 나의 도리를 극진히 함이라.

好(좋을 호)   爵(벼슬 작)   自(스스로 자)   縻(얽을 미)

스스로 벼슬을 얻게 되니 찬작을 극진하면 인작이 스스로 이르게 된다.

都(도읍 도)   邑(고을 읍)   華(빛날 화)   夏(여름 하)

도읍은 왕성의 지위를 말한 것이고 화하는 당시 중국을 지칭하던 말이다.

東(동녘 동)   西(서녘 서)   二(두 이)   京(서울 경)

동과 서에 두 서울이 있으니 동경은 낙양이고 서경은 장안이다.

背(등 배)   邙(산이름 망)   面(낯 면)   洛(강이름 락)

동경은 북에 북망산이 있고 낙양은 남에 낙천이 있다.

浮(뜰 부)   渭(강이름 위)   據(의거할 거)   涇(통할 경)

위수에 뜨고 경수를 눌렀으니 장안은 서북에 위천. 경수. 두물이 있었다.

宮(집 궁)   殿(큰집 전)   盤(서릴 반)   鬱(답답 울)

궁전은 울창한 나무 사이에 서린 듯 정하고

樓(다락 루)   觀(볼 관)   飛(날 비)   驚(놀랄 경)

궁전 가운데 있는 물견대는 높아서 올라가면 나는 듯하여 놀란다.

圖(그림 도)   寫(베낄 사)   禽(날짐승 금)   獸(짐승 수)

궁전 내부에는 유명한 화가들이 그린 그림 조각 등으로 장식되어 있다.

畵(그림 화)   采(채색 채)   仙(신선 선)   靈(신령 령)

신선과 신령의 그림도 화려하게 채색되어 있다.

丙(남녘 병)　　　舍(집 사)　　　傍(곁 방)　　　啓(열 계)

병사 곁에 통고를 열어 궁전 내를 출입하는 사람들의 편리를 도모하였다.

甲(갑옷 갑)　　　帳(휘장 장)　　　對(대답할 대)　　　楹(기둥 영)

아름다운 갑장이 기둥을 대하였으니 동방 삭이 갑장을 지어 임금이 잠시 정지하는 곳이다.

肆(베풀 사)　　　筵(자리 연)　　　設(베풀 설)　　　席(자리 석)

자리를 베풀고 돗자리를 베푸니 연회하는 좌석이다.

鼓(북 고)　　　瑟(비파 슬)　　　吹(불 취)　　　笙(생황 생)

비파를 치고 저를 부니 잔치하는 풍류이다.

陞(오른쪽 승)　　　階(뜰 계)　　　納(바칠 납)　　　陛(섬돌 폐)

문무백관이 계단을 올라 임금께 납폐하는 절차이니라.

弁(고깔 변)　　　轉(구를 전)　　　疑(의심할 의)　　　星(별 성)

많은 사람들의 관에서 번쩍이는 구슬이 별안간 의심할 정도이다.

右(오를 우)　　　通(통할 통)　　　廣(넓을 광)　　　內(안 내)

오른편에 광내가 통하니 광내는 나라 비서를 두는 집이다.

左(왼 좌)　　　達(통달할 달)　　　承(이을 승)　　　明(밝을 명)

왼편에 승명이 사무치니 승명은 사기를 교열하는 집이다.

旣(이미 기)　　　集(모을 집)　　　墳(무덤 분)　　　典(법 전)

이미 분과 전을 모았으니 삼황의 글은 삼분이요 오제의 글은 오전이다.

亦(또 역)　　　聚(모을 취)　　　群(무리 군)　　　英(꽃부리 영)

또한 여러 영웅을 모으니 분전을 강론하여 치국하는 도를 밝힘이라.

杜(막을 두)　　　稿(볏짚 고)　　　鍾(쇠북 종)　　　隸(글씨 례)

초서를 처음으로 쓴 두고와 예서를 쓴 종례의 글로 비치되었다.

漆(옻칠할 칠)　　　書(글씨 서)　　　壁(벽 벽)　　　經(날 경)

하나라 영제가 돌벽에서 발견한 서골과 공자가 발견한 육경도 비치되어 있다.

府(마을 부)　　　羅(벌릴 라)　　　將(장수 장)　　　相(서로 상)

마을 좌우에 장수와 정승이 벌려 있었다.

路(길 로)　　　夾(낄 협)　　　槐(괴화나무 괴)　　　卿(벼슬 경)

길에 고위 고관인 삼공구경의 마차가 열지어 궁전으로 들어가는 모습이다.

戶(지게 호)　　　封(봉할 봉)　　　八(여덟 팔)　　　縣(고을 현)
한나라가 천하를 통일하고 여덟 고을 민호를 주어 공신을 봉하였다.

家(집 가)　　　給(줄 급)　　　千(일천 천)　　　兵(군사 병)
제후 나라에 일천 군사를 주어 그의 집을 호위시켰다.

高(높을 고)　　　冠(갓 관)　　　陪(더할 배)　　　輦(손수레 련)
높은 관을 쓰고 연을 모시니 제후의 예로 대접했다.

驅(몰 구)　　　轂(바퀴 곡)　　　振(떨칠 진)　　　纓(끈 영)
수레를 몰며 갓끈이 떨치니 임금출행에 제후의 위엄이 있다.

世(세상 세)　　　祿(녹 록)　　　侈(사치할 치)　　　富(부자 부)
대대로 녹이 사치하고 부하니 제후 자손이 세세 관록이 무성하여라.

車(수레 거)　　　駕(멍에 가)　　　肥(살찔 비)　　　輕(가벼울 경)
수레의 말은 살찌고 몸의 의복은 가볍게 차려져 있다.

策(꾀 책)　　　功(공 공)　　　茂(무성할 무)　　　實(열매 실)
공을 꾀함에 무성하고 충실하려라.

勒(굴레 륵)　　　碑(비석 비)　　　刻(새길 각)　　　銘(새길 명)
비를 세워 이름을 새겨서 그 공을 찬양하며 후세에 전하였다.

磻(강이름 반)　　　溪(시내 계)　　　伊(저 이)　　　尹(다스릴 윤)
문왕은 반계에서 강태공을 맞고 은왕은 신야에서 이윤을 맞이하였다.

佐(도울 좌)　　　時(때 시)　　　阿(언덕 아)　　　衡(저울대 형)
때를 돕는 아형이니 아형은 상나라 재상의 칭호이다.

奄(문득 엄)　　　宅(집 댁/택)　　　曲(굽을 곡)　　　阜(언덕 부)
주공이 큰 공이 있는 고로 노국을 봉한 후 곡부에다 궁전을 세웠다.

微(작을 미)　　　旦(아침 단)　　　孰(누구 숙)　　　營(경영 영)
주공의 단이 아니면 어찌 큰 궁전을 세웠으리요.

桓(굳셀 환)　　　公(공변될 공)　　　匡(바를 광)　　　合(모을 합)
제나라 환공은 바르게 하고 모두었으니 초를 물리치고 난을 바로잡았다.

濟(건널 제)　　　弱(약할 약)　　　扶(도울 부)　　　傾(기울 경)
약한 나라를 구제하고 기울어지는 제신을 도와서 붙들어 주었다.

綺(비단 기)　　　回(돌아올 회)　　　漢(한수 한)　　　惠(은혜 혜)
하나라 네 현인의 한 사람인 기가 한나라 혜제를 회복시켰다.

說(말씀 설/달랠 세/기뻐할 열)　　感(느낄 감)　　　武(호반 무)　　　丁(고무래 정)
부열이 들에서 역사하매 무정의 꿈에 감동되어 곧 정승에 되었다.

俊(준걸 준)　　　乂(어질 예)　　　密(빽빽할 밀)　　　勿(말 물)
준걸과 재사가 조정에 모여 빽빽하더라.

多(많을 다)　　　士(선비 사)　　　寔(이 식)　　　寧(편안 녕)
준걸과 재사가 조정에 많으니 국가가 태평함이라.

晉(나라 진)　　　楚(나라 초)　　　更(다시 갱/고칠 경)　　霸(으뜸 패)
진과 초가 다시 으뜸이 되니 진문공 초장왕이 패왕이 되니라.

趙(나라 조)　　　魏(나라 위)　　　困(곤할 곤)　　　橫(비낄 횡)
조와 위는 횡에 곤하니 육군때에 진나라를 섬기자 함을 횡이라 하니라.

假(거짓 가)　　　途(길 도)　　　滅(멸할 멸)　　　虢(나라 괵)
길을 빌려 괵국을 멸하니 진헌공이 우국길을 빌려 괵국을 멸하였다.

踐(밟을 천)　　　土(흙 토)　　　會(모일 회)　　　盟(맹세 맹)
진문공이 제후를 천토에 모아 맹세하고 협천자영 제후하니라.

何(어찌 하)　　　遵(좇을 준)　　　約(약속할 약)　　　法(법 법)
소하는 한고조로 더불어 약법삼장을 정하여 준행하리라.

韓(나라 한)　　　弊(해질 폐)　　　煩(번거로울 번)　　刑(형벌 형)
한비는 진왕을 달래 형벌을 펴다가 그 형벌에 죽는다.

起(일어날 기)　　　翦(자를 전)　　　頗(자못 파)　　　牧(칠 목)
백기와 왕전은 진나라 장수요 염파와 이목은 조나라 장수였다.

用(쓸 용)　　　軍(군사 군)　　　最(가장 최)　　　精(정할 정)
군사 쓰기를 가장 정결히 하였다.

宣(베풀 선)　　　威(위엄 위)　　　沙(모래 사)　　　漠(아득할 막)
장수로서 그 위엄은 멀리 사막에까지 퍼졌다.

馳(달릴 치)　　　譽(칭찬할 예)　　　丹(붉을 단)　　　靑(푸를 청)
그 이름은 생전뿐 아니라 죽은 후에도 전하기 위하여 초상을 기린각에 그렸다.

九(아홉 구)　　　州(고을 주)　　　禹(하우씨 우)　　　跡(자취 적)
하우씨가 구주를 분별하니 기, 연, 청, 서, 양, 옹, 구주이다.

百(일백 백)　　　郡(고을 군)　　　秦(나라 진)　　　幷(아우를 병)
진시황이 천하봉군하는 법을 폐하고 일백군을 두었다.

嶽(산마루 악)　　　宗(마루 종)　　　恒(항상 항)　　　岱(뫼 대)
오악은 동태산, 서화산, 남형산, 북항산, 중숭산이니 항산과 태산이 조종이라.

禪(터닦을 선)　　　主(임금 주)　　　云(이를 운)　　　亭(정자 정)
운과 정은 천자를 봉선하고 제사하는 곳이니 운정은 태산에 있다.

雁(기러기 안)　　　門(문 문)　　　紫(붉을 자)　　　塞(변방 새)
안문은 봄기러기 북으로 가는 고로 안문이고 흙이 붉은 고로 자색이라 하였다.

鷄(닭 계)　　　田(밭 전)　　　赤(붉을 적)　　　城(성 성)
계전은 옹주에 있는 고을이고 적성은 기주에 있는 고을이다.

昆(맏 곤)　　　池(못 지)　　　碣(돌 갈)　　　石(돌 석)
곤지는 운남 곤명현에 있고 갈석은 부평현에 있다.

鉅(클 거)　　　野(들 야)　　　洞(골 동/꿰뚫을 통)　　　庭(뜰 정)
거야는 태산 동편에 있는 광야 동전은 호남성에 있는 중국 제일의 호수이다.

曠(빌 광)　　　遠(멀 원)　　　綿(이어질 면)　　　邈(멀 막)
산, 벌판, 호수 등이 아득하고 멀리 그리고 널리 줄지어 있음을 말한다.

巖(바위 암)　　　岫(메뿌리 수)　　　杳(아득할 묘)　　　冥(어두울 명)
큰 바위와 메뿌리가 묘연하고 아득함을 말한다.

治(다스릴 치)　　　本(근본 본)　　　於(어조사 어)　　　農(농사 농)
다스리는 것은 농사를 근본으로 하니 중농 정치를 이른다.

務(힘쓸 무)　　　玆(이 자)　　　稼(심을 가)　　　穡(거둘 색)
때맞춰 심고 힘써 일하며 많은 수익을 거둔다.

俶(비로소 숙)　　　載(실을 재)　　　南(남녘 남)　　　畝(이랑 묘)
비로소 남양의 밭에서 농작물을 배양한다.

我(나 아)　　　藝(재주 예)　　　黍(기장 서)　　　稷(피 직)
나는 기장과 피를 심는 일에 열중하겠다.

稅(징수할 세)　　　熟(익을 숙)　　　貢(바칠 공)　　　新(새 신)
곡식이 익으면 부세하여 국용을 준비하고 신곡으로 종묘에 제사를 올린다.

勸(권할 권)　　　賞(상줄 상)　　　黜(물리칠 출)　　　陟(오를 척)
농민의 의기를 앙양키 위하여 열심인 자는 상주고 게을리한 자는 출석하였다.

孟(맏 맹)　　　軻(수레 가)　　　敦(도타울 돈)　　　素(흴 소)
맹자는 그 모친의 교훈을 받아 자사문하에서 배웠다.

史(역사 사)　　　魚(물고기 어)　　　秉(잡을 병)　　　直(곧을 직)
사어라는 사람은 위나라 태부였으며 그 성격이 매우 강직하였다.

庶(여러 서)　　　幾(몇 기)　　　中(가운데 중)　　　庸(떳떳 용)
어떠한 일이나 한쪽으로 기울어지게 일하면 안 된다.

勞(힘쓸 로)　　　謙(겸손 겸)　　　謹(삼갈 근)　　　勅(칙서 칙)
근로하고 겸손하며 삼가고 신칙하면 중용의 도에 이른다.

聆(들을 령)　　　音(소리 음)　　　察(살필 찰)　　　理(다스릴 리)
소리를 듣고 그 거동을 살피니 조그마한 일이라도 주의하여야 한다.

鑑(거울 감)　　　貌(모양 모)　　　辨(분별 변)　　　色(빛 색)
모양과 거동으로 그 마음속을 분별할 수 있다.

貽(끼칠 이)　　　厥(그 궐)　　　嘉(아름다울 가)　　　猷(꾀 유)
도리를 지키고 착함으로 자손에 좋은 것을 끼쳐야 한다.

勉(힘쓸 면)　　　其(그 기)　　　祗(공경 지)　　　植(심을 식)
착한 것으로 자손에 줄 것을 힘써야 좋은 가정을 이룰 것이다.

省(살필 성/덜 생)　　　躬(몸 궁)　　　譏(나무랄 기)　　　誡(경계 계)
나무람과 경계함이 있는가 염려하며 몸을 살피라.

寵(고일 총)　　　增(더할 증)　　　抗(저항할 항)　　　極(다할 극)
총애가 더할수록 교만한 태도를 부리지 말고 더욱 조심하여야 한다.

殆(위태 태)　　　辱(욕할 욕)　　　近(가까울 근)　　　恥(부끄러울 치)
총애를 받는다고 욕된 일을 하면 머지 않아 위태함과 치욕이 온다.

林(수풀 림)　　　皐(언덕 고)　　　幸(다행 행)　　　卽(곧 즉)
부귀할지라도 겸토하여 산간 수풀에서 편히 지내는 것도 다행한 일이다.

兩(두 량)　　　　　疏(상소할 소)　　　　見(볼 견/나타날 현)　　機(틀 기)
한나라의 소광과 소수는 기틀을 보고 상소하고 낙향했다.

解(풀 해)　　　　　組(짤 조)　　　　　誰(누구 수)　　　　　逼(핍박할 핍)
관의 끈을 풀어 사직하고 돌아가니 누가 핍박하리요.

索(찾을 색)　　　　居(살 거)　　　　　閑(한가 한)　　　　　處(곳 처)
퇴직하여 한가한 곳에서 세상을 보냈다.

沈(잠길 침)　　　　黙(잠잠할 묵)　　　寂(고요할 적)　　　　寥(고요 요)
세상에 나와서 교제하는 데도 언행에 침착해야 한다.

求(구할 구)　　　　古(옛 고)　　　　　尋(찾을 심)　　　　　論(의논할 론)
예를 찾아 의논하고 고인을 찾아 토론한다.

散(흩을 산)　　　　慮(생각 려)　　　　逍(거닐 소)　　　　　遙(멀 요)
세상일을 잊어버리고 자연 속에서 한가하게 즐긴다.

欣(기쁠 흔)　　　　奏(아뢸 주)　　　　累(여러 루)　　　　　遣(보낼 견)
기쁨은 아뢰고 더러움은 보내니.

慼(슬플 척)　　　　謝(사례 사)　　　　歡(기뻐할 환)　　　　招(부를 초)
심중의 슬픈 것은 없어지고 즐거움만 부른 듯이 오게 된다.

渠(개천 거)　　　　荷(연꽃 하)　　　　的(과녁 적)　　　　　歷(지낼 력)
개천의 연꽃도 아름다우니 향기를 잡아볼 만하다.

園(동산 원)　　　　莽(풀 망)　　　　　抽(빼낼 추)　　　　　條(조목 조)
동산의 풀은 땅속 양분으로 가지가 뻗고 크게 자란다.

枇(비파나무 비)　　杷(비파나무 파)　　晚(늦을 만)　　　　　翠(푸를 취)
비파나무는 늦은 겨울에도 그 빛은 푸르다.

梧(오동 오)　　　　桐(오동 동)　　　　早(이를 조)　　　　　凋(시들 조)
오동잎은 가을이면 다른 나무보다 먼저 마른다.

陳(베풀 진)　　　　根(뿌리 근)　　　　委(맡길 위)　　　　　翳(가릴 예)
가을이 오면 오동뿐 아니라 고목의 뿌리는 시들어 마른다.

落(떨어질 락)　　　葉(잎사귀 엽)　　　飄(나부낄 표)　　　　颻(나부낄 요)
가을 오면 낙엽이 펄펄 날리며 떨어진다.

游(헤엄칠 유) 　　鵾(곤새 곤) 　　獨(홀로 독) 　　運(운전 운)
곤새가 자유로이 홀로 날개를 펴고 運回하고 있다.

凌(업신여길 릉) 　　摩(만질 마) 　　絳(붉을 강) 　　霄(하늘 소)
적색의 大空을 업신여기는 듯이 선회하고 있다.

耽(즐길 탐) 　　讀(읽을 독/이두 두) 　翫(가지고놀 완) 　市(저자 시)
하나라의 왕총은 독서를 즐겨 서점에 가서 탐독하였다.

寓(붙일 우) 　　目(눈 목) 　　囊(주머니 낭) 　　箱(상자 상)
왕총이 한번 읽으면 잊지 아니하여 글을 주머니나 상자에 둠과 같다고 하였다.

易(쉬울 이/바꿀 역) 　輶(가벼울 유) 　　攸(바 유) 　　畏(두려워할 외)
매사를 소홀히 하고 경솔함은 군자가 진실로 두려워하는 바이다.

屬(붙을 속/이을 촉) 　耳(귀 이) 　　垣(담 원) 　　牆(담 장)
담장에도 귀가 있다는 말과 같이 경솔히 말하는 것을 조심하라.

具(갖출 구) 　　膳(반찬 선) 　　飡(밥 손) 　　飯(밥 반)
반찬을 갖추고 밥을 먹으니

適(마침 적) 　　口(입 구) 　　充(채울 충) 　　腸(창자 장)
훌륭한 음식이 아니라도 입에 맞으면 배를 채운다.

飽(배부를 포) 　　飫(배부를 어) 　　烹(삶을 팽) 　　宰(재상 재)
배부를 때에는 아무리 좋은 음식이라도 그 맛을 모른다.

饑(주릴 기) 　　厭(싫을 염) 　　糟(재강 조) 　　糠(겨 강)
반대로 배가 고플 때에는 겨와 재강도 맛있게 되는 것이다.

親(친할 친) 　　戚(겨레 척) 　　故(연고 고) 　　舊(옛 구)
친은 동성지친이고 척은 이성지친이요 고구는 오랜 친구를 말한다.

老(늙을 로) 　　少(젊을 소) 　　異(다를 이) 　　糧(양식 량)
늙은이와 젊은이의 식사가 다르다.

妾(첩 첩) 　　御(모실 어) 　　績(길쌈 적) 　　紡(길쌈 방)
남자는 밖에서 일하고 여자는 안에서 길쌈을 짜니라.

侍(모실 시) 　　巾(수건 건) 　　帷(장막 유) 　　房(방 방)
유방에서 모시고 수건을 받드니 처첩이 하는 일이다.

紈(흰비단 환)　　　　扇(부채 선)　　　　圓(둥글 원)　　　　潔(깨끗할 결)

흰 비단으로 만든 부채는 둥글고 깨끗하다.

銀(은 은)　　　　　　燭(촛불 촉)　　　　煒(빛날 위)　　　　煌(빛날 황)

은촛대의 촛불은 빛나서 휘황 찬란하다.

晝(낮 주)　　　　　　眠(잘 면)　　　　　夕(저녁 석)　　　　寐(잘 매)

낮에 낮잠 자고 밤에 일찍 자니 한가한 사람의 일이다.

藍(쪽 람)　　　　　　筍(죽순 순)　　　　象(코끼리 상)　　　牀(상 상)=床

푸른 대순과 코끼리 상이니 즉 한가한 사람의 침대이다.

弦(줄 현)　　　　　　歌(노래 가)　　　　酒(술 주)　　　　讌(잔치 연)

거문고를 타며 술과 노래로 잔치하니.

接(이을 접)　　　　　杯(잔 배)　　　　　擧(들 거)　　　　觴(잔 상)

작고 큰 술잔을 서로 주고받으며 즐기는 모습이다.

矯(바로잡을 교)　　　手(손 수)　　　　　頓(두드릴 돈)　　　足(발 족)

손을 들고 발을 두드리며 춤을 춘다.

悅(기쁠 열)　　　　　豫(미리 예)　　　　且(또 차)　　　　康(편안 강)

이상과 같이 마음 편히 즐기고 살면 단란한 가정이다.

嫡(정실 적)　　　　　後(뒤 후)　　　　　嗣(이을 사)　　　　續(이을 속)

적자된 자, 즉 장남은 뒤를 계승하여 대를 이룬다.

祭(제사 제)　　　　　祀(제사 사)　　　　蒸(찔 증)　　　　嘗(맛볼 상)

제사하되 겨울 제사는 증이라 하고 가을 제사는 상이라 한다.

稽(조아릴 계)　　　　顙(이마 상)　　　　再(둘 재)　　　　拜(절 배)

이마를 조아려 선조에게 두 번 절한다.

悚(두려워할 송)　　　懼(두려워할 구)　　恐(두려워할 공)　　惶(두려워할 황)

송구하고 공황하니 엄중. 공경함이 지극함이라.(3년상 이후의 제사시의 몸가짐이다.)

牋(편지 전)　　　　　牒(편지 첩)　　　　簡(편지 간)　　　　要(중요 요)

글과 편지는 간략함을 요한다.

顧(돌아볼 고)　　　　答(대답 답)　　　　審(살필 심)　　　　詳(자세할 상)

편지의 회답도 자세히 살펴 써야 한다.

骸(뼈 해)　　　　垢(때 구)　　　　想(생각할 상)　　　浴(목욕할 욕)

몸에 때가 끼면 목욕하기를 생각하고.

執(잡을 집)　　　　熱(더울 열)　　　　願(원할 원)　　　涼(서늘할 량)

더우면 서늘하기를 원한다.

驢(나귀 려)　　　　騾(노새 라)　　　　犢(송아지 독)　　　特(특별 특)

나귀와 노새와 송아지, 즉 가축을 말한다.

駭(놀랄 해)　　　　躍(뛸 약)　　　　超(넘을 초)　　　驤(달릴 양)

뛰고 달리며 노는 가축의 모습을 말한다.

誅(벨 주)　　　　斬(벨 참)　　　　賊(도적 적)　　　盗(도적 도)

역적과 도적을 베어 물리침.

捕(잡을 포)　　　　獲(얻을 획)　　　　叛(배반할 반)　　　亡(망할 망/없을 무)

배반하고 도망하는 자를 잡아 죄를 다스린다.

布(베 포)　　　　射(쏠 사)　　　　僚(벗 료)　　　丸(알 환)

한나라 여포는 화살을 잘 쐈고 의료는 탄자를 잘 던졌다.

嵇(산이름 혜)　　　琴(거문고 금)　　　阮(악기 완)　　嘯(휘파람 소)

위국 혜강은 거문고를 잘 타고 완적은 휘파람을 잘 불었다.

恬(편안 념)　　　　筆(붓 필)　　　　倫(인륜 륜)　　　紙(종이 지)

진국 봉념은 토끼털로 처음 붓을 만들었고 후한 채윤은 처음 종이를 만들었다.

鈞(고를 균)　　　　巧(공교할 교)　　　任(맡길 임)　　　釣(낚시 조)

위국 마균은 지남거를 만들고 전국시대 임공자는 낚시를 만들었다.

釋(놓을 석)　　　　紛(어지러울 분)　　利(이로울/날카로울리)　俗(풍속 속)

이상 팔인의 재주를 다하여 어지러움을 풀어 풍속에 이롭게 하였다.

竝(아우를 병)　　　皆(다 개)　　　　佳(아름다울 가)　　妙(묘할 묘)

모두가 아름다우며 묘한 재주였다.

毛(털 모)　　　　施(베풀 시)　　　　淑(맑을 숙)　　　姿(모양 자)

모는 오의 모타라는 여자이고 시는 월의 시라는 여자인데 모두 절세 미인이었다.

工(장인 공)　　　　顰(찡그릴 빈)　　　妍(고울 연)　　　笑(웃을 소)

이 두 미인의 웃는 모습이 매우 곱고 아름다웠다.

277

年(해 년)　　　　矢(화살 시)　　　　每(매양 매)　　　　催(재촉 최)
세월이 빠른 것을 말한다. 즉 살같이 매양 재촉하니

曦(햇빛 희)　　　　暉(빛날 휘)　　　　朗(밝을 랑)　　　　耀(빛날 요)
태양 빛과 달빛은 온 세상을 비추어 만물에 혜택을 주고 있다.

璇(구슬 선)　　　　璣(구슬 기)　　　　(달 현)　　　　斡(빙빙돌 알)
선기는 천기를 보는 기구이고 그 기구가 높이 걸려 도는 것을 말한다.

晦(그믐 회)　　　　魄(넋 백)　　　　環(고리 환)　　　　照(비칠 조)
달이 고리와 같이 돌며 천지를 비치는 것을 말한다.

指(손가락 지)　　　　薪(섶나무 신)　　　　修(닦을 수)　　　　祐(복 우)
불타는 나무와 같이 정열로 도리를 닦으면 복을 얻는다.

永(길 영)　　　　綏(편안 수)　　　　吉(길할 길)　　　　劭(아름다울 소)
그리고 영구히 편안하고 길함이 높으리라.

矩(법 구)　　　　步(걸음 보)　　　　引(끌 인)　　　　領(거느릴 령)
걸음을 바로 걷고 따라서 얼굴도 바르니 위의가 당당하다.

俯(굽을 부)　　　　仰(우러를 앙)　　　　廊(행랑 랑)　　　　廟(사당 묘)
항상 남묘에 있는 것으로 생각하고 머리를 숙여 예의를 지키라.

束(묶을 속)　　　　帶(띠 대)　　　　矜(자랑 긍)　　　　莊(씩씩할 장)
의복에 주의하여 단정히 함으로써 긍지를 갖는다.

徘(배회 배)　　　　徊(배회 회)　　　　瞻(쳐다볼 첨)　　　　眺(바라볼 조)
같은 장소를 배회하며 선후를 보는 모양이다.

孤(외로울 고)　　　　陋(더러울 루)　　　　寡(적을 과)　　　　聞(들을 문)
하등의 식견도 재능도 없다.(천자문의 저자가 자기 자신을 겸손해서 말한 것이다.)

愚(어리석을 우)　　　　蒙(어릴 몽)　　　　等(등급 등)　　　　誚(꾸짖을 초)
적고 어리석어 몽매함을 면치 못한다는 것을 말한다.

謂(이를 위)　　　　語(말씀 어)　　　　助(도울 조)　　　　者(놈 자)
어조라 함은 한문의 조사. 즉 다음 글자이다.

焉(어찌 언)　　　　哉(어조사 재)　　　　乎(어조사 호)　　　　也(어조사 야)
'언재호야' 이 네 글자는 어조사이다.

참 고 문 헌

강헌규, 김진규, 언어와 사고, 형설출판사, 1998.

권상한, 청소년 통신언어의 문화적 의미 연구, 서강대학교, 2001.

구현정, 대화의 기법, 한국문화사, 1997.

김숙현 외, 한국인과 문화 간 커뮤니케이션, 커뮤니케이션 북스, 2001.

김중술, 신사랑의 의미, 서울대출판부, 1998.

김희수, 화술의 이론, 전남대 출판부, 1994.

모티머 J.애들로(외) 민병덕 역, 독서의 기술, 범우사, 1999.

문화관광부 편, 바람직한 통신언어 확립을 위한 기초연구, 문화관광부, 2000.

바바라 민토, 이진원 역, 논리적 글쓰기, 더난출판사, 2005.

박용익, 대화분석론, 역락, 2001.

스티븐 킹, 김진준 옮김, 유혹하는 글쓰기, 김영사, 2002.

서정수, 문장력 향상의 길잡이, 동광출판사, 1999.

신춘호 외, 문학이란 무엇인가, 집문당, 2003.

서완석,성공적인 회의법, 예문당, 1998.

성환갑 외,삶을 함께하는 국어화법, 동인 2002.

손승영 외, 청소년의 일상과 가족, 생각의 나무,2001.

연문희, 성숙한 부모, 유능한 교사, 양서원, 1996.

윤치영, 당신도 화술의 달인이 될 수 있다, 책이 있는 마을, 2002.

원진숙, 논술교육론, 박이정, 1995.

이미나, 흔들리는 중년 두렵지 않다, 한계레신문사, 2001.

송옥란, 청소년 컴퓨터 통신언어 사용실태에 대한 고찰, 전북대학교 교육대학원.2002

이기반 · 김남석, 문학개론, 교학연구사, 1995.

이기철, 시학, 일지사, 1989.

이대규, 독서와 작문의 이론, 신구문화사, 1998.

이오덕, 무엇을 어떻게 쓸까, 보리, 2001.

이순형, 대학생활과 교양, 서울대출판부, 1992.

이정복, 컴퓨터통신 분야의 외래어 및 약어사용 실태와 순화 방안, 국어학회. 1997.

이정자, 논술과 논문 작성법, 새미, 2004.

이정자, 글쓰기의 길잡이, 국학자료원, 2005

이정자 대화와 화술, 국학자료원 2003

이창덕 외, 삶의 화법, 박이정, 2000.

전정례 외, 대화의 기술, 건국대출판부, 2003,

정태영, 사이버 스페이스 문화읽기, 나남출판, 1997.

고토요시키, 안수경 옮김, 소크라테스처럼 말하라, 사과나무, 2000.

탁낫한, 최수민 옮김, 화anger, 명진출판,2003.

토니 부잔 지음, 라명화 옮김. 마인드맵 북. 평범사, 1994.

한국어문교육연구소 편, 문장의 이론과 논문작성, 한국문화사, 1995.

황성근, 미디어 글쓰기, 박이정출판사, 2005

Jung.C.G, Aion Researches into The Phenomenology of The Self, Princeton University Press. 1975.(1959)

Fromn. Erich, 이용호 역, The Art of Loving, 백조출판사, 1975.

Grice H.P, Logic and Conversation. In P. Cole and J. L. Morgan(eds), Syntax and Semantics. Vol. Ⅲ:Speech Acts. Academics Press, New York. 1975.

Leech G.N, Principles of Pragmatics, Longman, London. 1982.

Lowenthal M.F. Thurnthur, M&Chiribogal, Four stage of Life, San Francisco: Jossy-Bass Publishers. 1975.

기타 제 자료.

찾아보기

저자 약력

이 정 자 (李靜子)

- 한국교통대 외래 교수
- 시인 문학박사. 이화여자대학교, 건국대대학원
- 건국대 교수 역임

논저는

- [한국 시가의 아니마 연구] (백문사,1996)
- [시조문학연구론](국학자료원,2003)
- [글쓰기의 길잡이](국학자료원,2005)
- [고전의 샘에 마음을 적시다](국학,2009)
- [시조 한 수에 역사가 숨순다](학술정,2009)
- [현대시조, 정격으로의 길](국학자료원,2010)
- [문학의 이해](공저)(한올출판사,2012)
  (2012년 학술부문 우수도서선정)
- 그 외 국문학 관련 논저 및 논문 다수

시집 및 시조집

- [가을꽃 여울타고](토방,1996)
- [기차여행 - 사계의 노래](새미,2005)
- [시조의 향기](새미,2007)
- [내 안의 섬](새미,2014) 그 외

한 종 구

- 한국교통대 한국어문학과 교수
- 문학박사. 충북대학교 국어국문학과 졸
- 고려대학교 및 충북대학교 대학원
- 충주대학교 문예창작학과장 및 박물관장,
- 기획실장 인문사회예술대 학장 역임

논저는

- [언어와 문학] (한올출판사)
- [대화와 화술] (국학자료원,2003)
- [글쓰기의 이론과 실제](한올출판사,2002)
- [말과 글] (한올출판사, 2006)
- [개정 명심보감](한올출판사, 2008)
- [사고와 표현](한올출판사,2011)
- [문학의 이해](공저)(한올출판사,2012)
  (2012년 학술부문 우수도서선정)
- 그 외 국문학 관련 논저 및 논문 다수

글쓰기와
WRITING & PRESENTATION
프레젠테이션

초판1쇄 인쇄 2014년 2월 20일
초판1쇄 발행 2014년 2월 25일

지은이   이정자 · 한종구
펴낸이   임 순 재

펴낸곳   **한올출판사**
등 록   제11-403호
주 소   서울특별시 마포구 성산동 133-3 한올빌딩 3층
전 화   (02)376-4298(대표)
팩 스   (02)302-8073
홈페이지 www.hanol.co.kr
e-메일   hanol@hanol.co.kr

값 14,000원   ISBN 979-11-85596-87-7

▫ 이 책의 내용은 저작권법의 보호를 받고 있습니다.
▫ 잘못 만들어진 책은 본사나 구입하신 서점에서 바꾸어 드립니다.
▫ 저자와의 협의하에 인지가 생략되었습니다.